rororo

ro ro ro

Frauen faszinierten Sigmund Freud – und blieben ein «dunkler Kontinent» für den Seelenforscher. Doch sie nahmen tiefen Einfluss auf sein Leben und sein Werk: die liebevoll fordernde Mutter, die hilfreichen Schwestern und Töchter sowie die ihn stützende Ehefrau, aber auch verführerische Patientinnen und emanzipierte Analytikerinnen.

Indem Linde Salber den Spuren dieser Begegnungen folgt, beleuchtet sie Werk- und Lebensgeschichte Sigmund Freuds aus ungewohnter Perspektive. So lernen wir eine allzu menschliche Seite des souveränen Wissenschaftlers kennen.

Linde Salber, geb. 1944 in Tütz (Pommern), promovierte Diplompsychologin und Psychotherapeutin, arbeitet als Akademische Oberrätin an der Universität zu Köln. Ihr Forschungsschwerpunkt sind die Zusammenhänge zwischen Lebensgeschichte und künstlerischem Schaffen. Bei Rowohlt sind von ihr erschienen die Monographien «Lou Andreas-Salomé» (1990), «Anaïs Nin» (1992), «Frida Kahlo» (1997), «Marlene Dietrich» (2001) und «Salvador Dalí» (2004) sowie die Biographie «Tausendundeine Frau. Die Geschichte der Anaïs Nin» (1995). Linde Salber war die letzte Analysandin Dorothy Tiffany Burlinghams und hat zusammen mit Anna Freud deren Beiträge zur Psychoanalyse des Kindes ins Deutsche übersetzt (Labyrinth Kindheit. München 1980).

Linde Salber

Der dunkle Kontinent

Freud und die Frauen

Rowohlt Taschenbuch Verlag

Originalausgabe
Veröffentlicht im Rowohlt Taschenbuch Verlag,
Reinbek bei Hamburg, Mai 2006

Lektorat Wolfgang Müller
Umschlaggestaltung ZERO Werbeagentur, München
(Foto: getty images/Imagno)
Quellennachweis der Abbildungen auf Seite 317
Satz aus der News Plantin, InDesign CS2,
bei KCS GmbH, Buchholz bei Hamburg
Druck und Bindung Druckerei C. H. Beck, Nördlingen
Printed in Germany
ISBN 13: 978 3 499 62138 3
ISBN 10: 3 499 62138 X

Für Wilhelm

Inhalt

Sigmund Freud und seine Tochter Sophie

Spektrum

Sigmund Freud, die Psychoanalyse und die Frauen

«Es ist da sehr viel zu fragen,
worauf es noch keine Antwort gibt.»
Sigmund Freud

«Was für ein schrecklicher Mann! Ich bin sicher, daß er seiner Frau nie untreu war. Das ist geradezu abnormal und skandalös!» Mit diesen Sätzen beschrieb die libertine französische Dichterin Comtesse de Noailles ihre Begegnung mit Sigmund Freud.[1] Die Comtesse erwartete wohl den Typ eines Don Juans. Sie ist enttäuscht. Hat Freud nicht behauptet, all unser Tun sei ursprünglich angetrieben durch die Gier nach Lust; nannte man ihn nicht den «Befreier der unterdrückten Sexualität»? Der leibhaftige Freud – ein würdig wirkender Herr von kleiner Statur, mit erlesener Seidenweste, gepflegtem Bart und dem strengen Blick eines Philosophen – passte nicht zu ihrem Bild.

Wie die Comtesse mutmaßen viele, die Freud und die Psychoanalyse eher nur vom Hörensagen kennen, hinter der wissenschaftlichen Rede über die Bedeutung der Sexualität einen Mann, dem man das Vergnügen an sinnlichen Abenteuern unmittelbar ansehen müsste. Oder hat er nur darüber geschrieben – in diesen ‹unanständigen› Büchern über alle Erscheinungsformen der Sexualität? War der Forscher aus Wien vielleicht nicht Manns genug, die Frauen zu erobern?

Vermutlich hätte der Comtesse Arthur Schnitzler, Autor der

Schauspiele «Der Reigen» und «Liebelei», besser gefallen. Freud hat den sechs Jahre jüngeren Schriftsteller einmal als seinen «Doppelgänger» bezeichnet, in dessen Werken er zu seiner eigenen Überraschung Einsichten finde, die den psychoanalytischen entsprechen. Als Söhne des Fin de Siècle durchleuchten beide, jeder aus seiner Perspektive, die gelebten Geschichten von Liebe und Tod. Sie betrachten und behandeln die Muster der verqueren Vernunft wie der verqueren Sexualmoral des Viktorianischen Zeitalters. Die Namen Freud und Schnitzler sind gleichsam Symbole für Darstellung, Analyse und Überwindung der von Prüderie und Doppelmoral gekennzeichneten Lebensweise am Ende des 19. Jahrhunderts.

In einem Brief an Schnitzler vom 14. Mai 1922 hebt Freud die zentralen Momente heraus, die ihre Lebensansichten verwandt erscheinen lassen: «Ihr Determinismus wie Ihre Skepsis – was die Leute Pessimismus heißen – Ihr Ergriffensein von den Wahrheiten des Unbewußten, von der Triebnatur des Menschen, Ihre Zersetzung der kulturell-konventionellen Sicherheiten, das Haften Ihrer Gedanken an der Polarität von Lieben und Sterben, das alles berührte mich mit einer unheimlichen Vertrautheit. [...] Ja, ich glaube im Grunde Ihres Wesens sind Sie ein psychologischer Tiefenforscher, so ehrlich unparteiisch und unerschrocken wie nur je einer war [...].»[2]

Das Bild des Doppelgängers legt neben dem Sachverhalt der Gemeinsamkeiten allerdings noch etwas ganz anderes nahe. Man könnte es als ein Verhältnis von Bild und Gegenbild nach Art des Dr. Jekyll und Mr. Hyde von Robert Stevenson deuten. Oder weniger drastisch: Man kann Schnitzler als Freuds Alter Ego betrachten. Vieles spricht für die Auffassung, dass Freud, verborgen hinter dem Schild der Wissenschaft, seine ganze neugierige Beobachtungskraft gerade den Phänomenen widmet, die Schnitzlers Leben bestimmt haben. In Schnitzlers Umgang mit den Frauen wird eine Lebensweise sichtbar, die Freud nicht realisiert hat, die ihn als bloße Möglichkeit aber umso stärker faszinierte. Mit dem Vergleich der Doppelgänger wollen wir uns dem Thema «Sigmund Freud, die Psychoanalyse und die Frauen» in einem ersten Schritt nähern.

Sigmund Freud wird 1856 im mährischen Freiberg (Příbor) als Sohn des armen jüdischen Wollhändlers Kallamon Jacob Freud und seiner Frau Amalia in beengten Verhältnissen geboren. Als Freuds Vater in der Hoffnung auf bessere Geschäfte mit seiner Frau und den Kindern Sigismund und Anna 1860 nach Wien übersiedelt, kann er sich nur eine Wohnung in der Leopoldstadt leisten. Dort leben, nach Darstellung von Martin Freud, vorwiegend diejenigen Juden, die es bislang zu nichts gebracht haben.[3] Betrachtet man die soziale Lage seiner Familie, dann kommt Freud von ganz unten.

In dichter Folge werden in Wien vier weitere Schwestern und ein Bruder geboren. Sigismund, dessen Aufgewecktheit die Eltern früh erkennen und fördern, genießt einige Privilegien. Dankbar und aus eigenem Antrieb übernimmt er dafür die Pflichten eines großen Bruders, der sich um die Bildung der Geschwister kümmert und ihr Tun und Lassen, besonders der kleinen Schwestern, mit verantwortungsbewusster Strenge kontrolliert. Er ist ein fleißiger und sehr guter Schüler, der von Anfang an weiß, dass er etwas Besonderes aus sich machen muss, um den kleinen Verhältnissen zu entkommen.

Arthur Schnitzler, wie Freud jüdischer Herkunft, wird 1862 in der Wiener Praterstraße geboren. Sein Leben beginnt ganz anders. Als Sohn des Professor Dr. Johann Schnitzler, eines bekannten Wiener Arztes für Laryngologie (Krankheiten des Kehlkopfs), wächst er mit den jüngeren Geschwistern Julius und Gisela in einer großzügigen Welt auf. Sein Vater liebt das Theater und die Oper. Die großen Schauspieler und Sängerinnen Wiens, die zum Teil zu seinen Patienten gehören, sind bei gesellschaftlichen Anlässen in seinem Hause zu Gast. Manche gehören zum engeren Freundeskreis. Arthur bewegt sich von klein auf in einer Atmosphäre der glänzenden Roben, der schönen Stimmen und viel sagenden Blicke. Von Pflichten, die mit der Bewältigung des Alltags verbunden sind, weiß er nicht viel. Arthur Schnitzler beginnt gleichsam ganz oben. Auseinandersetzungen muss er mit seinem Vater über die Berufswahl führen: Arthur Schnitzler, der sich zum Dichter berufen fühlt, muss, dem Willen des Vaters gehorchend, ein Medizinstudium absolvieren.

Während sich Sigmund Freud, ebenfalls Student der Medizin, mit Lust, Stolz und Ehrgeiz zunächst der wissenschaftlichen Erkundung von Spezialproblemen der Zoologie und Physiologie hingibt und zum Workaholic mit einem Minimum an Privatleben wird, ist Schnitzler nur halbherzig bei der Sache. Eine Zeit lang arbeitet er als Assistenzarzt an der psychiatrischen Klinik, die Freuds zeitweiliger Lehrer, Professor Theodor Meynert, leitet. Die Techniken der Hypnose interessieren Schnitzler zwar, aber das Spiel des Verführens und Verführtwerdens fesselt ihn viel stärker. Sein Interesse an der Medizin beschränkt sich auf das Notwendige. Zudem misstraut er dem wissenschaftlichen Erklären und Ergründen. Lieber betrachtet er das auf der Bühne gespiegelte Leben. Sein Ehrgeiz gilt der Kunst. Schnitzler inszeniert sein Liebesleben, gibt sich der Welt hin und gewinnt dabei den Stoff für eigene literarische Überformungen.

Während Schnitzler also seine Sicht des Seelischen aus dem eigenen Leben voller Höhepunkte und Enttäuschungen schöpft, entwickelt Freud seine Gedanken im Beobachten und Ergründen gerade dessen, das er nicht auslebt. Freud ist alles andere als ein Bohemien. Einmal verliebt, verlobt er sich sogleich. Am liebsten würde er heiraten, aber er verfügt nicht über die Mittel, einen Hausstand zu gründen. Nach allem, was wir wissen, hat er in der vier Jahre währenden Verlobungszeit keine sexuellen Beziehungen. Sein Liebesleben hebt er für die Ehe auf.

Schnitzler dagegen liebt die vielen Möglichkeiten der Liebe und hat Angst vor der Ehe. Selbst als er mit Olga Gussmann die Frau findet, nach der er immer suchte, und mit ihr einen Sohn zeugt, kann er sich noch lange nicht mit dem Gedanken anfreunden, sich «für immer» zu binden. Drei Jahre lebt er in wilder Ehe. Er erträgt den Gedanken nicht, seine Freiheit zu verlieren. «Ich gehöre niemandem!» («Das weite Land»). Ganz anders Freud, der seine Freiheit nicht in Liebesangelegenheiten sucht.

Während seiner Verlobungszeit erhält der junge Privatdozent Sigmund Freud 1885 ein Stipendium für den Aufenthalt an der Salpêtrière in Paris. Jean-Martin Charcot, der Meister der Hypnose, schafft mit der Vorführung seiner Patienten ein Schauspiel, das den psychologisch neugierigen Zuschauer Sigmund Freud ganz in Beschlag nimmt. Ihn fesseln die Inszenierungen der Hysterikerinnen und Hysteriker. Freud ist fasziniert von dem Geschehen, das durch die Kunst der Hypnose augenfällig gemacht wird. Ein zuvor Gelähmter kann im Zustand der Hypnose wieder gehen. Ein Wunder und Charcot ein Zauberer? Freud wird durch das «Schauspiel» auf Fragen gestoßen, die ihn nicht mehr loslassen werden. Wie ist es psychologisch zu verstehen, dass ein Mensch durch Hypnose in eine gänzlich veränderte Verfassung geraten kann, von welcher er nachher nichts mehr weiß? Gibt es etwa zweierlei Zustände, getrennt voneinander? Wie funktioniert das? Welche seelischen Kräfte sind da am Werk, und wie spielen sie insgeheim zusammen, sozusagen hinter dem Rücken des Bewusstseins?

Unter den Hysterikern findet sich eine große Zahl weiblicher Patienten. Sie werden Freud in den nächsten Jahren als ‹Forschungsgegenstand› beschäftigen.

Schnitzler dagegen interessieren die Frauen allererst als Objekt der Lust, nicht als Objekt wissenschaftlicher Forschung. Die «süßen Mädl», die Kokotten, die raffinierten Ehefrauen und Berufsschauspielerinnen kennt er aus Berührungsnähe. Seine Affäre mit der Schauspielerin Adele Sandrock erregt die Gemüter. Bald ist er auch durch seine Theaterstücke, Romane und Novellen eine bekannte Persönlichkeit in der Wiener Gesellschaft.

Freuds Verhältnis zum weiblichen Geschlecht gestaltet sich ganz anders.

Dem Freund Wilhelm Fließ, Intimus in den Jahren 1887 bis 1902, teilt er einmal mit, dass ihm niemand «den Verkehr mit dem Freund, den eine besondere – etwa feminine – Seite fordert», ersetzen könne (7. Mai 1900). Hat er selbst so viel Weibliches in sich, dass er die Frauen nicht braucht? Freud selbst und einige Biographen mit ihm meinen, homosexuelle Neigungen erkennen zu können. Im Übrigen ist Freud davon überzeugt, dass es im Verhältnis von Mann und Frau «eine Ungleichheit geben muß» – und: «[...] die Überlegenheit des Mannes ist von beiden Übeln das geringere»[4] – für den Mann, darf man wohl ergänzen. Stehen Frauen für Freud also an zweiter Stelle?

> «Ich darf nicht [...] auf die Liebe vieler Menschen rechnen. Ich habe sie nicht erfreut, getröstet, erhoben. Ich hatte es gar nicht in Absicht, wollte nur forschen, Rätsel lösen, ein Stückchen Wahrheit aufdecken. Dies mag vielen wehe, manchen wohlgetan haben, beides nicht meine Schuld, nicht mein Verdienst. Es scheint mir ein des Verwunderns würdiger Zufall, daß neben meiner Lehre meine Person überhaupt etwas Aufmerksamkeit auf sich gezogen hat.»
> Sigmund Freud am 13. Mai 1926 an Romain Rolland

Freud hat einmal festgehalten, dass er für sein Wohlbefinden stets einen geliebten Freund und einen geliebten Feind gebraucht hätte. Schon merkwürdig, auch in dieser Hinsicht spielen die Frauen gar keine Rolle?

Frauen seien für ihn «ein dunkler Kontinent», hat Freud oftmals konstatiert. Er findet es schwierig, dass sie doch so anders sind als er selbst. Mit Bernard Shaws Professor Higgins würde er wohl am liebsten ausrufen: «Warum kann eine Frau nicht so sein wie ein Mann?» – dann wüsste er wenigstens, woran er mit ihr ist.

Was Wunder in einer Zeit, da die westeuropäische Kultur das gesellschaftliche Leben aufgeteilt hat in eine männliche und eine weibliche Domäne, in denen jeweils andere Aufgaben, andere Lebensbilder, andere Rechte, andere Freiheiten gelten. Die jungen Männer werden in das Bild des Ernährers einer Familie gezwängt. Sie werden gefordert und gefördert in der Vorbereitung auf den späteren Beruf. Die jungen Frauen dagegen, ausgezeichnet durch das Gebären-Können, werden von klein auf vertraut gemacht mit den Aufgaben der Unterhaltung eines Familienbetriebs, in dem Mann und Kinder gedeihen können.

Eines ist Sigmund Freud klar: Er braucht die Frauen, um leben zu können. Er liebt ihre Nähe, wenn er ihrer Zuneigung gewiss sein kann. Sie verbreiten eine heimelige Atmosphäre. Er schätzt ihre mütterlich unterstützende Seite. Wenn sie ihn bewundern, genießt er ihre Nähe außerordentlich, verhält sich galant, kommt in gehobene Stimmung. Seine Briefe unterzeichnet er häufig mit: «In vorzüglicher Ergebenheit».

Aber das war nicht alles. Als Psychoanalytiker bleibt er – distanziert betrachtend – der Sphäre des Sexuellen nahe. Marie Bonaparte (s. S. 268ff.), eine direkte Nachfahrin des Napoleon-Bruders Lucien, verheiratet mit Prinz Georg von Griechenland und Analysandin von Freud ab 1925, hat in ihr Tagebuch eingetragen: «Ich wage Freud auf den Kopf zuzusagen, daß er sexuell überentwickelt sein müsse. ‹Davon›, sagt er, ‹werden Sie nichts erfahren. Vielleicht nicht so sehr!›»[5]

Die englische Autorin Virginia Woolf schätzt an Freud etwas anderes. «Ich bin dem Menschen Freud nur einmal begegnet [...], am Samstag-Nachmittag des 28. Januar 1939 besuchten wir ihn zum Tee. Ich neige nicht zur Heldenverehrung, auch nicht bei Menschen, die ich kennenlernte. Fast alle berühmten Leute sind enttäuschend oder langweilig oder beides zugleich. Freud war nicht so; ihn umgab eine Aura, nicht von Berühmtheit sondern von Größe.»[6]

Dorothy Tiffany Burlingham, die 1925 nach Wien kam, ihr Leben mit Freuds Tochter Anna teilte und vierzehn Jahre lang in seiner Nähe lebte, beschreibt diese «Größe»: «Die Jahre, die ich ihn gekannt habe, sind die einzigen Jahre in meinem Leben, die mir sinnvoll erscheinen. In der Zeit habe ich die wunderbaren Möglichkeiten der Menschennatur kennengelernt. Die Größe seines Geistes, die Wärme seiner Gefühle – aber alles überragte seine Fähigkeit, das Leben ehrlich anzuschauen. Eine andere Eigenschaft, die ich zu schätzen gelernt habe, war sein Vermögen, alles zu genießen, was zu genießen da war.»[7]

Für manche Frauen kann sich Freud begeistern, einzelne faszinieren ihn, andere erlebt er als verständige Zuhörerinnen und, von den 1920er Jahren an, auch als Kolleginnen, die ihm in mancher Hinsicht etwas voraushaben (s. S. 148ff.). Wenn ihm allerdings Frauen konkurrierend zu nahe rücken und wie einige männliche Mitarbeiter seine Theorien kritisieren (Melanie Klein oder Karen Horney zum Beispiel), verliert er zwar nicht die Contenance, aber er geht auf Distanz und greift zum Verteidigungsmittel der Ironie. Das hindert ihn jedoch nicht, einen Text von John Stuart Mill ins Deutsche zu übertragen, in dem es dem Philosophen darum ging, die Rechte der Frauen zu erweitern.

Der Erfinder der Psychoanalyse wurde von Frauen viel bewundert, aber auch viel gescholten. Freud hat im Rahmen der Behandlung seelischer Störungen ein berühmt-berüchtigtes Bild der Weiblichkeit herausgearbeitet. Feministinnen haben seine psychologische Konstruktion der Weiblichkeit, insbesondere den unterstellten «Penisneid», als beschämend und entwürdigend gebrandmarkt und bekämpft. Diese interessante und komplizierte Auseinandersetzung wird jedoch nicht im Zentrum der folgenden Darstellung stehen. In erster Linie wird es um den menschlich-allzu menschlichen Umgang des Mannes Sigmund Freud mit denjenigen Frauen gehen, die seine Lebensgeschichte und die Entstehung seines psychoanalytischen Denkens begleitet und gefördert haben.

Drei verschiedene Gruppen von Frauen geraten dabei in den Blick. Im familiären Kreis interessieren zunächst die Mutter Amalia sowie die Braut und Ehefrau Martha. Amalia Freud und Martha Bernays sind die beiden Frauen, die zum Menschen Sigmund Freud in Beziehung treten, bevor er einen großen Teil seiner Liebe dem Aufbau und Umbau der Psychoanalyse widmet, das heißt dem eigenen Schöpfungswerk. Danach gilt, dass Frauen ihre Bedeutung im Umfeld des Werks erhalten. Stehen sie in Beziehung zu seinem Werk, dann spielen sie für dessen Schöpfer eine Rolle. Das gilt zum Teil selbst für die Schwägerin Minna Bernays und für die jüngste Tochter Anna, die sich eine besondere Stellung erobert – nicht zuletzt durch ihre Hinwendung zur Psychoanalyse.

Eine zweite Gruppe von Frauen, für die sich Sigmund Freud interessiert, ist die seiner Patientinnen. Ohne es selbst recht einschätzen zu können, gewinnen die Patientinnen Freuds aufmerksame Zuneigung in ganz besonderer Weise. Denn sie bescheren ihm die Probleme, zu deren Lösung er eine eigene Konstruktion des seelischen «Apparates» allererst finden, besser erfinden, darf und muss. Bereits als Arzt im Krankenhaus gehört er zu den «Göttern in Weiß». Mit dieser Idealisierung ist er vertraut. Aber es kommt eine neue Qualität hinzu, wenn er sich als Psychotherapeut seinen Patientinnen nähert mit der Aufforderung, ihre intimen Geheimnisse mit ihm zu teilen. Die Wucht der Liebe, die ihm seine frühen hysterischen Patientinnen entgegenbringen, irritiert ihn nicht wenig. Er fühlt sich geschmeichelt und verunsichert zugleich.

Freud kennt die Psychoanalyse ja noch nicht. Das psychoanalytische Konzept der «Übertragungsliebe», der «Gegenübertragung» und der «Projektion» kristallisiert sich erst allmählich heraus –

auch als Mittel gegen die eigenen, allzu menschlichen Verwicklungen. Dankbar verbunden ist er seinen Patientinnen ferner, weil sie ihm die Chance geben, seinen literarischen Ambitionen nachzugehen. Sie schenken ihm die interessantesten Geschichten. Wie Sherlock Holmes sucht er die komplizierten Fälle zu klären, indem er Umstände und Bedingungen der jeweiligen seelischen Beeinträchtigung rekonstruiert und aufdeckt.

Mit Hilfe seiner nach und nach klarer werdenden psychologischen Theorie von den Zusammenhängen zwischen Verhalten und Erleben gelingt es dem Mann Sigmund Freud zumeist auch, seine geschmeichelte Eitelkeit zu bezähmen. Schließlich kann er die ihm entgegengebrachte Liebe als das nehmen, was sie ist: eine Art Kunstprodukt, das unter den speziellen Bedingungen der psychoanalytischen Situation entsteht und von dessen verständiger Handhabung die heilende Wirkung der «Kur» abhängt.

Eine dritte Gruppe von Frauen, der wir uns zuwenden, bilden die Analytikerinnen. Sie stehen zumeist an einem Wendepunkt ihres Lebens. Unzufrieden und oftmals unglücklich mit ihrer herkömmlichen Rolle, suchen sie nach Erweiterung ihres Wirkungskreises. Durch die Analyse bei Freud erstarkt ihre Selbständigkeit, und sie fassen Mut, ihr Leben gleichsam in einem zweiten Entwurf noch einmal selbst in die Hand zu nehmen.

Für Sigmund Freud wird «das Werk Psychoanalyse», nachdem es seine Konturen gewonnen hat, zu einer Art Übergangsobjekt. Er stellt es gleichsam zwischen sich selbst und die anderen. Seine «Selbstdarstellung», so wird häufig bedauert, ist eigentlich eine Darstellung des Lebewesens «Psychoanalyse». Freud hat sie selbst scherzhaft als «Ergographie» (Werkbeschreibung) bezeichnet.[8] Der Mann Sigmund Freud verbirgt sich hinter seinem Geisteswerk. Indem er für dieses Werk um Aufmerksamkeit, Unterstützung und Bewunderung wirbt – manchmal wie eine Mutter für ihr schönes, vielleicht behindertes Kind –, bindet er damit auch Menschen, zieht sie in seine Nähe und setzt sich mit ihnen in

Liebe und Hass auseinander. Wer die Psychoanalyse studiert, fördert und hätschelt, tut ihm eine Wohltat und wird damit belohnt, dass er/sie in eine Gemeinschaft von Gleichgesinnten aufgenommen wird.

Unter den Patientinnen sind viele, die sich während und nach der Behandlung für Freud verwenden. Die berühmte Couch wurde ihm 1890 von der dankbaren Patientin Madame Benvenisti geschenkt. Elise Gomperz, ebenfalls eine Patientin Freuds, gehörte als Frau des Professors Theodor Gomperz einer der ersten Familien Wiens an. Sie hatte zusammen mit der Baroness Marie von Ferstel keinen geringen Anteil daran, dass Freud 1902 endlich der Professorentitel verliehen wurde.[9] Freuds Briefe mit ehemaligen Patientinnen sind meist in einem vertraulichen, zuweilen fast familiären Ton geschrieben.

Diejenigen, die sich als Psychoanalytikerinnen in den Dienst der «Sache» Psychoanalyse stellen, genießen in besonderer Weise das Privileg, mit ihrem Analytiker weiterhin verbunden bleiben zu können. Manche fungieren als Botschafterinnen der Psychoanalyse in einer anderen Stadt, einem anderen Land.

Während die männlichen Analytiker sich zumeist skeptisch der weiblichen Konkurrenz gegenüber verhalten, schätzt Freud deren analytische Wirkungskraft sehr hoch ein. Besonders als mütterliche Gestalten, gewissermaßen kraft ihrer Natur, meint er, hätten sie einen anderen Zugang zu den frühesten Anfängen der seelischen Entwicklung ihrer Patienten als ihre männlichen Kollegen. Dass Frauen auch ihr Vergnügen an Systembau und theoretischer Konstruktion entwickeln, scheint ihm dagegen nicht ganz geheuer gewesen zu sein.

Eines ist deutlich: Wir dürfen uns Sigmund Freud weder als Macho noch als Frauenversteher vorstellen. Der Sachverhalt ist komplizierter. Der Mann Sigmund Freud konserviert das tradierte Bild von einer Welt, in der es eine weibliche und eine männliche

Domäne gibt, die wegen ihrer Verschiedenartigkeit einander als Ergänzung brauchen. Ein Mann ist eben keine Frau, das kann man ja sehen. Sie lieben einander, weil nach Platon zwei Hälften ihre Ganzheit suchen. Die westliche Kultur hat sich an dieses Bild gewöhnt. Es bot einen Rahmen, der für die Gestaltung der Gemeinschaft im Sinn einer Arbeitsteilung praktisch war.

Doch zu Ende des Fin de Siècle kommt allmählich ein anderes Konzept auf. Freud selbst spricht von der Bisexualität eines jeden Menschen. Das impliziert, dass Mann wie Frau die Ausrüstung zu einem seelischen Ganzen haben. Als Analytiker bringt er in Erfahrung, dass gerade diejenigen Frauen, die ihn aufsuchen, unter der Halbierung ihres Lebensradius leiden. Sie drängen über die Grenze der ihnen zugewiesenen Domäne hinaus. Im Grunde revoltieren sie gegen die tradierte Reduktion ihrer Verwandlungsmöglichkeiten. «Männlichkeitskomplex» nennt Freud das zwar, aber in seinen späten Jahren spürt auch er etwas von einem kulturellen Umbruch. «Freud und die Frauen» – das Thema reicht also weiter als die Frage nach Bettgeschichten, Liebschaften und Affären.

Es gilt inzwischen als offenes Geheimnis, dass eine wesentliche Nebenwirkung jeder psychologischen Behandlung in der Selbstbehandlung des Psychotherapeuten liegt. Freud stellt sich selbst gern im Bild des nüchternen, aufgeklärt-rationalen, realistischen Menschen vor, der sich Zärtlichkeit, Schwärmerei oder Religiosität versagt. Gegen ‹Schwächen› dieser Art geht er zeit seines Lebens mit strenger Selbstdisziplin an. Manchmal erinnert das an einen kleinen Jungen, der an Stärke zu gewinnen meint, wenn es ihm gelingt, das Weinen zu unterdrücken. Was den Hauch von Selbsttröstung durch Illusion oder Idealisierung hat, verurteilt er als «wahnhafte Umbildung der Wirklichkeit»[10]. Sehnsucht, Spekulation, Überschwang versieht Freud gern mit dem Schimpfwort «Lyrismus».

Interessanterweise aber faszinieren Freud gerade solche Frauen, die auf ‹Unvernünftigkeiten› dieser Art nicht verzichten. Frauen wie Lou Andreas-Salomé, Marie Bonaparte oder Hilda Doolittle stehen ihm näher und berühren ihn ganz anders als die tüchtigen Wissenschaftlerinnen wie Hermine von Hug-Hellmut oder Helene Deutsch. Vermutlich, weil sie – wie die Enkel, die Chow-Chows, die Antiquitäten-Puppen und die Atmosphäre des Südens – imstande sind, seine verbliebenen kindlichen Regungen und Wünsche zu beleben, die er auf denselben «dunklen Kontinent» verbannt hat wie die Frauen. Manchmal schüttelt Freud den Kopf über ihr Gebaren, aber im Grunde genießt er, wie sein eigenes Seelenleben leichter und weiter wird, wenn es mitschwingen kann.

Und die Frauen, was finden sie bei ihm? Lou Andreas-Salomé nennt es einmal das Vatergesicht über ihrem Leben. Freud beeindruckt die Frauen, die seine Nähe schätzen, durch die Vermittlung eines Gefühls der Sicherheit. Er wirkt auf sie wie ein Mann, der «weiß».

Kreise
Es war einmal: Meine schöne junge Mutter und ich

«Wenn man der unbestrittene Liebling der Mutter gewesen ist, so behält man fürs Leben jenes Eroberungsgefühl, jene Zuversicht des Erfolges, welche nicht selten wirklich den Erfolg nach sich zieht.»

Sigmund Freud

Sigmund Freuds Geschichte des «Es war einmal» spielt in Freiberg (Příbor), einer kleinen ländlichen Stadt mit viereinhalbtausend Einwohnern. Sie liegt im östlichen Mähren, etwa zweihundertvierzig Kilometer entfernt von der k. u. k. Metropole Wien. In der Schlossergasse 117 über der Schlosserwerkstadt der Familie Zajîc, die im Parterre wohnt, lebt die zwanzig Jahre junge Frau Amalia Freud, geborene Nathanson, mit ihrem zwanzig Jahre älteren Mann, dem Wollhändler Kallamon Jacob Freud, in einem einzigen gemieteten Zimmer. Hier kommt der Psychoanalytiker mit dem Namen Schlomo (= Salomon = Weisheit) Sigismund Freud am Abend des 6. Mai 1856, um halb sieben, auf die Welt – in der unverletzten Eihauthülle, der so genannten Glückshaut. Er hat so dichtes schwarzes Haar, dass die Mutter ihn zärtlich «ihren kleinen Mohren» nennt. Sieben Tage darauf erfährt Sigismund das jüdische Ritual der Beschneidung.

Amalia Freud, deren Schönheit alle rühmen, stillt ihren Erstgeborenen selbst. Manche Mütter haben das damals vermieden, der Vorgang war ihnen peinlich, oder sie waren um ihre Schönheit besorgt, sodass sie den Säugling lieber einer Amme übergaben. Später betont Sigmund Freud die Intensität dieser Situation: «An der Frauenbrust treffen sich Liebe und Hunger.»[11]

Amalia liebte den freundlich-heiteren, nicht gerade erfolgreichen Jacob Freud, der schon zwei Ehen hinter sich hat und ihr Vater sein könnte. Ein Sohn aus erster Ehe, Emanuel, ist bereits verheiratet und hat Kinder. Der andere, Philipp, ist genauso alt wie seine neue Stiefmutter und hätte vom Alter her besser zu ihr gepasst. Von Jacob Kallamon Freud sagt man, er sei ein liebevoller und einfühlsamer Mann gewesen, der gern die Bibel las, nicht aber im strengen Sinn jüdisch-orthodox lebte. Amalia fühlt sich im Schutz dieses älteren Mannes besonders gut aufgehoben. Doch ihren Wunsch nach gesellschaftlicher Bedeutung wird nicht ihr Ehemann, sondern viele Jahre später ihr «kleiner Mohr» Sigismund erfüllen.

Amalia Nathanson wurde am 18. August 1835 in Odessa geboren. Ihre Familie stammt aus Ostgalizien, das damals ein Teil der Vielvölkermonarchie Österreich-Ungarn war. Sie war wie Sigismunds Vater jüdischer Herkunft. Dessen Familie soll im 14. Jahrhundert in Köln ansässig gewesen sein und im Lauf der Jahrhunderte ebenfalls in Galizien Zuflucht gefunden haben. In seiner «Selbstdarstellung» schreibt Professor Freud später lapidar: «Ich bin Jude.»

«Nicht vielen Menschen dürfte bekannt sein», erläutert Freuds ältester Sohn Martin Freud in seinem Erinnerungswerk «Mein Vater Sigmund Freud», «daß die galizischen Juden von besonderer Art waren. Sie waren nicht nur sehr verschieden von allen anderen Europäern, sondern auch entschieden anders als Juden, die schon viele Generationen im Westen gelebt hatten. Diese galizischen Juden hatten wenig Anmut und keine Manieren. Ihre Frauen waren sicher nicht das, was wir unter ‹Damen› verstehen. Sie waren sehr gefühlsbetont und wurden leicht von ihren Emotionen fortgerissen. Aber, obwohl sie in mancher Hinsicht zivilisierten Menschen wie ungezähmte Barbaren erschienen, waren sie die einzigen von allen Minderheiten, die sich gegen die Nazis erhoben [...].

Es ist nicht leicht, mit diesen Menschen zu leben. Als echte

Vertreterin ihres Geschlechts war Großmutter keine Ausnahme. Sie besaß eine große Vitalität und erhebliche Ungeduld, einen großen Lebenshunger und einen unzähmbaren Geist.» Und über die alte Dame Amalia Freud berichtet ihr Enkel Martin: «Niemand beneidete das Schicksal Tante Dolfis [Sigmund Freuds jüngste Schwester], ihr Leben der Sorge für eine alte Mutter zu widmen, die ein Tornado war. Einmal ging Tante Dolfi mit Amalia aus, um einen neuen Hut zu kaufen. Möglicherweise war es nicht weise von ihr, Amalia einen zu empfehlen, der ihr ‹irgendwie passend› erschien. Amalia hatte zugestimmt, den Hut aufzuprobieren. Sorgfältig studierte sie ihre durch den Hut gekrönte Erscheinung und sagte plötzlich laut – sie war Ende Neunzig: ‹Diesen werde ich nicht nehmen, er macht mich zu alt.›»[12]

Es gibt eine Reihe Geschichten von dieser Art; sie weisen darauf hin, dass Amalia Humor hatte, aber auch großen Wert darauf legte, «richtig», das heißt so, wie es ihrer eigenen Vorstellung entsprach, aufzutreten und wahrgenommen zu werden.

Freuds erster Sohn hat die Mutter seines Vaters offenbar als Frau mit entschiedenem Willen erlebt. Das gilt auch für Sigmund Freud, der ihr bis ins hohe Alter jeden Sonntagvormittag seine Aufwartung macht – mit Magendrücken. Das Bild, das Sigmund Freud von seiner Mutter gibt, liegt im Halbschatten. Er äußert sich weit weniger explizit über sein Verhältnis zur Mutter als über das zum Vater. In der «Traumdeutung» berichtet er gelegentlich von einer Erinnerung an sie, nur selten erwähnt er in Briefen an Freunde aktuelle Begebenheiten, die mit der Mutter verbunden sind. Sie lebt offenbar auf dem erwähnten «dunklen Kontinent», wo sich für den erwachsenen Psychoanalytiker auch all die anderen Frauen befinden. Eine gewisse Scheu scheint ihm den sonst so klaren Blick zu nehmen. Umso mehr hat man das Gefühl, dass Freud mit seinen Äußerungen über seine ersten Lebensjahre nicht nur der Freiberger Kindheit, sondern auch der Mutter ein Denkmal setzt.

«Da fällt mir ein, was ich so oft in der Kindheit erzählen gehört habe, daß bei meiner Geburt eine alte Bäuerin der über den Erstgeborenen glücklichen Mutter prophezeit, daß sie der Welt einen großen Mann geschenkt habe.» So schreibt der vierzigjährige Freud in der «Traumdeutung»[13], und, als wäre das zu hochfahrend, mäßigt er die Aussage sogleich mit dem Hinweis: «Solche Prophezeiungen müssen sehr häufig vorfallen; es gibt so viele erwartungsfrohe Mütter und so viele alte Bäuerinnen oder andere alte Weiber, deren Macht auf Erden vergangen ist und die sich daher der Zukunft zugewendet haben.»[14] Dann wieder meint er, in dieser Prophezeiung eine Quelle seiner «Größensehnsucht» finden zu können.

Heute trägt die Kopfsteinpflasterstraße in Příbor den Namen «Freudova», und an der Wand des Hauses Nr. 19 wurde, größer als ein Fenster, eine Tafel angebracht, die darauf hinweist, dass an diesem Ort der Begründer der Psychoanalyse geboren wurde. Über der Inschrift im Relief erscheint Freuds Profil.

Zum feierlichen Akt der Enthüllung schreibt Freud am 25. Oktober 1931 an den Bürgermeister von Příbor-Freiberg eine Note, die verlesen werden soll. Er dankt für die Ehre, die man ihm erweist. «Und dies schon zu meinen Lebzeiten und während die Mitwelt in der Würdigung meiner Leistung noch nicht einig ist. Ich habe Freiberg im Alter von drei Jahren verlassen, es mit sechzehn Jahren als Gymnasiast auf Ferien, Gast der Familie Fluß, wieder besucht und seither nicht wieder. Vieles ist seit jener Zeit über mich ergangen: ich habe viel Mühe gehabt, manches Leid erfahren, auch Glück und einigen Erfolg, wie es sich eben im Menschenleben vermengt. Es wird dem Fünfundsiebzigjährigen nicht leicht, sich in jene Frühzeit zu versetzen, aus deren reichem Inhalt nur wenige Reste in seine Erinnerung hineinragen, aber des einen darf ich sicher sein: tief in mir, überlagert, lebt noch immer fort das glückliche Freiberger Kind, der erstgeborene Sohn einer jugendlichen Mutter, der aus dieser Luft, aus diesem Boden die ersten unauslöschlichen Eindrücke empfangen hat.» Im Alter sehnte er sich manchmal «nach den schönen Wäldern der Heimat».[15]

Im Rahmen seiner lebenslangen Selbstanalyse ist Sigmund Freud, sorgfältig und neugierig wie kein anderer, den Spuren nachgegangen, die ihn zurückführen zu dieser, seiner ersten Beziehung zu einer Frau. Er berichtet von seiner innigen Verbundenheit mit der jungen Mutter. Sigmund Freud ist ein Sohn, wie ihn sich viele Mütter wünschen: liebevoll, höflich, aufmerksam, sorgend, und, wichtiger noch, er hebt das Niveau der ganzen Familie. Er erfüllt die Sehnsucht der Mutter nach eigener Weiterentwicklung.

Von seiner individuellen Geschichte abgeleitet und zugleich gestützt auf Beobachtungen an anderen Biographien, formulierte Freud etwas, das er für allgemein gültig hält: Das Verhältnis zum Sohn verschaffe der Mutter «uneingeschränkte Befriedigung, es ist überhaupt die vollkommenste, am ehesten ambivalenzfreie aller menschlichen Beziehungen»[16]. Und das hat einen Grund: «Auf den Sohn kann die Mutter den Ehrgeiz übertragen, den sie bei sich unterdrücken mußte, von ihm die Befriedigung all dessen erwarten, was ihr von ihrem Männlichkeitskomplex verblieben ist.»[17]

Zwar teilen sich Mutter und Sohn bei der Geburt in zwei Körper, aber seelisch wirken sie weiterhin in einer Einheit zusammen. Solche Verhältnisse von Ergänzung und Abgrenzung interessieren den Psychoanalytiker.

Sigismunds Umgang mit der Mutter ist eingebettet in eine Familie mit verwirrenden Verhältnissen. Sein Halbbruder Emanuel ist älter als die Mutter. Sigismunds Vater könnte sein Großvater sein. Der erste Spielgefährte des kleinen Sigismund, Emanuels Sohn John, ist etwa ein Jahr älter als sein Onkel Sigismund. «[...] es war der Gespiele meiner ersten Kinderjahre. Bis zu meinem vollendeten dritten Jahr waren wir unzertrennlich gewesen, hatten einander geliebt und miteinander gerauft, und diese Kinderbeziehung hat [...] über all meine späteren Gefühle im Verkehr mit Altersgenossen entschieden. [...] Er muß mich zeitweilig sehr schlecht behandelt haben, und ich muß Mut bewiesen haben gegen meinen Tyrannen, denn es ist mir in späteren Jahren oft eine Rechtfertigungsrede wiedererzählt worden, mit der ich mich verteidigte, als mich mein Vater – sein Großvater – zur Rede stellte: Warum schlägst du John? Sie lautete in der Sprache des noch nicht Zweijährigen: Ich habe ihn ge(sch)lagt, weil er mich ge(sch)lagt hat.»[18]

Amalia Freud muss in Sigismunds ersten Lebensjahren eine Reihe von Schicksalsschlägen bewältigen. Ihr geliebter Bruder stirbt, und ihr zweiter Sohn, Julius, kommt Tb-krank zur Welt und stirbt trotz mütterlicher Fürsorge bereits 1858, im Alter von acht Monaten. Noch im selben Jahr wird das dritte Kind, Anna, geboren. Der Mutter bleibt wenig Zeit für Sigismund. Außerdem lässt ihre Gesundheit zu wünschen übrig. Die Behandlung ihrer Tuberkulose macht es erforderlich, dass sie oftmals die Familie verlässt. Sigismunds Schmerz über die Trennung wird dadurch zu lindern gesucht, dass er in die Obhut einer katholischen Tschechin gegeben wird. Er lernt nun, dass er überwechseln kann. Dem «Andenken des alten Weibes» wird er «immer dankbar sein». Denn sie hat ihm «in so früher Lebenszeit die Mittel zum Leben und Weiterleben vorbereitet», schreibt Dr. Freud.[19]

Doch nach zwei Jahren wird die Kinderfrau wegen Diebstahls vom Halbbruder Philipp angezeigt. Möglicherweise war es auch Sigismund, der Münzen für sie entwendet hatte. Man sperrt sie ein. Der Kleine muss ertragen, dass man ihn von seiner Parallelmutter trennt, die ihn überallhin mitgenommen hat, auch in die Marienkirche. Sigismund muss von dem Ritual des katholischen Gottesdienstes so beeindruckt gewesen sein, dass er es zur Erheiterung der ganzen Familie zu Hause nachspielte.

Von der Kinderfrau getrennt und allein gelassen, sehnt er sich umso mehr nach der Nähe der leiblichen Mutter. Verzweifelt weinend und voller Angst, auch sie könne ganz und gar verschwunden sein, sucht er sie nun. Schließlich fügt er sich in eine neue Rolle: Er stellt fest, dass er als besonders brav gelobt wird, wenn er der Suggestion entspricht, er sei doch schon ein großer Junge, der nicht mehr klammern und quengeln müsse. Er spürt dabei auch einen Gewinn von Freiheit für seine eigenen kindlichen Unternehmungen. Die Welt ist größer als der Mutterschoß.

Die in dichter Folge geborenen fünf kleinen Schwestern, Anna, Adolphine, Pauline, Marie, Rosalie und der zehn Jahre jüngere Bruder Alexander konnten ihm offenbar seinen Vorrang bei der Mutter nicht streitig machen. Später meint sich Freud erinnern zu können, dass er «der unbestrittene Liebling der Mutter gewesen ist».

Beobachtungen des Analytikers werden zu der Einsicht führen, dass mit dieser Rolle generell bestimmte Wirkungen verbunden sind. «Ich habe gefunden, daß die Personen, die sich von der Mutter bevorzugt oder ausgezeichnet wissen, im Leben jene besondere Zuversicht zu sich selbst, jenen unerschütterlichen Optimismus bekunden, die nicht selten als heldenhaft erscheinen und den wirklichen Erfolg erzwingen.»[20] Im Leben des Erwachsenen wiederholt sich diese Art vertrauensvoller Unterstützung durch eine geliebte Frau in Freuds Verbundenheit mit seiner Braut und Frau Martha, mit seiner Schwägerin Minna Bernays, mit seiner Tochter Anna und einzelnen anderen.

Freiberg war eines der katholisch geprägten Städtchen des Ostens, in dem Juden nicht viel galten. Der Vater nahm Sigismund gern auf Spaziergänge mit, um dem etwa Zehnjährigen «in Gesprächen seine Ansichten über die Welt zu eröffnen. So erzählte er mir einmal, um mir zu zeigen, in wieviel bessere Zeit ich gekommen sei als er: Als ich ein junger Mensch war, bin ich an deinem Geburtsort am Samstag in der Straße spazieren gegangen, schön gekleidet, mit einer Pelzmütze auf dem Kopf. Da kommt ein Christ daher, haut mir mit einem Schlag die Mütze in den Kot, und ruft dabei: Jud, herunter vom Trottoir! ‹Und was hast du getan?› Ich bin auf den Fahrweg gegangen und habe die Mütze aufgehoben, war die gelassene Antwort. Das schien mir nicht heldenhaft von dem großen starken Mann, der mich Kleinen an der Hand führte. Ich stellte dieser Situation, die mich nicht befriedigte, eine andere gegenüber, die meinem Empfinden besser entsprach, die Szene, in welcher Hannibals Vater, Hamilkar Barkas, seinen Knaben vor dem Hausaltar schwören läßt, an den Römern Rache zu nehmen. Seitdem hatte Hannibal einen Platz in meinen Phantasien.»[21]

Zwar bewunderte der erwachsene Sohn manchmal die Weisheit und Gelassenheit seines Vaters, aber Sigismund begreift auch schon sehr früh, dass er nicht damit rechnen kann, dass ihm die Welt zu Füßen gelegt wird. Er will eine Position erobern, die andere respektieren müssen. Seine Eroberungsneigung ist vielfach gegründet: Seine von der Mutter bewunderte Großartigkeit, verbunden mit der Steigerung seiner Selbstliebe, war genauso wichtig wie die Notwendigkeit, Demütigungen abzuwehren, wie sie der Vater erfahren hatte.

Sigmund Freuds Tochter Anna hat einmal scherzend in einem persönlichen Gespräch angemerkt, selbst Psychologieprofessoren und Analytiker hätten ein unbewusstes Seelenleben. Also gilt auch für das Verhältnis zwischen dem Sohn Sigismund und der Mutter Amalia Freud, was der Begründer der Psychoanalyse herausgefunden hat. Unser Verhältnis zu Menschen und Dingen, wie auch zu uns selbst, geht aus einem Formungsprozess hervor. Wir kommen nicht mit einem Bausatz bestimmter, festgelegter Eigenschaften auf die Welt, sondern gewinnen Eigenart im Austausch und Umgang mit den bedeutsamen Anderen in einem bestimmten Winkel der Welt mit seiner jeweiligen Atmosphäre. In den ersten Lebensjahren sortiert sich die Vielzahl von Erfahrungen dergestalt, dass sich eine Art Bildungsprinzip ausgestaltet, das alles Spätere modelliert.

Der Vater war nach Freiberg gezogen, weil sein Großvater dort «schon seit Jahren einen ertragreichen Handel geführt, indem er in Freiberg Wolltücher kaufte, färbte, appretierte und nach Galizien exportierte, von wo er galizische Landesprodukte nach Freiberg einführte». In den 1850er Jahren verschlechterte sich die Lage. Die Handarbeit wurde durch maschinell produzierte Waren verdrängt, und neue Verkehrswege brachten das Städtchen ins Abseits.[22] 1899 beschreibt sich Freud als «das Kind von ursprünglich wohlhabenden Leuten, die wie ich glaube, in jenem kleinen Provinznest behaglich genug gelebt hatten». An anderer Stelle heißt es: «Als ich ungefähr drei Jahre alt war, trat eine Katastrophe in dem Industriezweig ein, mit dem sich der Vater beschäftigte. Er verlor sein Vermögen, und wir verließen den Ort notgedrungen, um in eine große Stadt zu übersiedeln. Dann kamen harte Jahre; ich glaube, sie waren nicht wert, sich etwas daraus zu merken. In der Stadt fühlte ich mich nie recht behaglich.»[23]

Es gibt noch ein anderes, vielleicht dramatischeres Motiv, das Jacob Freud dazu veranlasst hat, Freiberg zu verlassen. Er hatte seinem Bruder bei einem Devisenvergehen aus der Klemme helfen müssen, und er musste seine erwachsenen Söhne bei irgendwelchen illegalen Geschäften mit Straußenfedern aus Afrika auslösen. Emanuel und Philipp Freud emigrierten darauf nach England. «Aus meiner Jugend weiß ich, daß die wilden Pferde in den Pampas, die einmal mit dem Lasso gefangen worden sind, ihr Leben über etwas Ängstliches behalten. So habe ich die hilflose Armut kennengelernt und fürchte mich beständig vor ihr.»[24]

Das alles hört sich wie die Vertreibung aus dem Paradies der frühen Kindheit an. 1860 verlässt die Familie Freud das vertraute Städtchen Freiberg. Der Vater führt sie zunächst nach Leipzig, doch bald schon geht es weiter nach Wien.

1897 wird der erwachsene Dr. Freud, auf seine eigene Geschichte zurückblickend, herausfinden, dass damals seine «Libido gegen matrem» erwachte, «und zwar aus Anlaß der Reise mit ihr von Leipzig nach Wien, auf welcher ein gemeinsames Übernachten, und Gelegenheit, sie nudam zu sehen, vorgefallen sein muß»[25]. Zu Ende des Fin de Siècle war das auch für Freud eine ungeheuerliche Einsicht. Es bedurfte des Lateinischen, um für ihn überhaupt formulierbar zu werden. Freud zögerte lange, ehe er den kindlichen Kampf um das Unmögliche unter dem Begriff des Ödipus-Konfliktes zu veröffentlichen wagte.

In Wien findet der Knabe Sigismund eine neue Form der Verbundenheit mit seiner Mutter. Sie unterrichtet ihn. Merkwürdigerweise war die Mutter seine erste Lehrerin, der Vater setzte später erst den Unterricht fort. «Als ich sechs Jahre alt war und den ersten Unterricht bei meiner Mutter genoß, sollte ich glauben, daß wir aus Erde gemacht sind und darum zur Erde zurückkehren müssen. Es behagte mir aber nicht, und ich zweifelte die Lehre an. Da rieb die Mutter die Handflächen aneinander [...] und zeigte mir die schwärzlichen Epidermisschuppen, die sich dabei abreiben, als eine Probe der Erde, aus der wir gemacht sind, vor. Mein Erstaunen über diese Demonstration ad oculos war grenzenlos, und ich ergab mich in das, was ich später in den Worten ausgedrückt hören sollte: Du bist der Natur einen Tod schuldig», berichtet er in der «Traumdeutung».

Die «Demonstration ad oculos» wird für Freud zu einem bedeutsamen Prinzip, wenn er andere von seinen Einsichten überzeugen will. Das wichtigste Mittel der psychoanalytischen Unterrichtung aber wird, neben der Lehranalyse, die genaue Fallbeschreibung sein.

«Als die Freuds in Wien ankamen, zogen sie in den traditionellen jüdischen Bezirk, die Leopoldstadt am Nordostrand der Stadt. Sie war einmal Wiens Ghetto gewesen, und da sie einen ständig zunehmenden Strom von Einwanderern aus Osteuropa aufnahm, wurde sie rasch wieder zu einem Ghetto. Beinahe die Hälfte der fünfzehntausend Juden, die um 1860 in Wien lebten, versammelten sich in diesem Bezirk. Die Leopoldstadt war aber nicht ein-

Sigmund Freud mit seiner Mutter, 1872

fach ein Slum. Auch eine Anzahl wohlhabender jüdischer Familien entschied sich dafür, dort zu wohnen. Aber die Mehrheit drängte sich in überfüllten, sehr bescheidenen Wohnungen. Die Freuds gehörten zu dieser Mehrheit.»[26] In Wien geht es ihnen nach geraumer Zeit etwas besser, vermutlich auch dank der Unterstützung von Philipp und Emanuel Freud, die in Manchester Erfolg hatten.

Die Eltern wurden lebenslang unterstützt – von den erwachsenen Söhnen, zu denen dann auch Sigmund und Alexander gehörten.

Nach dem Besuch einer Privatvolksschule trat Sigismund im Herbst 1865 in das Leopoldstädter Real- und Obergymnasium ein. Sigismund löste die Vorhersagen der Eltern ein. Ihr Erstgeborener entwickelte sich zu einem fleißigen und sehr guten Schüler. Über die Zeit vom zehnten bis zum achtzehnten Lebensjahr, in der er auch mit den Wissenschaften in Berührung kam, schreibt Freud, «daß die ganze Zeit von der Ahnung einer Aufgabe durchzogen war, die sich zuerst nur leise andeutete, bis ich sie in dem Maturitätsaufsatze in die lauten Worte kleiden konnte, ich wollte in meinem Leben zu unserem menschlichen Wissen einen Beitrag leisten»[27]. Wie der aussehen würde, war ihm lange Zeit unklar.

Während Sigmund Freud an seine Mutter gebunden blieb, entwickelte er zum Vater in der Jugendzeit eine gewisse Distanz. «In der zweiten Hälfte der Kindheit bereitet sich eine Veränderung dieses [idealisierten] Verhältnisses zum Vater vor. Deren Bedeutung man sich nicht großartig genug vorstellen kann. Der Knabe beginnt aus seiner Kinderstube in die reale Welt draußen zu schauen, und nun muß er die Entdeckungen machen, welche seine ursprüngliche Hochschätzung des Vaters untergraben und seine Ablösung von diesem ersten Ideal befördern. Er findet, daß der Vater nicht mehr der Mächtigste, Weiseste, Reichste ist, er wird mit ihm unzufrieden, lernt ihn kritisieren und sozial einordnen [...]. Alles Hoffnungsvolle, aber auch alles Anstößige, was die neue Generation auszeichnet, hat diese Ablösung vom Vater zur Bedingung. In diese Phase der Entwicklung des jungen Menschen fällt sein Zusammentreffen mit den Lehrern.» Sie werden zum «Vaterersatz».[28] Von der Notwendigkeit einer Ablösung auch von der Mutter ist nicht die Rede. Freud scheint sie als unwichtig für das selbständige Handeln des Mannes in der Kultur seiner Zeit einzuschätzen.

Nicht nur Lehrer, auch Freunde werden nun zum Objekt der Idealisierung. Heinrich Braun zum Beispiel wurde in der Schulzeit zu einem unzertrennlichen Freund. 1883 begründete er zusammen mit Karl Kautsky und Wilhelm Liebknecht «Die neue Zeit», das Zentralorgan der Sozialdemokratischen Partei Deutschlands. Dieser Freund hat den erfolgreichen Schüler Sigismund Freud in seiner Abneigung gegen die Ideologie der Schule und in seinen revolutionären Regungen bestärkt. Der dreizehnjährige Sigismund liest Ludwig Börne. Als er sich später, nachdem er bereits die Psychoanalyse entwickelt hatte, erneut mit Börne beschäftigt, muss er sich wundern. «Als ich diesen wiederlas, war ich erstaunt, wie sehr manches, was darin steht, sich wie wörtlich mit manchem deckt, was ich immer vertreten und gedacht habe. Er dürfte also wirklich die Quelle meiner Originalität sein.»[29]

Sigismund Freud gehört nicht zu den Schülern, die warten, dass die Schule Geschichte und Kultur an sie heranträgt. Er folgt als Junge bereits seinen eigenen Interessen. Mit Buchgeschenken kann man ihn glücklich machen. Für seinen Lieblingshelden, den Karthager Hannibal, schwärmt er regelrecht.

Ein Bericht über die Matura zeigt den Siebzehnjährigen in seiner ehrgeizigen Konkurrenz mit seinen Schulkameraden. «[...] in den fünf Arbeiten erhielt ich die Noten *ausgezeichnet, lobenswert, lobenswert, lobenswert, befriedigend.* Ärgerlich wars genug. In Latein bekamen wir eine Stelle aus Virgil, die ich zufällig vor längerer Zeit privat gelesen hatte, das verleitete mich, rasch in der Hälfte der dazu bestimmten Zeit zu arbeiten und mir das Vorzüglich zu verscherzen. Ein anderer hat also hier vorzüglich, ich selbst die zweite Arbeit mit lobenswert. Die deutsch-lateinische Übersetzung schien sehr leicht, in dieser Leichtigkeit lag ihre Schwierigkeit, wir verwandten nur den dritten Teil der Zeit darauf, infolgedessen mißglückte sie schmählich, also: befriedigend. Zwei andere brachten es auf lobenswert. Die griechische Arbeit, für die eine dreiunddreißig Verse lange Stelle aus dem König Ödipus vorlag, gelang besser, lobenswert, das einzige; ich hatte die Stelle ebenfalls für mich gelesen und kein Geheimnis daraus gemacht.» Mit besonderem Stolz berichtet Sigismund seinem Jugendfreund Emil Fluß von der Deutsch-Arbeit. «Mit ausgezeichnet endlich stempelte man mir die deutsche Arbeit. [...] Mein Professor sagte mir [...], daß ich hätte, was Herder so schön einen *idiotischen* Stil nennt, das ist einen Stil, der zugleich korrekt und charakteristisch ist. Ich habe mich über die unglaubliche Tatsache gebührlich verwundert.» Das habe sein Adressat wohl bisher auch nicht gewusst, dass er «mit einem deutschen Stilisten Briefe» tausche. «Nun aber rate ich Ihnen, als Freund, nicht als Interessent – bewahren Sie auf – binden Sie zusammen – hüten Sie wohl – man kann nicht wissen.»[30]

Mit einem gehörigen Quäntchen Ironie versehen, steht Sigismund zu seinen Größenphantasien. Durchaus ehrgeizig, vergleicht er sich mit seinen Konkurrenten. Man spürt, wie sehr ihm daran gelegen ist, vor der Mutter, aber nicht nur vor ihr, als «Erster» dazustehen. Er schließt die Matura insgesamt mit einem «Ausgezeichnet» ab. «Auf dem Gymnasium war ich durch sieben Jahre Primus, hatte eine bevorzugte Stellung, wurde kaum je geprüft.»[31] Die Schwestern und auch den kleinen Alexander sucht er mitzuziehen, indem er sie seinen eigenen strengen Maßstäben unterwirft, was den Geschwistern allerdings gelegentlich zu weit geht. Die fünfzehnjährige Schwester Anna beklagt sich darüber, dass Sigismund ihre Lektüre von Dumas und Balzac als zu gewagt missbilligt.

Selbstbewusst bestimmt der junge Student, der sich schließlich gegen die Juristerei für die Naturwissenschaften im Umfeld der Medizin entscheidet, sein eigenes Leben und bleibt doch weiter in seiner Familie, die 1875 eine Wohnung mit sechs Zimmern bezieht. Sigmund erhält als Einziger ein eigenes Zimmer, einen «langen und schmalen Raum mit einem Fenster, das auf die Straße ging»[32]. Von mütterlicher und schwesterlicher Rücksichtnahme umgeben, fühlt sich der Studiosus sehr wohl. Als ihn das Klavierspiel seiner Schwester beim Arbeiten stört, wird selbstverständlich und klaglos das Klavier wieder abgeschafft. Man respektiert in jeder Hinsicht sein Bedürfnis, in Ruhe arbeiten zu können.

Es gelingt dem jungen Mann, der sich nun selber «Sigmund» nennt, durch seinen Arbeitseinsatz und seine Ernsthaftigkeit auch außerhalb der Familie Menschen zu gewinnen, die ihn unterstützen. Seinen Lebensunterhalt bestreitet er weitgehend mit Stipendien, Darlehen und Zuwendungen wohlhabender Förderer. Jahrelang ‹lebt› der Student im Labor, beobachtet, vergleicht und experimentiert mit einem Eifer, der ihn ganz vergessen lässt, dass er auch einmal das ordinäre Medizinexamen hinter sich bringen muss.

Sigmund Freud beschäftigt sich lieber mit den Naturwissenschaften. Doch nebenher besucht er auch die Vorlesungen von Franz Brentano, der 1874 Ordinarius für Philosophie in Wien wurde. Im selben Jahr erschien dessen «Psychologie vom empirischen Standpunkt». Psychologie versteht Brentano als Lehre von den Phänomenen, und er betont die Intentionalität als wesentliches Merkmal alles Psychischen. Alle psychischen Akte – Empfindungen, Handlungen, Wertungen, Urteile – sind auf ein jeweiliges «Objekt» gerichtet. Nachklänge dieses Ansatzes finden sich in der Psychologie, die Freud später selbst entwickeln wird (die Intentionalität im methodischen Prinzip der Reihenbildung wie auch der Objektbegriff als Chiffre für Menschen). Doch nach einigen Semestern wendet sich Freud von Brentano und der Philosophie überhaupt ab. Sie erscheint ihm wie eine Verführerin zur Spekulation, grenzt ans Launische wie ans Lyrische und gibt keinen festen Halt. Man hat den Eindruck, dass er sie deshalb auf denselben dunklen Kontinent verbannt, wo er die Frauen untergebracht hat.

Es ist die naturwissenschaftliche Forschung, die in den nächsten Jahren seine ganze liebevolle Aufmerksamkeit gewinnt. Der Leiter des Instituts für vergleichende Anatomie, Carl Claus, lässt ihm Stipendien zukommen, damit der junge Student in der neu errichteten Versuchsstation für Meeresbiologie in Triest Untersuchungen zur Klärung der Frage nach der «Bisexualität» der Aale durchführen kann. Mit dem dringenden Wunsch, etwas Neues zu entdecken, seziert Freud 1876 in Triest die Geschlechtsdrüsen von vierhundert Aalen. Er übt sich in Geduld. Mit großer Ausdauer präpariert, beobachtet und analysiert er das Material und veröffentlicht schließlich die Befunde in seiner ersten wissenschaftlichen Untersuchung. An den Freund Silberstein schrieb er damals scherzhaft über die Lebenswelt drum herum: «Da es nicht gestattet ist, die Menschen zu sezieren, habe ich eigentlich gar nichts mit ihnen zu tun.»[33] Es wird noch geraume Zeit dauern, bis fremde Menschen in seinen aufmerksamen Blick geraten.

Darauf folgt eine lange Zeit des Forschens im «physiologischen Laboratorium» von Ernst Brücke, für Freud eine Vaterfigur, die er hoch verehrt. «Brücke war äußerst vielseitig: ein begabter Maler mit einem lebenslangen, alles andere als amateurhaften Interesse an der Ästhetik und einem zivilisierenden Einfluß auf seine Schüler.»[34] Streng gegen sich selbst und seine Schüler, war Brücke für den jungen Studenten ein lebendiges Vorbild beruflicher Selbstdisziplin. Disziplinierend war auch Brückes positivistisches Wissenschaftsverständnis. Es zählten nur solche Fragen, deren Beantwortung durch die Erfahrung, durch das Gegebene erhärtet werden konnten. Alles andere wurde als bloße Spekulation verdächtigt und verworfen.

Die Physiologie war für Brücke die «Lehre von den Organismen»; Organismen interpretierte er als Systeme, in denen sich eine Vielzahl von Kräften reguliert. Später wird Freud alle psychischen Vorgänge auf das Spiel von Kräften zurückführen, «die einander fördern oder hemmen, sich miteinander verbinden, zu Kompromissen zusammentreten usw.»[35]. 1881 schließt der Student Sigmund Freud sein Medizinstudium mit der Promotion ab.

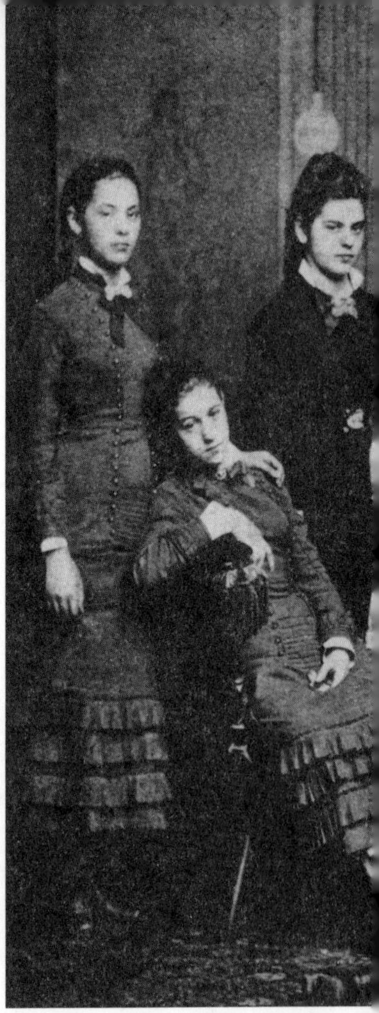

Für seine Mutter und die Schwestern bedeutet Leben Familienleben. Und Dr. Freud lebt weiterhin in der Familie. Der Familienverbund ist stabil. Mutter wie Schwestern kümmern sich in aller Selbstverständlichkeit um Sigmunds Kleidung, erledigen seine Wäsche und kochen für ihn. Sie sind stolz, wenn er ‹draußen› eine gute Figur macht. Sigmund ist für sie ein Element des Familiensystems, das heißt, sie fühlen sich an seinem Vorankommen beteiligt. Was er erreicht, erreichen sie gleichsam alle. Sein Erfolg bestätigt ihnen, dass sie es richtig machen. Der erwachsene Mann Sigmund Freud verwirklicht stellvertretend, was die Kultur der Zeit Mutter und Schwestern – als Frauen – versagt. Die wirtschaftliche Situation der Familie ist zudem so angespannt, dass den Schwestern ein

Familie Freud, 1876. Hintere Reihe, von links nach rechts: Sigmund Freuds Schwestern Paula und Anna, Sigmund Freud, sein Halbbruder Emanuel und die Schwestern Rosa und Mitzi, neben ihnen ein Vetter Amalia Freuds. In der mittleren Reihe: die Schwester Dolfi, eine Unbekannte, die Mutter Amalia Freud und ihr Mann Jacob Freud. Vorne im Stühlchen: der kleine Bruder Freuds, Alexander; vor ihm ein Unbekannter.

Ausscheren aus dem tradierten Frauenbild nicht möglich ist. Sie träumen vermutlich von einem Mann wie Sigmund, der ihr Leben in eine neue Sphäre heben könnte.

Freuds Einbindung in die Familie ermöglicht – und begrenzt – seine freie Entfaltung. Das Schicksal der anderen belastet ihn. Nicht nur Mutter und Vater, auch die Schwestern müssen unterstützt werden. Aber wären da nicht die jungen Schwestern gewesen, die ihre Freundinnen mit nach Hause brachten, dann hätte Dr. Freud vielleicht den Absprung aus der Familie überhaupt nicht geschafft. Mit ihrer Freundin Martha Bernays präsentieren sie ihm die schöne junge Frau, in die er sich verlieben kann. Sie wird zur Mutter – seiner Kinder.

Damit verschwindet seine Mutter Amalia Freud natürlich nicht aus seinem Leben. Sie fasst ihr eigenes Bild später in die Wendung: «Ich bin die Mutter.» Mit dieser Bemerkung stellt sie sich Gästen vor, die den bewunderten Psychoanalytiker ehren. Den Sohn macht es stolz, dass es ihm gelang, der Mutter Anlass zu eigenem Stolz zu geben. Aber die Mutter könnte ihn auch in eine unangenehme Lage bringen, indem sie, wie es manche Mütter lieben, peinliche Anekdoten aus der Frühgeschichte ihres Genies ausplaudert.

Als Amalia Freud im September 1930 im Alter von 95 Jahren stirbt – sie hat ihren Mann um vierunddreißig Jahre überlebt –, schreibt der 74-jährige, an Kieferkrebs leidende Sigmund Freud: «Es hat merkwürdig auf mich gewirkt, dies große Ereignis. Kein Schmerz, keine Trauer, was sich wahrscheinlich aus den Nebenumständen, dem hohen Alter, dem Mitleid mit ihrer Hilflosigkeit am Ende, erklärt, dabei ein Gefühl der Befreiung, der Losgesprochenheit. Das ich auch zu verstehen glaube. Ich durfte ja nicht sterben, solange sie am Leben war, und jetzt darf ich. Irgendwie werden sich in tieferen Schichten die Lebenswerte merklich geändert haben. Ich war nicht beim Begräbnis, Anna [die jüngste Tochter] hat mich auch dabei vertreten.»[36]

«Der Verlust der Mutter muß etwas ganz Merkwürdiges, mit anderem Unvergleichbares sein und Erregungen erwecken, die schwer zu fassen sind», hatte Freud im Jahr zuvor an den langjährigen Freund und Kollegen Max Eitingon geschrieben und auf seine eigene Lage hingewiesen: «Ich habe selbst noch meine Mutter, und sie sperrt mir den Weg zur ersehnten Ruhe, zum ewigen Nichts.»[37]

Wir wissen, dass es zur Routine des Sonntagmorgens von Sigmund Freud gehörte, der gestrengen Mutter, die später in der Wiener Gymnasiumsgasse lebt, seine Aufwartung zu machen – zumeist mit ambivalenten Gefühlen. Das seelische Verhältnis des Psychoanalytikers zu seiner Mutter bleibt opak.

Die Schwestern, ausgenommen Dolfi und Marie, heiraten und führen Familienleben mit allen Wechselfällen von Glück und Unglück. Die älteste Schwester, Anna, war 1892 mit ihrem Mann Eli nach Amerika ausgewandert, der dort «einen Haufen Geld gemacht» hatte, wie Sigmund neidvoll anerkennend bemerkte. In der ökonomisch schwierigen Zeit nach dem Ersten Weltkrieg wurden Freud, die psychoanalytische Bewegung und ein Wiener Kinderheim vom wenig geliebten Schwager großzügig unterstützt. Bevor Sigmund und Alexander Freud sich 1938 zur Emigration gezwungen sahen, stellen sie für die Versorgung ihrer vier verwitweten oder unverheirateten Schwestern, die in Wien blieben, ein Kapital von 8000 Pfund zur Verfügung. Marie Freud, Adolfine Freud und Paula Winternitz wurden am 26. September 1942 nach Theresienstadt deportiert. Marie und Paula sind von dort aus am 23. September 1943 in das Vernichtungslager Maly Trostinec transportiert und dort ermordet worden. Adolfine starb am 5. Februar 1943 in Theresienstadt, vermutlich an Unterernährung. Rosa Graf wurde am 28. August 1942 nach Theresienstadt deportiert und dort vermutlich im April 1943 umgebracht. Zu der Zeit lebte ihr Bruder Sigmund Freud nicht mehr.

Spiralen

Das kleine Mädchen mit dem Apfel und die Sehnsucht nach Leichtigkeit

> «Seitdem ich erlebt habe, daß mich der erste Anblick eines kleinen Mädchens, das am bekannten langen Tisch saß, so fein plauderte und mit kleinen Fingern Äpfel schälte, so nachhaltig außer Fassung gebracht, bin ich eigentlich sehr abergläubig.»
>
> Sigmund Freud

Es geschah im April des Jahres 1882. Das «kleine Mädchen» mit dem Apfel, immerhin schon fast einundzwanzig Jahre alt, hieß Martha Bernays. «Martha und wahrscheinlich ihre Schwester Minna [waren] bei der Familie Freud zu Besuch. Freud selber rannte gewöhnlich, wenn er von der Arbeit zurückkehrte, auch wenn Besuch da war, schnurstracks in sein Zimmer, um weiterzustudieren. An diesem Abend erregte jedoch ein fröhliches junges Mädchen [...] seine Aufmerksamkeit, und zur allgemeinen Überraschung setzte er sich zur Familie. Jener erste Blick hatte sein Schicksal besiegelt. Mehrere Wochen zog er es jedoch vor, sich menschenscheu und exzentrisch zu geben [...].»[38]

In einer Zeit, da Sigmund Freud Gefahr läuft, die Totalität seines intensiven Lebens in den Umkreis wissenschaftlicher Ambitionen zu bannen, bringt seine Begeisterung für Martha Bernays einen neuen, «weltlichen» Schwung in seine Unternehmungen. Indem sich sein bislang brachliegendes Liebesleben artikuliert, erhält auch seine Arbeit Richtung und Ziel. In den nächsten Jahren geht es darum, die Voraussetzungen für ein gemeinsames Leben zu schaffen.

Martha Bernays sieht ihrerseits mit dem jungen Doktor an ihrer Seite eine Möglichkeit, sich aus der Bevormundung durch ihre resolute Mutter zu lösen. Beides braucht allerdings Zeit, unerträglich viel Zeit, insgesamt viereinhalb Jahre.

Sigmund Freud und Martha Bernays verlieben sich im Wonnemonat Mai. Bei jeder Begegnung überreicht Sigmund seinem Mädchen eine Rose. Er nimmt es auch in seine Kindervergangenheit mit, indem er ihr Dickens' «David Copperfield» schenkt. Martha fertigt ein Backwerk für ihn, «zum Sezieren». Auf leichten Füßen gehen sie durch den Prater, im Duft von Flieder und Rosen. «In seiner ersten Widmung, an die er später erinnerte, verglich er sie mit einer Märchenprinzessin, von deren Lippen Rosen und Perlen flossen.»[39] Unversehens verwandelt sich der strenge Naturforscher in einen Rosenkavalier. Das ist heikel und riskant. Ende Mai fragt er sich bang in seinem Tagebuch, «ob er ihr wohl auch nur entfernt so viel bedeuten könne wie sie ihm»[40].

Er schreibt ihr einen ersten Brief, um die Frage zu klären. Die Worte mäandern, er bringt nichts geradeheraus. Ein Leser merkt gleich, für den Briefschreiber steht alles auf dem Spiel. Dieses Experiment mit seinem wirklichen Leben berührt ihn ganz anders als je ein Experiment im Labor. Für ihn scheint es ein «experimentum crucis» zu sein. Sagt Martha «Ja», ist er erlöst, sagt sie «Nein», dann hat er sich lächerlich gemacht, und sein neuer Lebensschwung geriete ins Stocken. Endlich, im vorletzten Absatz, formuliert der aufgeregte Briefschreiber den Satz: «Ich will nur das verrathen: zum letzten Male, daß wir uns sehen, möchte ich die Geliebte, die Verehrte, ‹Du› heißen, möchte vollste Sicherheit in ein Verhältnis bringen, welches dann vielleicht lange mit dem Dunkel des Geheimnisses verhüllt werden muß. Wieviel wage ich nicht, indem ich so schreibe. Wenn Marthas Stimmung beim Lesen dieser von allen Fesseln losgebundenen Zeilen, nicht der meinen gleichkommt, so wird sie mich verlachen oder sich verletzt zurückziehen.»[41]

Aber sie tut weder das eine noch das andere. Stattdessen schenkt sie ihm einen Ring mit Perle, der ihrem Vater gehört hatte.

Sigmund Freud trägt ihn am kleinen Finger. Sie sind verlobt, zunächst heimlich. Für Martha lässt er eine Kopie des Ringes mit einem Granatstein anfertigen.

Emmeline Bernays, Marthas Mutter, blieb nicht verborgen, dass da etwas im Busch war. Sie schickte Martha zurück nach Hamburg und befand im Übrigen, nachdem sie ins Bild gesetzt worden war, dass Dr. Freud es erst zu etwas bringen solle, bevor ans Heiraten gedacht werden könne. Gegen den Wunsch der Verlobten kehrt Marthas Mutter 1883 in die norddeutsche Heimat zurück und besteht darauf, dass beide Töchter bei ihr bleiben. Auch Minna muss ihren Verlobten Ignaz Schönberg, einen Jugendfreund Sigmund Freuds, in Wien zurücklassen. Durch den unvermuteten Tod von Marthas Vater 1879 war die Familie verarmt. Das heißt auch, dass die Töchter zu der Zeit ohne Mitgift waren. Und beide Heiratsanwärter saßen beruflich noch nicht fest im Sattel.

Emmeline Bernays trennt die Liebenden, weil sie meint, dass eine «lange Verlobung am gleichen Ort» nichts tauge. «Das Mädchen wird blutarm und der Mann fällt durchs Examen.» Martha muss in Wandsbek «die schließliche Habilitierung und wirtschaftliche Unabhängigkeit des Bräutigams» abwarten. Durch vier lange schmerzliche Trennungsjahre bleiben «die jungen Leute darauf angewiesen, ihr Leben brieflich zu teilen. Der fast tägliche schriftliche Verkehr wurde nur von kurzen und seltenen Besuchen in Wandsbek unterbrochen.»[42] Oftmals fehlte Freud aber schlicht das Geld für die Reisekosten.

Mit verhaltenem Ärger, sehr diplomatisch und reichlich allwissend beantwortet der 26-jährige Sigmund Freud einen Brief von Marthas Schwester Minna, indem er das Verhalten ihrer Mutter interpretiert, als würde er ein psychologisches Gutachten erstellen. «Glaube nun nicht, daß ich ihr feindlich gesinnt bin oder meine hohe Meinung von ihr verworfen habe oder minder zärtlich mit ihr verkehre. Ich glaube nicht, daß ich ihr Unrecht tue; ich sehe sie mit großer geistiger und moralischer Kraft unter uns stehen, hoher Leistungen fähig, ohne Spur der lächerlichen Schwächen alter Frauen, aber es ist nicht zu verkennen, daß sie gegen uns alle Stellung nimmt wie ein alter Mann. Dafür, daß ihre Kraft und Anmut so lange ausgehalten, fordert sie noch immer ihren vollen Teil am Leben – keinen Altersteil – will sie Mittelpunkt, Herrscherin, Selbstzweck sein. Jeder in Ehren alt gewordene *Mann* will dasselbe, nur an der Frau ist man's ungewohnt. Als Mutter sollte sie glücklich sein, ihre Kinder so gut es angeht, glücklich zu wissen und ihre Wünsche den Bedürfnissen dieser opfern. Sie tut das nicht, sie klagt, daß sie überflüssig, vernachlässigt ist, wozu wir ihr wahrhaftig keinen Grund gegeben haben, sie will nach Hamburg übersiedeln, einer exquisiten Laune zuliebe, gleichgültig, ob sie Dich und Schönberg, mich und Martha dadurch auf lange Jahre trennt. Das ist gewiß kein Edelmut, doch auch keine Schlechtigkeit; das ist einfach der Anspruch des Alters, die Rücksichtslosigkeit des energischen Alters, die Äußerung des ewigen, in jeder Familie bestehenden Gegensatzes zwischen dem Alter und der Jugend, von denen […] jeder seinen Spielraum und seine Befriedigung will.»[43]

Martha Bernays stammt aus einer kultivierten, gut situierten Hamburger Familie. Ihr Großvater, Isaac Bernays, war als Oberrabbiner der Stadt Hamburg ein angesehener Mann; er war mit Heinrich Heine befreundet und wechselte Briefe mit ihm. Martha wuchs mit der orthodoxen Auslegung der jüdischen Religion auf. Beide Brüder ihres Vaters haben an der Universität Karriere gemacht: Michael Bernays als Germanist und Goetheforscher in München, Jakob Bernays als Altphilologe in Bonn. Berman Bernays, Marthas Vater, war Kaufmann. Nach Verbüßung einer einjährigen Gefängnisstrafe wegen Betrugs, heißt es, sei er 1869 nach Wien gegangen mit seiner Frau Emmeline und den Kindern Martha, Minna und Eli. Bis zu seinem frühen Tod im Dezember 1879 war er als Sekretär des Nationalökonomen Lorenz von Stein tätig. Eli übernahm den Posten des Vaters und sorgte fortan für Mutter und Schwestern. Zwei Jahre später heiratete er Freuds Schwester Anna.

Wie richtig Sigmund die Lage auch einschätzte, er muss sich fügen, was ihm mehr als sauer wird. Für uns, die wir uns ein Bild von Sigmund Freud machen wollen, ist die Trennung der Verlobten eher als Glücksfall einzuschätzen. Denn seit «der Verlobung im Juni 1882 bis zur Hochzeit im September 1886 schrieb Freud etwa 1500 Briefe an seine Braut, die autobiographisch kaum aufschlußreicher sein könnten»[44]. Literarisch gesehen, können es seine Briefe mit den Liebesbriefen der Weltliteratur aufnehmen, meint auch Ernest Jones, der als Einziger für die Verfertigung seiner Freud-Biographie (von der spätere Biographen zehren) alle Briefe lesen durfte. Bislang wurde leider nur eine kleine Auswahl veröffentlicht. Marthas Briefe fehlen gänzlich.

Martha Bernays verliebt sich in einen jungen Mann, der sich elegant zu kleiden versteht, volles schwarzes Haar hat, einen kurz geschnittenen, gepflegten Vollbart, ein trotz weicher Züge markantes Gesicht mit durchdringendem, manchmal leicht melancholischem Blick, großes Interesse an den Naturwissenschaften und den dringenden Wunsch, sich auszuzeichnen.

Sigmund Freud begeistert sich für ein schlankes, blasses, zartes, aber durchaus selbstbewusstes Mädchen, das ihm besonders wegen seines «Wesens» gefällt. Als sie in einem Brief von ihrer geringen Schönheit spricht, antwortet er gewissenhaft, indem er vernünftig darüber nachdenkt, wie es wirklich mit ihrer Schönheit bestellt ist. «Ich weiß wol, Du bist nicht schön im Sinne der Maler oder Bildhauer, wenn Du auf strenge Correctheit im Wortgebrauche dringen willst, muß ich gestehen, Du bist nicht schön. Doch habe ich nicht geschmeichelt (als ich Dich schön nannte), kann nicht schmeicheln, kann mich höchstens irren. Ich meinte, wieviel von dem Zauber Deines Wesens sich in Deinem Gesichtchen u. in Deiner Gestalt ausdrückt, wieviel an Dir zu sehen ist, was nur auf das Gute, Edle u. Vernünftige in der Seele meines Marthchens zu deuten ist. Ich für mein Theil war immer unempfindlich oder wenigstens unterempfindlich gegen bloße Formschönheit.» Später

Sigmund Freud und Martha Bernays, 1885

schreibt er angesichts einer Fotografie: «Sieh, in Deinem Gesichtchen ist's die edle reine Schönheit von Stirn und Augen, die fast in jedem Bild hervortritt; [...] als hätte Dich die Natur vor der Gefahr bewahren wollen, blos schön zu sein, hat sie Dir Nase u. Mund mehr charakteristisch als schön geformt, fast männlich ausdrucksvoll, so unmädchenhaft entschieden.»[45]

Zwar könnte man fragen, was denn an den Komplimenten eines Verliebten so bedenklich wäre, aber so ist er nun einmal, der aufrichtige Naturforscher. Fotos aus diesen Jahren zeigen einen Sigmund Freud, der sich und das Leben sehr ernst nimmt. Das gilt auch für die Liebe. Sexuelle Intimität bleibt dem Ehestand vorbehalten.

Freud macht aus der abwesenden, angebeteten jungen Frau den Fixpunkt seines Lebens und die Muse seines Werkes, welche Gestalt auch immer es annehmen mag. «Martha ist mein, das süße Mädchen, von dem alle mir mit Verehrung sprechen, das beim ersten Zusammensein, trotz alles Sträubens meinen Sinn gefangen nahm, um das zu werben mich fürchtete, und das im hochsinnigen Vertrauen mir entgegenkam, den Glauben an meinen eigenen Wert mir erhöht und neue Hoffnung und Arbeitskraft mir geschenkt hat, als ich ihrer am dringendsten bedurfte.»[46] Bislang war es Sigmunds Mutter, die ihm seinen «eigenen Wert» erhöhte, da sie an ihn glaubt. Diese Aufgabe scheint von nun an Martha zu übernehmen. Glück soll sie ihm bringen, die Martha. «Du bist selbst das Glück für mich, ohne Dich ließe ich jetzt ohne Lebenslust die Arme sinken, mit Dir, für Dich will ich sie rühren, uns unseren Teil an dieser Welt erobern, ihn mit Dir zu genießen.»[47]

Ein Kästchen hat Martha ihm dagelassen und eine Fotografie, bevor sie nach Hamburg abreisen musste. «Ich wollte dem Bilde so gern einen Platz unter meinen Hausgöttern einräumen, die über meinem Tische hängen, aber die harten Männergesichter, an die ich mit Verehrung denke, darf ich zeigen, das zarte Mädchenantlitz muß ich verbergen und verschließen. Es ruht in Deinem Kästchen und ich getraue mich nicht zu gestehen, wie oft ich es seit vierundzwanzig Stunden bei verschlossenen Türen hervorgeholt habe, meine Erinnerung aufzufrischen.»[48]

Freud schützt seine Verliebtheit vor den Blicken der anderen, als würde er sich eine Blöße geben, die ihn verwundbar machte, den sonst so souverän und abgeklärt auftretenden, an Jahren so jungen und der Haltung nach beinahe alt wirkenden Mann. Auch vor der Familie hält er seine Verliebtheit geheim. Marthas Briefe erreichen ihn durch den Laboratoriumsassistenten in Brückes Institut.

Allein in seinen Briefen an die Verlobte entfaltet der ernste Wissenschaftler und gestrenge große Bruder Sigmund Freud, zu seiner eigenen Verwunderung und zum ersten Mal, sein «lyrisches Ich». Martha will er nicht sezieren, er will sie haben, nennt sie seinen «liebsten Besitz».

Rührend ist die Art, wie er Martha Bernays in seinen Briefen anredet: «My sweet darling girl», «Mein teures, heißgeliebtes Mädchen», «Mein süßes Mädchen», «Hohe Herrin, süßes Lieb», «Prinzeßchen Schatz», «Mein süßes Weibchen», «Mein Herzensmädchen», «Mein süßes Prinzeßchen», «Mein teures Liebchen», «Mein teurer Schatz». Er unterzeichnet zumeist mit «Dein Sigmund»; manchmal steigert sich das zu «Dein getreuester Sigmund» und «Dein getreuer Diener Sigmund».

Von Anfang bis Ende zeigen Freuds Briefe die Bewegtheit eines seelischen Ozeans, den mal unruhige kleine Wellen kräuseln, mal ein Sturm aufwühlt, dann zaubert er auch einmal heiter die schönsten Fata Morganas – aber immer bedarf es auf diesem Ozean eines Steuermanns, der dem Schifflein eine sichere Zukunft weist. In den Briefen finden sich Sorge, beherzter Zuspruch, nüchterne Maximen, gestrenge moralische Forderungen, aber auch banges tagträumerisches Ausmalen gemeinsam realisierter Idylle.

«O mein teures Marthchen, wie arm sind wir! Wenn wir mitteilen sollten, wir wollen miteinander leben, und sie fragen uns: Was bringt ihr dazu mit? Nichts als daß wir einander liebhaben. Und sonst nichts? Wir brauchen doch zwei oder drei Zimmerchen, um darin zu wohnen und zu essen und einen Gast zu empfangen und einen Herd, auf dem das Feuer für die Mahlzeiten nicht ausgeht. Und was da alles drinnen sein soll. Tische und Stühle, Betten, Spiegel, eine Uhr, die die Glücklichen an den Lauf der Zeit erinnert, ein Lehnstuhl für eine Stunde behaglicher Träumerei, Teppiche, damit die Hausfrau leicht den Boden rein halten kann, Wäsche mit zierlichen Bändern gebunden im Kasten und Kleidchen von neuem Schnitt und Hüte mit künstlichen Blumen, Bilder an der Wand, Gläser für alltägliches Wasser und festlichen Wein, Teller und Schüsseln, eine kleine Vorratskammer, wenn uns der plötzliche Hunger oder ein Gast überfällt, ein großes Schlüsselbund, der hörbar klirren muß, und es gibt so viel, woran man sich freuen kann, die Bücherei und das Nähtischchen und die vertrauliche Lampe, und alles muß in gutem Stand gehalten werden, sonst sträubt sich die Hausfrau, die ihr Herz in kleine Stückchen geteilt hat, für jedes Gerät eines. Und dies Ding muß von der ernsten Arbeit zeugen, die das Haus zusammenhält, dies andere von Kunstsinn, von teuren Freunden, an die man sich gerne erinnert, von Städten, die man gesehen, von Stunden, die man gerne zurückrufen möchte. Dies alles, eine kleine Welt von Glück, von stummen Freunden und Zeugen edler Menschlichkeit, es muß alles erst kommen, es ist noch das Fundament des Hauses nicht gelegt, nur zwei arme Menschenkinder sind da, die sich unsagbar liebhaben. Sollen wir unser Herz an so kleine Dinge hängen? Solange nicht ein großes Schicksal an die stille Tür pocht – ja und ohne Bedenken.»[49]

Man könnte an Henrik Ibsens «Nora oder ein Puppenheim» denken, das gerade, 1879, erschienen ist. «Im Grunde ist es doch herrlich, so das Wunderbare zu erwarten», lässt Ibsen Nora sagen. Aber das Verhältnis zwischen Sigmund und Martha gestaltet sich nicht nach dem von Ibsen heraufbeschworenen, für die Zeit typischen Bild demonstrierter überlegener Männlichkeit und konservierter kindlich-naiver Weiblichkeit. Das Verhältnis zwischen Sigmund und Martha entwickelt sich nicht zu «einer Tragödie unserer Zeit» wie bei Ibsen. Zwar ist die Versuchung für Sigmund groß, aus Martha ein Püppchen zu machen, aber er spürt schnell, dass seine Versuche, Martha brachial aus der Familie zu lösen, um sie seinen eigenen Ansichten zu unterwerfen, an Marthas «kompakter» Persönlichkeit scheitern. Da Freud bereit ist, seine Lektion zu lernen, finden sie auf neuer Ebene immer wieder zueinander. Freimütig bekennt er: «[...] ich muß mir doch sagen, daß ich einen tyrannischen Zug in meinem Wesen habe, daß es mir furchtbar schwer fällt, mich unterzuordnen.»[50]

Während der Jahre des Getrenntseins macht ihm immer wieder seine Eifersucht zu schaffen. Es hat ihn «tief gekränkt», als sie sich weigerte, «die Freundschaft mit Fritz oder für Fritz Wahle» ihm «zu opfern».[51] Am liebsten würde er wohl seine Martha in einen Dornröschenschlaf versetzen, um sie, wenn die Zeit reif ist, aus dem Dornendickicht zu befreien und mit sich auf sein Schloss zu nehmen. Da er jedoch nicht im Märchen lebt, betont er: «Wir haben eine schwere Aufgabe auf uns genommen.»

Nur zu gern verkündet er Maximen: «[...] mitsammen leben heißt nicht, einander alles Unangenehme verbergen und beschönigen.» Und: «Du weißt ja, von dem Augenblick an, da Du mit mir den Bund schlossest, mußten wir beide etwas anderes werden, um füreinander zu sein, was wir sein wollten [...].» Von einem «alten Marthchen» ist da die Rede, das dem «geliebten Mädchen nicht ganz den Platz geräumt zu haben scheint». Er möchte die Braut umschaffen. Er möchte, dass Martha für ihn ihre alten Bindungen aufgibt. Er selbst opfert für die gemeinsame Zukunft den Traum von der glänzenden Forscherkarriere. Zunächst jedenfalls. Er löst sich aus seiner Bindung an den geliebten und hochverehrten Ernst Brücke. Anders als in Ibsens «Puppenheim» spielen Sigmund Freud und Martha Bernays zumeist mit offenen Karten. Wenn es sein muss, raufen sie sich zusammen.

Wie jeder von uns liebt Freud an der Liebe auch das Geliebtwerden. Kollegen, die ihm seine finanziellen Probleme als unüberwindbar darstellen, würde er gern sagen, «daß es so unvergleichlich selig ist, geliebt zu werden, auch wenn man sich noch nicht völlig und förmlich angehört und noch dazu wenn man das Glück hat, sich ein Prinzeßchen geraubt zu haben! Mut, mein Schatz, Du wirst viel jünger mein Weibchen sein und sollst Dich nicht schämen dürfen, daß Du so lange gewartet hast.»[52]

Über seine bedrückende finanzielle Lage kann Freud auch in ans Absurde grenzenden Episoden berichten: «Willst Du noch eine kleine komische Geschichte erfahren, aber darfst mich nicht bemitleiden. Als ich nach Hause kam, fand ich einen Brief von einem Freund, der mich oft besucht (außerhalb des Spitals), ich solle ihm *noch* einen Gulden leihen bis zum Ersten, und den dem Hausmeister übergeben und wenn ich keinen ganzen Gulden habe, so einen halben, aber gleich; am Ersten sei alles wieder gut. Nun belief sich mein Barvermögen auf vier – Kreuzer, von denen ich ihm doch nichts abgeben konnte. Ich beschloß also, da meine gewöhnlichen Bankiers nicht zu Hause waren, einem Kollegen aufzulauern, der mir eine für diese Zeit des Monats beträchtliche Summe schuldet. Der war aber nicht zu finden, ich war auch hungrig und sollte in den Prater gehen, also was tun? Da kam zum Glück ein anderer Kollege daher, von dem ich im Nu einen Gulden geliehen hatte. Aber es war zu spät, ihm davon was zu schicken, ich mußte in den Prater, also hat er heute nichts gehabt, wenn mein Schuldner morgen zahlt, soll er was haben. Wir werden wahrscheinlich beide einmal reiche Leute, aber ist das nicht ein köstliches Zigeunerleben, Marthchen? Oder bist Du für den Humor davon nicht empfänglich und beweinst mein Elend? Laß Dir's nicht zu Herzen gehen, ehe Du Dein Geschmeide verkaufen kannst, mich zu retten, bin ich wieder ein wohlhabender Mann.»[53]

Die Verlobten berichten einander fast täglich von ihren Erlebnissen, Beobachtungen, Herzensanliegen und wesentlichen Schritten, da «alles erst wertvoll wird, wenn Du daran teilnimmst». Freud bekennt: «Ich kann's in keiner Gesellschaft mehr lange aushalten, am wenigsten in der Familie, ich bin ja nur ein halber Mensch im Sinne der alten platonischen Fabel, die Du gewiß kennst, und meine Schnittfläche schmerzt mich, sobald ich außer Beschäftigung bin. Wir gehören doch schon zusammen und wenn wir uns raufen wollen – auch das gehört zur Liebe –, soll es aus nächster Nähe sein.»[54]

In einem Gespräch mit Professor Brücke über die schlechten finanziellen Aussichten einer wissenschaftlichen Karriere gewinnt Freud die Einsicht, dass er, um heiraten zu können, besser darauf hinarbeitet, eine private Praxis zu eröffnen. Nach 1882 nimmt er deshalb die Chance wahr, sich als Arzt am Wiener Allgemeinen Krankenhaus die praktischen medizinischen Kenntnisse anzueignen, die er dafür braucht – zunächst als Aspirant bei dem Internisten Hermann Nothnagel, dann als Sekundärarzt bei dem bekannten Hirnanatomen und Psychiater Professor Theodor Meynert.

Ab Mai 1883 hat er im Allgemeinen Krankenhaus ein eigenes Zimmer, direkt am Arbeitsplatz. Das spart Zeit. Die Patienten und das Ergründen ihrer Beschwerden werden ihm wichtig. Alles dreht sich um die Arbeit. «Was ich jetzt mache? Ich bin fleißiger als je und wohler als je. Ich arbeite mich meist durch einen Wust von Zeitungen durch, lese zum Teil für mich, zum Teil für die medizinische Wochenschrift, sitze im Laboratorium, wo meine Methode [des Sichtbarmachens histologischer Präparate] wirklich noch immer geht und sehr schön ausschaut, obwohl mir noch allerlei dabei zu richten bleibt, und früh bis elf Uhr, fast hätte ich daran vergessen, funktioniere ich auf den Krankenzimmern als lernbegieriger, schreibbeflissener, mitunter operativ wirkender Sekundärarzt. Der ganze Zustand mein Liebchen hat etwas Schweres, Rausch- oder Traumartiges an sich, es ist der rechte, um eine lange Trennung zu überstehen, ob er ein angemehmer ist, läßt sich schwer sagen; persönliche Empfindungen kommen gar nicht dazu, gehört zu werden. Es ist auch eine Art Narkose, immer so viel zu tun zu haben, und Du weißt, ich habe letzthin eine Rettung vor meiner großen Empfindlichkeit und Erregbarkeit gesucht. Die hätte ich nun. Es kommt mir vor, als schlügen die Wellen des Weltlebens gar nicht an meine Tür, ein andermal muß ich den Gedanken abwehren, daß ich ein Mönch wäre [...].»[55]

So erfreut es ihn besonders, wenn er seiner selbstverordneten außerweltlichen Situation einmal entfliehen kann, etwa indem er einer Einladung seines väterlichen Freundes Dr. Josef Breuer und dessen Frau Mathilde nach Gmunden am Traunsee nachkommt. Dort hat er ein Zimmer mit Ausblick auf den dunkelgrünen See «und den kolossalen, wenig bewaldeten und darum lichteren Felsen des Traunstein, der fast senkrecht von einer Höhe von 5000 Fuß in den See abstürzt»[56]. Auf gemeinsamen Wanderungen verlaufen die Gespräche mit dem vierzehn Jahre älteren Freund und Kollegen, der ihm auch einmal eine Patientin schickt, angenehm leicht. Breuer, ebenfalls ein ehemaliger Brücke-Schüler, ist bereits als sehr erfolgreicher Hausarzt mit eigener Praxis tätig und hat als Theoretiker und Experimentalphysiologe wichtige Entdeckungen gemacht.[57]

Breuer spürt, dass in Freud etwas steckt, das noch nicht zur Entfaltung gekommen ist, «unter der Hülle der Schüchternheit ein maßlos kühner und furchtloser Mensch»[58]. Breuer fördert und unterstützt Freud mit Rat und Tat, auch finanziell. Er erzählt dem Jüngeren von einer Patientin. Im Verlauf der Behandlung war ihm aufgefallen, dass die pathologischen Symptome der neurotischen Patientin in Wirklichkeit nicht unsinnig seien, sondern eine Bedeutung haben. Er konnte beobachten, dass mit der Untersuchung der Vorgeschichte der Symptome eine Linderung des Leidens einherging. Das interessiert Freud, aber es bedarf weiterer Lebensschritte, ehe er «sehen» kann, was diese Beobachtung eigentlich besagt. Er wird darauf zurückkommen.[59] Noch bewegen sich seine Untersuchungen im Rahmen der herkömmlichen naturwissenschaftlichen Konzepte der Neurologie und Psychiatrie – auch die verwegenen und umstrittenen Experimente mit der Frage nach den anästhesierenden Wirkungen des Kokains führen nicht darüber hinaus.

Mit seinem Habilitationsantrag vom 2. Januar 1885 reicht Freud eine Sammlung seiner veröffentlichten Forschungsberichte aus den Jahren 1877 bis 1884 ein.[60] Er stellt der Medizinischen Fakultät in Aussicht «Vorlesungen und Seminare über die Anatomie und Physiologie des Nervensystems [...] und Vorlesungen und Demonstrationen, in welchen Patienten vorgestellt, die notwendigen Methoden der Untersuchung gezeigt, und das bisherige Wissen in betreff der Pathologie des Nervensystems gelehrt werden soll»[61]. Professor Brücke stellt den 29-jährigen Kandidaten der Fakultät vor: «Dr. Freud hat eine gute Allgemeinbildung, einen ernsthaften und gemäßigten Charakter, ist ein ausgezeichneter Arbeiter in dem Feld der Neuroanatomie und sehr geschickt; er besitzt einen guten Einblick, weitreichendes Wissen und eine vorsichtige Methode der Deduktion und zeigt in seinen Veröffentlichungen gute Disposition und individuellen Stil. Seine Entdeckungen finden Anerkennung und Bestätigung, seine Vorlesungen sind klar und gut begründet. Die Eigenschaften des wissenschaftlichen Forschers und des hochqualifizierten Lehrers sind in ihm so gut vereint, daß das Komité dem hochverehrten Kollegium empfiehlt, Dr. Freud zu den weiteren Habilitierungsprüfungen zuzulassen.»[62] Die Fakultät nimmt den Antrag mit einer Gegenstimme an. In der mündlichen Prüfung bei Brücke und Meynert schneidet er so vorzüglich ab, dass Brücke ihm nacheilt, um ihm herzlich, stolz und voller Bewunderung zu gratulieren.

Der aufregende Teil der ganzen Prozedur lag für Freud weniger in der Vorbereitung des Geistes als in der Sorge um einen angemessenen Auftritt. Mit knappen Finanzen lassen sich Kleiderfragen nur schwer lösen. Schließlich gelingt es, weiße Handschuhe und einen Zylinder käuflich zu erwerben und den obligatorischen Frack «auf Borg» anfertigen zu lassen. Dieses «Kostüm» gehörte zum Ritual des feierlichen Ereignisses.

Stärker als die bewältigte Prüfung bringt den Briefeschreiber das bewilligte Reisestipendium für einen Studienaufenthalt in Paris in Begeisterung: «Prinzeßchen, mein Prinzeßchen, O wie schön wird das sein! Ich komme mit Geld und bleibe recht lange und bringe was Schönes für Dich mit und gehe dann nach Paris und werde ein großer Gelehrter und komme dann mit einem großen, großen Nimbus nach Wien zurück, und dann heiraten wir bald, und ich kuriere alle unheilbaren Nervenkrankheiten, und Du erhältst mich gesund, und ich küsse Dich bis Du stark und heiter und glücklich bist – und wenn sie nicht gestorben sind, so leben sie heute noch.» Vergleichsweise lapidar folgt die Nachricht: «In derselben Sitzung bin ich auch als Dozent approbiert worden. [...] Mein Probevortrag ist heute in acht Tagen.»[63]

Mit Stetigkeit erreicht Freud auf dem geraden Weg der gediegenen wissenschaftlichen Konzepte seiner Universitätslehrer sein erstes Teilziel, die Privatdozentur. Erst der Studienaufenthalt in der Salpêtrière in Paris, geleitet von Jean-Martin Charcot, wird ihn vom Wege abbringen.

Weitgehend auf sich allein gestellt in einem anderen Land mit fremder Sprache, dem Leben einer Weltstadt ausgesetzt, lediglich ausgerüstet mit seinem wissenschaftlichen Können und gesichert von der «Nabelschnur» seiner brieflichen Verbindung mit Martha, wird Paris zu einer umfassenden Bewährungsprobe. Freud wohnt im Quartier Latin, «Impasse Royer-Collard, nahe beim Pantheon und beim Louxembourg, ebenerdig, sehr schön für 55 fr.», lässt er Marthas Schwester Minna wissen.[64]

Tafeln pflastern heute Sigmund Freuds Lebensweg: Links neben der Eingangstür steht: «Sigmund Freud, Créateur de la Psychanalyse, habita cette maison 1885–1886». Martha schildert er seinen vollen Eindruck von Paris. Ich «könnte sehr poetisch werden, es mit einer riesigen, geputzten Sphinx, welche alle Fremden frißt, die ihre Rätsel nicht lösen können, vergleichen [...] die Stadt und die Menschen sind mir unheimlich, die Leute scheinen mir von ganz anderer Art als wir, ich glaube sie alle von tausend Dämonen besessen und höre, wie sie anstatt ‹Monsieur› und ‹Voilà l'Echo de Paris› schreien ‹A la lanterne› und ‹A bas dieser und jener›. [...] Es ist das Volk der psychischen Epidemien, der historischen Massenkonvulsionen [...]. Wie Du merkst, mein Herz ist deutschkleinstädtisch und ist überhaupt nicht mit mir hier angekommen.»[65]

Gewiss ein Selbstschutz, das Herz zu Hause zu lassen, denn wie ließe es sich sonst in Paris leben – ohne Frauen? Als Statuen begegnen sie ihm auf den Denkmälern und Brunnen der Stadt. Im Louvre sieht er sie als «wirkliche Sphinxe, eine Welt wie im Traum»[66]. Auch auf der Bühne kann er sie betrachten. Von Theaterbesuchen berichtet er, in Begleitung eines Malers, Marthas Vetter, oder von zwei russischen Ärzten, die ebenfalls bei Charcot hospitieren. Die Schauspielerin Sarah Bernhardt beeindruckt den freigesetzten Privatdozenten: «[...] jeder Zoll an dem Figürchen lebte und bezauberte. Dann ihr Schmeicheln und Bitten und Umarmen: es ist unglaublich, was sie für Stellungen annimmt, wie [sie] sich um eine Person schmiegt, wie sie mit jedem Glied und jedem Gelenk agiert. Ein merkwürdiges Wesen, und ich kann mir denken, daß sie im Leben gar nicht anders zu sein braucht als auf der Bühne. Tragen wir der historischen Treue gemäß nach, daß ich das Vergnügen wieder mit einer Migräne bezahle [...].»[67] Im Übrigen beruhigt er sich selbst und auch Martha: «Die Häßlichkeit der Pariser Frauen läßt sich kaum übertreiben, nichts abstoßendes, aber auch nicht ein anständig hübsches Gesicht.»[68] Soll das heißen, er sieht nur frivol hübsche Gesichter? Und liegt das an den Gesichtern oder am Betrachter? Interessante Fragen, aber gibt es darauf klare Antworten? Fest steht nur, dass Freud viel später keine Scheu hat, ein Foto mit Widmung von der französischen Diseuse und Schauspielerin Yvette Guilbert, dem Star der Pariser Revue- und Varietébühnen, in seinem Arbeitszimmer aufzuhängen.

Ungebrochen allerdings ist Freuds Begeisterung für seinen neuen Helden Charcot. Vieles an seiner außerordentlichen Wirkung, meinte er, müsse man den «persönlichen Eigenschaften des Mannes zuschreiben, dem Zauber, der von seiner Erscheinung und Stimme ausging, der liebenswürdigen Offenheit, die sein Benehmen auszeichnete, sobald einmal die gegenseitigen Beziehungen das Stadium der ersten Fremdheit überwunden hatten, der Bereitwilligkeit, mit der er seinen Schülern alles zur Verfügung stellte, und der Treue, die er ihnen durch das Leben hielt»[69].

Nach einem Monat berichtet er Martha: «Ich bin jetzt sehr behaglich, und ich glaube, ich verwandle mich sehr. Ich will Dir das einzeln aufzählen, was auf mich einwirkt. Charcot, der einer der größten Ärzte, ein genial nüchterner Mensch ist, reißt meine Ansichten und Absichten einfach um. Nach manchen Vorlesungen gehe ich fort wie aus Notre-Dame, mit neuen Empfindungen vom Vollkommenen. Aber er greift mich an; wenn ich von ihm weggehe, habe ich gar keine Lust mehr, meine eigenen dummen Sachen zu machen; ich bin jetzt drei Tage faul gewesen, ohne mir darum Vorwürfe zu machen. Mein Gehirn ist gesättigt wie nach einem Theaterabend. Ob die Saat einmal Früchte bringen wird, weiß ich nicht; aber daß kein anderer Mensch je ähnlich auf mich gewirkt hat, weiß ich gewiß.»

Freud beachtet an Charcots Art, mit Phänomenen umzugehen, etwas, das andere vermutlich gar nicht bemerken; Charcot berührt etwas in Freud, das er mit seinem ungeduldigen Wunsch nach wissenschaftlicher Auszeichnung aus dem Blick verloren hat. In bestimmter Hinsicht fühlt Freud eine Art Seelenverwandtschaft. Es beeindruckt ihn besonders, wie Charcot im Umgang mit dem großen «Material an chronisch Nervenkranken seine ei-

Die Radierung «Charcots Vorlesung»,
auf der Jean-Martin Charcot eine Hysterikerin vorführt,
hing in Freuds Arbeitszimmer.

gentümliche Begabung› verwertete: «Er war kein Grübler, kein Denker, sondern eine künstlerisch begabte Natur, wie er es selbst nannte, ein ‹visuel›, ein Seher. Von seiner Arbeitsweise erzählte er uns selbst folgendes: Er pflegte sich die Dinge, die er nicht kannte, immer von neuem anzusehen, Tag für Tag den Eindruck zu verstärken, bis ihm dann plötzlich das Verständnis derselben aufging. Vor seinem geistigen Auge ordnete sich dann das Chaos [...]. Man konnte ihn sagen hören, die größte Befriedigung, die ein Mensch erleben könne, sei, etwas Neues zu sehen, d. h. es als neu zu erkennen, und in immer wiederholten Bemerkungen kam er auf die Schwierigkeit und Verdienstlichkeit dieses ‹Sehens› zurück. Woher es denn komme, daß die Menschen in der Medizin immer nur sehen, was sie zu sehen bereits gelernt haben, wie wunderbar es sei, daß man plötzlich neue Dinge – neue Krankheitszustände – sehen könne, die doch wahrscheinlich so alt seien wie das Menschengeschlecht, und wie er sich selbst sagen müsse, er sehe jetzt manches, was er durch 30 Jahre auf seinen Krankenzimmern übersehen habe.»[70]

Dieser besondere Wink, dass es für denjenigen etwas zu entdecken gibt, der es wagt, eine neue Perspektive zu wählen, irritiert und belebt Freud zugleich. Er wirkt wie ein Entwicklungsversprechen für seine eigenen Untersuchungen. Nicht eine neue Technik oder Methode, sondern eine neue Haltung ist dafür die wichtigste Voraussetzung. Das bringt ihn geradezu in gehobene Stimmung. Charcot wirkt auf Freud, da er ihm gleichsam eine Erlaubnis gibt, sich zu verwandeln. Vielleicht ist Freud zu schnell alt geworden. Viel zu wissen ist sicher eine wichtige Bedingung für wissenschaftliches Arbeiten. Aber hinzuschauen, zu beobachten und zu beschreiben, ohne theoretische Scheuklappen wahrzunehmen und achtsam zu sein – wie ein Kind oder ein Künstler –, das gibt ihm das Gefühl, mit all seinem Wissen nicht schon fertig zu sein. In Paris geht Freud schwanger mit einer neuen Haltung.

«Charcot wurde auch niemals müde, die Rechte der rein klinischen Arbeit, die im Sehen und Ordnen besteht, gegen die Übergriffe der theoretischen Medizin zu verteidigen.» Als man ihm einmal vorwarf, dass eine seiner Beobachtungen aber der Theorie von Young-Helmholtz widerspreche, sagte er: «La théorie, c'est bon, mais ça n'empêche pas d'exister.» («Theorie ist gut, aber sie verhindert nicht, dass etwas existiert.») Charcot «ahnte und erriet, wo der gegenwärtige Zustand der Wissenschaft ihm nicht gestattet, zu wissen». Daraus wird eine Devise für die Erkundungen des späteren Psychoanalytikers Sigmund Freud werden.

Die Vorstellung vom Zusammenleben mit Martha enthält ein ähnliches Versprechen. Ihr vertraut er an, dass er eigentlich nie richtig jung gewesen sei und sich sehr wünsche, es mit ihr noch einmal werden zu können. Er will nicht mehr «mit Anspannung aller Kräfte wie ein Rennpferd das Ziel zu erreichen» suchen. «Ob noch ein Einfluß der zauberhaft anziehenden und abstoßenden Stadt dabei ist? Es müßte ein ganz indirekter sein.»[71] Ob sein Liebchen ihm darüber etwas zu sagen wisse, fragt er Martha, die sich darauf freut, dass er über Weihnachten zu ihr nach Hamburg kommen will. «Liebe und Wissenschaft mögen nie verlassen – Deinen Sigmund», so beschließt er einen seiner Briefe.[72] Er unterbricht seinen Paris-Aufenthalt und genießt es über alle Maßen, in ihrer Nähe zu sein und sich der gemeinsamen Liebe zu vergewissern.

Nach Paris zurückgekehrt, genießt Freud ebenso sehr die Intensivierung seines Verhältnisses zu Charcot, der ihm die Übersetzung seiner gerade entstehenden «Neuen Vorlesungen über die Krankheiten des Nervensystems, insbesondere über Hysterie» anvertraut hat. Mit dem Angebot der Übersetzung kommt Freud dem bewunderten «Meister» persönlich näher. Freud arbeitet so fleißig und schnell, dass die deutsche Version sogar vor dem französischen Original erscheinen kann. Charcots besondere Leistung liegt in dem Nachweis, dass die körperlichen Störungen der männlichen und weiblichen Hysteriker nicht ausschließlich organischen Ursprungs sind. Denn Lähmungen oder Zittern ließen sich im Zustand der Hypnose zum Verschwinden bringen, aber auch artifiziell herstellen.

Wenn Freud mit anderen zu einer Gesellschaft bei Charcot eingeladen wird, ist er aufgeregt wie ein Junge; man könnte auch sagen, wie ein junges Mädchen: Er überlegt, wie er sich am besten kleidet, geht zum Friseur und möchte unbedingt eine angenehme Wirkung hinterlassen. Mit ein wenig Kokain sucht er sich zu lockern. In seinen Briefen an Martha gerät er ins Schwärmen, welch interessante Leute er kennen gelernt hat, wie freundlich sie ihm entgegengekommen sind, dass der eine oder andere eine seiner Veröffentlichungen kannte und schätzte und nicht zuletzt, dass er seine Befangenheit überwinden konnte und kein langweiliger Gesprächspartner war. Vor Martha muss er nicht länger den Souveränen spielen, vor ihr legt er jede Maske ab. In den langen Jahren der Verlobung hat er das unumstößliche Gefühl gewonnen, dass er ihrer Liebe vertrauen kann. Zwar nennt er das dann «dumme Geständnisse» oder versieht es mit dem Kommentar, er wäre ein wenig «geschwätzig» geworden, möglicherweise sei «das bißchen Kokain» daran schuld.

In seinem Brief vom 20. Januar 1886 neckt er sie mit einer Phantasie über die Tochter des «Meisters»: «Denke Dir nun, ich wäre nicht schon verliebt und sonst ein rechter Abenteurer; es wäre eine starke Versuchung hereinzufallen, denn nichts ist gefährlicher, als wenn ein junges Mädchen die Züge eines Mannes trägt, den man bewundert.» Ein Schelm, der Böses dabei denkt.

Charcot hat eine wohlhabende Frau geheiratet und lebt in kultivierten Verhältnissen. Sein Haus, besonders Bibliothek und Arbeitszimmer, wirkt mit all den Bildern, Gobelins und Antiquitäten wie ein Museum auf Freud. Einmal mehr kommt er nicht umhin, den «Meister» zu bewundern. Währenddessen rutschen die eigenen Finanzen immer tiefer ins Minus. Sigmund Freud lebt auf Pump. Unbedingt möchte er seinen Paris-Aufenthalt verlängern. Ihm ist klar, dass er in Wien auch nicht im Geringsten mit ähnlich interessanten Arbeitsbedingungen rechnen kann wie bei Charcot. Ein letztes Mal bittet er Breuer, ihm noch einmal eine Summe zu leihen. Der schickt aber nur 300 Francs, verbunden mit der Aufforderung, er solle doch möglichst bald nach Wien zurückkehren. Was Freud im März 1886, der Not gehorchend, dann auch tut. In Berlin schiebt er einen Zwischenaufenthalt ein, um sich mit der Neuropatholgie des Kindes vertraut zu machen. In Wien wird er zehn Jahre lang an zwei Tagen in der Woche an dem Ersten Öffentlichen Kinder-Krankeninstitut, das Max Kassowitz leitet, arbeiten.

Am 4. April 1886 trifft Freud wieder in Wien ein, der wenig geliebten Stadt. Und schon am Ostersonntag, den 23. April, kann es jeder in den Tageszeitungen und medizinischen Zeitschriften lesen: «Dr. Sigmund Freud, Dozent für Neuropathologie an der Universität Wien, ist von seinem sechsmonatigen Aufenthalt in Paris zurückgekehrt und ordiniert jetzt Rathausstraße 7.»[73] Breuers schenken ihm das Praxisschild, und Mathilde Breuer lässt es sich nicht nehmen, es selbst anzubringen.

Der Internist Hermann Nothnagel und Breuer schicken Patienten. Manche zahlen gut, andere können nicht zahlen und werden doch behandelt. Die Einnahmen schwanken. Mal sieht es so aus, als könne er nun endlich heiraten, dann wieder reicht das Geld nicht. Schließlich ist ihm das ewige Rechnen, Abwägen und Sichern zuwider. Es gibt ärmere Leute, die sich dennoch mit dem geliebten Menschen zusammentun – und «wie lange bewahrt man sich die Fügsamkeit, mit der man sich dem Wechsel im Befinden eines Anderen anschmiegt?» Er kennt seine wechselnden Verfassungen nur zu gut. Mal fühlt er sich obenauf, und alles scheint zu glücken. Dann wieder schlägt etwas fehl, und alles scheint vergebens und ohne Aussicht zu sein. «Du wirst ja doch ein altes Mädchen, wenn ich Dich warten lasse, bis ich aus erspartem Gelde alles bestreiten kann, u verlernst das Lachen, und ich entbehre Dich, seitdem ich zurück bin. [...] Du fehlst mir in allem, weil ich zu Allem Dich genommen habe, als Geliebte, als Weib, als Kamerad, als Arbeitskraft, u ich muß in der schmerzlichsten Entsagung leben; ich nütze meine Zeit nicht aus, habe an nichts Freude, habe seit Wochen keine heitere Miene gemacht u bin, kurz gesagt, so unglücklich.»[74]

Für Sigmund Freud und Martha Bernays steht fest, dass im September geheiratet wird, was immer geschehen möge. Und natürlich geschieht etwas. Wider Erwarten wird Freud für die Zeit vom 9. August bis zum 10. September als Reservist zu einem Manöver in Olmütz einberufen. Das bedeutet mindestens einen Monat gar keine Einnahmen. Es geschieht auch, dass Marthas Mutter deshalb verlangt, die Hochzeit aufzuschieben. Schonungslos verfährt sie mit ihm: «Laß erst wieder Ruhe und Frieden in Dein jetzt vollkommen zerstörtes Gemüt eintreten. Du hast durchaus keinen Grund zu diesem an's Krankhafte streifenden Unmuth und Kleinmuth, *so* kannst Du weder verdienen noch studieren. [...] Die ewigen Zahlen schlage Dir aus dem Sinn, und werde vor allem wieder ein vernünftiger *Mann*, augenblicklich bist Du wie ein verzogenes *Kind*, dem nicht sein Wille geschieht, da weint es, und glaubt dadurch alles zu erreichen.»[75]

Freud verschiebt nicht. Wird er schon als Kind gesehen, dann kann er auch trotzig sein. Außerdem gibt es glückliche Zufälle. Martha erhält aus der weiteren Familie großzügige Geschenke zur bevorstehenden Hochzeit. Sie werden also nicht in leeren Räumen hausen müssen.

Die Ziviltrauung findet am 13. September im Rathaus des damals noch selbständigen Wandsbek nahe Hamburg statt. Doch anders als in Deutschland verlangt die österreichische Gesetzgebung auch eine religiöse Zeremonie. Der aufgeklärte Wissenschaftler Sigmund Freud hält nichts von Religion. Wie den Aberglauben schätzt er sie als Schwäche ein. Differenzen mit Martha, die gewohnt ist, am Freitagabend die Sabbatkerzen anzuzünden, werden im Keim erstickt. Dem Religiösen wird das Familienoberhaupt im gemeinsamen Leben keinen Platz einräumen. Doch bei diesem Anlass muss Freud sich beugen. In der Nacht bringt ihm der Onkel Elias Philipp schnell noch die hebräischen «Broche» (Gebete) bei, die zu der jüdischen Zeremonie unter der «Chuppa», dem traditionellen Hochzeitsbaldachin, gehören. Im Haus der Brautmutter, Hamburgerstraße 38 in Wandsbek, werden sie am 14. September vom Rabbiner Dr. David Hanover getraut. Es feiern vierzehn Personen, alle zur Verwandtschaft gehörend, in Hirschel's Hotel in der Hamburger Wexstraße. Endlich vereint, reisen die Vermählten nach Lübeck und Travemünde, um ihr Glück nicht mehr in Briefen, sondern hautnah genießen zu können.

Strahlen

Zwei Hälften und drei Mädchen und drei Buben

> «Liebe nennt man die Beziehung zwischen Mann und Weib, die aufgrund ihrer genitalen Bedürfnisse eine Familie gegründet haben, Liebe aber auch die positiven Gefühle zwischen Eltern und Kindern [...].»
>
> Sigmund Freud

Am 29. September 1886 treffen die Jungvermählten in Wien ein, dem Zentrum der europäischen Großmacht Österreich-Ungarn, Symbol und Ort der Sehnsucht von 54 Millionen Bewohnern des Reichs. Sie gründen ihren eigenen Hausstand in einer «Gründerzeit». Die Stadt ist im Aufbruch und Umbruch, auf dem Weg zu einer glänzenden Weltstadt. Der Kritiker Karl Kraus allerdings bemerkt bissig, Wien werde jetzt zur Großstadt demoliert. Orte mit künstlerischer Atmosphäre wie das Café Griensteidl fallen bald der Gigantomanie zum Opfer.[76]

Martha und Sigmund Freud freuen sich auf ihr gemeinsames Leben. In diesem Winter werden sie nicht allein sein. Abgesehen von kurzen Reisen werden sie sich überhaupt nicht mehr trennen. Ihre Wohnung, von Sigmund Freud in liebevoller Eile mit Unterstützung seiner Lieblingsschwester Rosa hergerichtet, umfasst vier Räume und befindet sich in dem «schönsten Haus» von Wien, Maria-Theresia-Straße 8, dem so genannten Stiftungshaus.

Nun leben sie, wie Freud in der Verlobungszeit vorausgesagt hatte, als Einheit, die auf «etwas drittes» bezogen ist. Wenn sie einmal verheiratet seien, würde dem Mann bald ein gefährlicher Nebenbuhler im Haus- und Kinderwesen entstehen, hatte Freud geschrieben.[77] Dass Martha von vornherein einen «Nebenbuhler» in Freuds Werk hatte, war so selbstverständlich, dass es der Erwähnung nicht wert schien.

Mitte Oktober berichtet Freud dem befreundeten Kollegen Karl Koller, der Freuds Untersuchung der anästhesierenden Wirkung des Kokains für die Augenheilkunde fruchtbar gemacht hatte, von den beiden Sphären seines gegenwärtigen Lebens. «Du hast recht zu vermuten, daß Paris einen neuen Anfang der Existenz für mich bedeutet. [...] am 4. Oktober waren wir schon imstande, den Beginn der Ordination anzukündigen. Meine kleine Frau hat mit Hilfe ihrer Mitgift und der Hochzeitsgeschenke ein reizendes Hauswesen aufgebaut [...].»[78]

Ihr Zusammenleben gestalten Martha und Sigmund Freud nach einem gemeinsamen Bild. Nicht Konkurrenz, sondern Ergänzung von zwei Hälften, lautet der Wahlspruch. 1883 hatte Freud einmal zu einem von Marthas Briefen geschrieben, ihre Gedanken wären so gescheit, dass ihm angst werden könnte, als Mann nur hinterherzulaufen. Aber das klang nur wie ein Scherz. In der Ehe hat jeder seinen eigenen Arbeitsplatz. Martha führt mit norddeutscher Strenge und Sorgfalt die Regie im Hauswesen, und der Ehemann bemüht sich, die Praxis auf Touren zu bringen. Sigmund Freud hat sich «niedergelassen».

Wenn Dr. Freud, der um 12 Uhr mit der Sprechstunde beginnt, am Ende des Arbeitstages von seinen Erfahrungen mit den Patienten erzählt, geschieht das im gemeinsamen Interesse. Kürzel für die Patienten ist das Wort «Neger», das Freud einer Karikatur in den «Fliegenden Blättern» entlehnt hat, in der ein gähnender Löwe brummt: «12 Uhr, und keine Neger!»[79] Doch nach einer längeren Durststrecke, die mit dem Verkauf der goldenen Uhr von Onkel Emanuel und einem Darlehen von Marthas Schwester Minna überbrückt wurde, konsolidieren sich auch die Einnahmen. Als «stilles Glück»[80] bezeichnet Freud die gemeinsame Lebensform.

Bald regt sich «etwas drittes», Martha wird schwanger. «Sie war so brav, so tapfer und liebenswürdig die ganze Zeit über. Nicht ein Zeichen von Ungeduld und übler Laune.»[81] Am 16. Oktober 1887 kommt das Töchterchen Mathilde auf die Welt, das sich bald zu einem hübschen Geschöpf entfaltet und ihren Eltern außerordentlich gefällt. Freud, der den Geburtsvorgang in allen Stadien begleitet, schreibt der Schwiegermutter und Schwägerin: «[...] wenn sie schreien mußte, entschuldigte sie sich immer vor Arzt und Hebamme [...]. Martha war gar nicht ängstlich und scherzte in jedem freien Moment mit ihren beiden Nothelfern und ihrem Leidensgenossen, das war ich, und ich bin so müde, als ob ich alles durchgemacht hätte.»[82] Martha erdet das Leben ihres intellektuellen Mannes. «Wir leben ziemlich glücklich in stets wachsender Anspruchslosigkeit weiter. Wenn unsere kleine Mathilde lacht, bilden wir uns ein, sie lachen zu hören sei das Schönste, das uns widerfahren kann [...].»[83] Freud liebt es, mit ihr zu «spielen», und ist mächtig stolz, dass die Kleine durchschläft, ohne Theater zu machen.

Martha Freud erweist sich als starke Frau mit Contenance und Selbstdisziplin. Es treibt sie nicht in das Zentrum gesellschaftlicher Aufmerksamkeit. Mann und Kinder sowie die weitere Familie bilden ihren Kreis. Josef Breuer, der väterliche Freund, gehört mit seiner Frau Mathilde manchmal dazu. So passt Martha gut an Freuds Seite. Stets ist sie in der Lage, ihm – im Wechsel seiner Verfassungen – ein Gefühl des Gesichert- und Geborgenseins zu vermitteln, ganz ähnlich, wie es früher seine Mutter konnte. Freud braucht diesen Rückhalt in den nächsten Jahren ganz besonders, da er mit seiner Analyse der nervösen Störungen in der Wiener Ärzteschaft auf kühle Zurückhaltung und Ablehnung stößt. Schon sein Bericht in der «Gesellschaft der Ärzte» über das, was er bei Charcot gesehen und gelernt hat, findet eine «üble Aufnahme».

Sein Ansinnen, den Fall eines hysterischen Mannes darzustellen, stößt auf Vorurteile und scheinüberlegene Entrüstung: «Aber

Herr Kollege, wie können Sie solchen Unsinn reden! Hysteron (sic!) heißt doch der Uterus. Wie kann denn ein Mann hysterisch sein?»[84] Nun, er kann. Freud erinnert sich an Charcot. Wenn schon eine Theorie nicht, um wie viel weniger können Vorurteile verhindern, dass etwas existiert. Freuds ehemaliger Lehrer Meynert setzt weiter bei Diagnose und Behandlung der Hysterie-Patienten auf das naturwissenschaftlich greifbare und veränderbare Körpergeschehen. Freuds Versuche, die seelische Seite des Geschehens in den Vordergrund zu rücken, schmettert er ab. Er versperrt Freud den Zugang zu den Patienten und zum Laboratorium.

Das Verhältnis der Ehepartner Sigmund und Martha Freud wandelt sich im Lauf der Jahre, doch der Kern ihrer Verbundenheit bleibt konstant. «Ein Theil Mut und Kühnheit steckt in mir, die nicht leicht abzuschrecken oder auszutilgen sind. Wenn ich mich selber einer strengen Prüfung unterziehe, strenger als die Geliebte sie anstellen wollte, sage ich mir, daß mir die Natur viele Talente versagt und nicht viel [...] Talent, was die Menschen bezwingt, zugestanden hat. Aber sie gab mir die unerschrockene Liebe zu Wahrheit, den kühlen Blick des Forschers, die rechte Wertschätzung des Lebens und die Kunst mich zu mühen und Vergnügen an der Arbeit zu finden. [...] Wir wollen mit einander halten durch dieß in seinen nächsten Zielen so leicht faßliche, in seinem Endzwecke so unbegreifliche Leben.»[85] Dieser Satz wird für das nächste halbe Jahrhundert Geltung haben.

Freud liebt seine Martha als Frau, die zärtlich mit ihm umgeht und ihm den Rücken freihält, und als Mutter seiner Kinder. Und weitere Kinder kommen hinzu: am 6. Dezember 1889 der Sohn Jean Martin, am 19. Februar 1891 Oliver. Nun braucht die Familie mehr Raum. Im August 1891 ziehen die Freuds in die Berggasse 19. Dort mieten sie bald weitere Zimmer im Erdgeschoss hinzu, die Freud als Studierzimmer, Wartezimmer und Sprechzimmer dienen – mit leichten Veränderungen siebenundvierzig Jahre lang. Drei Kinder hatte sich Martha Freud gewünscht, aber am 6. April 1892 wird ein kleiner Ernst geboren, am 12. April 1893 folgt dann Sophie und, last, not least, am 3. Dezember 1895 die kleine Anna. Schließlich sind es genauso viele wie Freud Geschwister besitzt.

«Im Zeitraum von 1886–1891», meint Freud, habe er wenig wissenschaftlich gearbeitet und kaum etwas publiziert. «Ich war davon in Anspruch genommen, mich in den neuen Beruf zu finden und meine materielle Existenz sowie die meiner rasch anwachsenden Familie zu sichern.»[86] Dazu gehören auch die Übersetzungen aus dem Französischen, insgesamt etwa siebenhundert Buchseiten Charcot und weitere dreihundert Seiten eines Werks über Hypnotismus und Suggestion von Hippolyte Bernheim, den er 1889 eigens in Nancy aufsucht, um mehr über diese Methode zu erfahren. Außerdem hält Freud Vorlesungen, 1887 zum Beispiel über «Gehirnanatomie». Natürlich veröffentlicht er auch – unter anderem eine «Klinische Studie über die halbseitige Cerebrallähmung der Kinder» (1891) und eine kritische Studie «Zur Auffassung der Aphasien» (1891) – «Herrn Dr. Josef Breuer in freundschaftlicher Verehrung gewidmet». Freud weist auf seelische Bedingungen dieser Sprachstörung hin, Breuer reagiert nicht begeistert. Freud befürchtet, «da reißt etwas immer mehr»[87]. Das teilt er seiner Schwägerin Minna mit, die er offenbar über seine Arbeit auf dem Laufenden hält.

Martha Freud organisiert den Familienbetrieb und leitet das Personal an. «Solange ich zurückdenken kann», schreibt der älteste Sohn Martin, «hatten wir eine Herrschaftsköchin. Sie arbeitete niemals außerhalb der Küche. Es gab ein Hausmädchen, das bei Tisch aufwartete und auch Vaters Patienten empfing, eine Gouvernante für die älteren Kinder und ein Kindermädchen für die jüngeren, während eine Aufwartefrau jeden Tag für grobe Arbeiten kam. Meine Mutter wußte, wie man mit Dienstboten umging. Sie liebten und achteten sie und gaben ihr Bestes. Es ist wahr, daß sie die gleichen Dienstboten viele Jahre behielt. Selbst in jenen Jahren in Wien war das eher außergewöhnlich.»[88]

Die abschätzige Wendung, jemand sei «nur Hausfrau», entstammt unserer zeitgenössischen Lebenswelt, die ganz und gar anders beschaffen ist. Die «Selbstverwirklichung» der Frau wurde zu Ende des 19. Jahrhunderts noch nicht reduziert auf eine berufliche Karriere nach männlichem Vorbild. Der Wert einer Tätigkeit bemaß sich noch nicht nach dem Geld, das sie einbringt. Das Zusammensein mit den Kindern, ihre Erziehung, die Sorge für sie und den Mann, der eine Stellung in der Welt erobert, gab dem Leben Sinn, vorausgesetzt, dass es zwischen den Ehepartnern so liebevoll zuging wie bei den Freuds. Die Aufgaben des Alltags raubten der Frau nicht die Zeit zur Selbstverwirklichung, sondern deren Bewältigung war eine Form, Lebenszeit sinnvoll zu gestalten.

Im Winter 1921 hat Lou Andreas-Salomé, für einige Wochen Gast im Hause Freud, die Gelegenheit, den familiären Umgang aus nächster Nähe zu beobachten. Ausgehend von einer Charakteristik Freuds beschreibt sie auch die Haltung Martha Freuds: «Immer fand ich ihn [Freud] in ausgeglichener Stimmung, nie mürrisch; im letzten Hintergrund ist er wohl der eher pessimistisch Gerichtete, wie ich ihn seit Jahren kenne, aber vornean steht nicht bloß Beherrschtsein, sondern auch eine große Freundlichkeit zum Leben, heiter und gütig. Und dieses Verhalten ausgeglichener Gesundheit fiel mir auf als kennzeichnend auch für die Familie Freud: sogar seine 80 Jahre alte Mutter erhält es noch bei wundersamster innerer Rüstigkeit, ferner gibt es der Schwester R[osa] G[raf] trotz ihres Hörrohrs und Alters geradezu eine Anmut und seine Töchter wie Anna und Mathilde sind voll davon; Mathilde als Älteste die Brave und Weise auch heute noch, immerfort wohltuend, Anna aber, trotz der schwerern, tiefern Entwicklung, von freundlichster Anpassung.

Das habe ich auch an Frau Freud bewundert, daß sie so, von

ihrem Wesens- und Wirkungskreis aus, unbeirrbar das Ihrige erfüllt, immer bereit in Entschiedenheit und Hingabe, gleich weit entfernt von überheblicher Einmischung in des Mannes Aufgaben wie von Unsicherem oder Nebenstehendem. Durch sie sind sicherlich die sechs Erziehungen sehr psychoanalysenfremd geblieben; doch ist das von Freuds Seite gewiß nicht bloß Gewährenlassen gewesen, sondern – so fühle ich es jetzt – etwas gefiel ihm auch daran, sein Hauswesen in dieser Ferne von offenbaren Konfliktuositäten zu wissen; etwas daran gefiel ihm an seiner eigenen Frau. Jedenfalls hat mir das Zusammenleben tiefen Eindruck gemacht, und ich bin nachdenklich über diese Dinge, bei denen wir ‹frei› und ‹familiengebunden› gewöhnlich falsch unterscheiden. Erst ein Gran ‹Ungesundheit› stört gewöhnlich die mögliche Harmonie der Freiheit und Sozialität (auch der familienhaften mit ihren Rücksichtnahmen).»[89]

Heute ist die Perspektive weitgehend verloren gegangen, dass es für einen Menschen eine sinnvolle Lebensaufgabe sein könnte, das Nächstliegende zu gestalten.

Interessen, die darüber hinausgingen, hat Martha Freud in den Abendstunden verfolgt. Sie war eine begeisterte Leserin, mit der Weltliteratur von klein auf vertraut. Sigmund Freud schenkte gern Bücher. Bereits in der Brautzeit teilte er sich der Geliebten mit, indem er sie einlud, sich seelisch in den Welten seiner Lieblingsbücher zu bewegen. Darunter waren Calderóns Werke, «David Copperfield» von Dickens, Homers «Odyssee», Freitags «Dr. Luther», Schillers «Kabale und Liebe», Rankes «Geschichte der Päpste», Cervantes' «Don Quijote» – ein breites Spektrum. Auch schenkte ihr Freud «Moderne Geister» von Georg Brandes und wies sie auf den Essay über Flaubert hin, den er ganz besonders schätzte.

Dass man nicht nur die Geschichten eines Buches genießt, sondern auch deren Machart beachten kann, exemplifiziert Freud an Dickens. «[...] Du wirst schon gemerkt haben, daß unsere Dichter und Künstler alle eine ‹Manier› haben, eine stereotypische Reihe von Motiven und Anordnungen, die eben die Schranken ihrer Kunst aufzeigen [...]. Zu dieser Manier gehören bei Dickens die ganz aus selbstloser Güte bestehenden Mädchen, die so gut sind, daß sie gar keine Physiognomie mehr haben, dann der Umstand, daß die braven Leute sofort, wenn sie sich sehen, Freundschaft schließen u. dann alle zusammen durch's ganze Buch in Gemeinschaft handeln, dann die scharfe Scheidung zwischen der Tugend u. dem Laster, die es im Leben gar nicht giebt (was wär' dann z. B. ich?), dann die Pardonnierung des Schwachsinns [...]. Ja eins hätte ich fast vergessen, den Wohltäter, der so furchtbar viel Geld hat und für alles Edle zu haben ist. Von all dem hat ‹Copperfield› am wenigsten. Die Personen sind individualisiert, sie sind sündig, ohne abscheulich zu sein.»[90]

Manchmal besuchen die Eheleute eine Dichterlesung. Im Februar 1898 hören sie Mark Twain, der anlässlich einer Wohltätigkeitsveranstaltung im Bösendorfer-Saal liest. Als der dänische Schriftsteller und Literaturkritiker Georg Brandes im März 1900 einen Vortrag hält, besteht Martha darauf, dass Freud ihm ein Widmungsexemplar seiner «Traumdeutung» zukommen lässt.

Neben dem Lesen von Büchern ist es das Anfertigen von Handarbeiten, dem Martha Freud in ihrer freien Zeit nachgeht. Das konnte sie ganz ausgezeichnet, das musste man ihr nicht erst in Kreativitätskursen vermitteln. Außerdem ist sie froh, wenn sie sich nach der Arbeit mit ihrem Mann über das Tagesgeschehen, über die Kinder, über Freunde und Verwandte austauschen kann.

Für die intellektuelle Begleitung seiner Arbeit findet Freud andere Menschen. Im Kreis der Familie gehört Minna Bernays (s. S. 87ff.) zu ihnen und später die Tochter Anna (s. S. 173ff.). Freud braucht auch Selbstgespräche zur Klärung seiner Gedanken – in Gestalt von Briefen an einen ihm wohlgesinnten Adressaten. Für den Austausch über die Verästelungen seiner psychologi-

Die Familie Sigmund Freuds, um 1900. Hinten stehend Martin und Sigmund Freud, in der Mitte von links nach rechts Oliver und Martha Freud, neben ihr Minna Bernays, vorne Sophie, Anna und Ernst.

schen Anschauungen findet er in dem Arzt Wilhelm Fließ, den er bei Breuer kennen lernt und der in Berlin lebt, den geeigneten Menschen. Die Briefe an Fließ zeigen, wie Freud in Entwürfen und Verwerfungen nach und nach zu seiner eigenen Konstruktion seelischer Zusammenhänge kommt, aus der die Entstehung bestimmter Krankheitsformen ableitbar wird.

Im Übrigen ist auch Freud froh, wenn er nach getaner Arbeit in eine andere Sphäre wechseln kann. Dass er nicht viel Zeit mit seinen Kindern verbringt, ist eine Nebenerscheinung seiner Besessenheit, die Grenzen medizinischer Konzeptionen zu überschreiten. Er arbeitet bis zu achtzehn Stunden am Tag. Wenn er sich jedoch mit den Kindern befasst, ist er ganz bei ihnen. Es glückt ihm besser als manch anderem Vater, die Sichtweise der Kinder einzunehmen, ja es bereitet ihm Vergnügen, wenn die Kinder seine eigene Kindlichkeit beleben. Manchmal kann man den Eindruck haben, dass er mit ihnen insgeheim kollaboriert. Liebevoll nennt er sie das «Gesindel» oder die «Fratzen» und freut sich, wenn sie gut gedeihen.

Im Juli 1891 schreibt Freud an Minna: «Martin ist allerliebst geworden, so zärtlich und gutmütig und recht verständig; er spricht eine ganze Menge von Worten, sagt vieles nach und versteht fast alles, natürlich bis [auf] fachliche und wissenschaftliche Dinge. Oliver schreit noch immer wie besessen, ist aber sehr hübsch und aufmerksam, nimmt hundertdreißig Gramm per Woche zu und hat ausgezeichnete Leistungen aufzuweisen. Nur mit dem kleinen Frauenzimmer [die vierjährige Mathilde] ist es ein Kreuz, sie hat so einen wilden Zug im Gesicht, weiß vor Übermut nicht, was sie anfangen soll, sagt prinzipiell nein auf alle Zumutungen und betrachtet sich jeder Verpflichtung zu gehorchen für überlegen. Dazu die schreckliche Erziehungsmethode der Kinderfrau, die ich doch bald pensionieren werde, und Marthas Schwäche, die sich nicht getraut, der Alten die unpassendsten Kritiken zu verweisen. Der kleine Kerl wird aber hoffentlich auch diese Einflüsse überstehen und sich ins Mädchenhafte finden.»[91]

Wie gut er Kindliches versteht, erweist sich auch und geradezu lebensrettend bei einer schweren Diphtherieerkrankung Mathildes, als sie fünf oder sechs Jahre alt ist. In seiner Angst um das ermattete Kind fragt Freud, was es am liebsten essen möchte. «Eine Erdbeere», ist die Antwort. Es war aber nicht die Jahreszeit für Erdbeeren. Freud macht sich trotzdem auf die Suche und findet tatsächlich in einem bekannten Geschäft die Früchte. Mathilde nimmt sie erfreut in den Mund. Beim Herunterschlucken kommt es zu einem heftigen Hustenanfall – der das Diphtheriehäutchen auflöst. Von da an geht es wieder bergauf mit ihrer Gesundheit.

Wann immer in Wien eine Krankheit umging, fingen Freuds

Kinder diese auch ein. So schickte er sie in den frühen Jahren nicht in die öffentliche Schule, sondern ließ sie zu Hause von einer Gouvernante unterrichten. Auch dadurch, meint Martin Freud, hätten sie Besonderheiten entwickelt. «Ich weiß, daß wir Freud-Kinder Dinge sagten und taten, die andere Leute merkwürdig fanden. Einige – wie mein Lehrer mit dem roten Bart – fanden sie rührend. Ich vermute, daß unsere Erziehung ‹liberal› genannt werden könnte [...]. Uns wurde niemals befohlen, dieses zu tun oder jenes zu lassen. Es war uns nie verboten Fragen zu stellen. Unsere Eltern, die uns als Individuen, als eigenständige Persönlichkeiten behandelten, gaben uns auf schwierige Fragen Antworten und Erklärungen. [...] Es herrschte aber auch kein Mangel an Disziplin. Meine Mutter führte ihren Haushalt mit großer Freundlichkeit und mit ebenso großer Festigkeit. Sie hielt auf Pünktlichkeit in allen Angelegenheiten [...]. Punkt ein Uhr saß jeder in unserem Haushalt an dem großen Eßtisch. Im gleichen Augenblick öffnete sich die eine Tür, und das Mädchen trat mit der Suppe ein, während Vater durch die andere Tür aus seinem Arbeitszimmer kam, um an einem Ende des Tisches meiner Mutter gegenüber Platz zu nehmen.»[92] Eine perfekte, bühnenreife Inszenierung.

In den Ferien gehört der Vater den Kindern. Es ist seine Aufgabe, den Urlaubsort auszuwählen, meist in den Bergen, mög-

Dass Martha Freud die Arbeit ihres Mannes nicht mehr mit derselben Aufmerksamkeit verfolgt wie zu Beginn, liegt weder an Desinteresse noch an intellektueller Beschränktheit. Wäre Freud Atomphysiker gewesen, hätte sich vermutlich niemand darüber aufgeregt, dass seine Frau nicht sehr vertraut war mit den Forschungen ihres Mannes. Martha Freud wird von der großen Kinderschar ganz in Anspruch genommen. Zu Ende des 19. Jahrhunderts gab es noch keine zuverlässige Empfängnisverhütung. Kondome hielt Freud für unpraktisch, und der Coitus interruptus, das hatte er den Berichten der Hysterikerinnen entnommen, wirkte sich schädlich auf das Seelenleben der Frau aus.

lichst mit einem See in der Nähe. Solange die Kinder klein sind, achtet er darauf, dass die Eisenbahnfahrt nicht länger als zwei, drei Stunden dauert. «Während der Zeit in Aussee waren wir noch klein. Das älteste Kind war elf, das jüngste drei Jahre alt. Aber es verging kaum ein Tag, ohne daß Vater uns mit auf seine Waldspaziergänge nahm.»[93]

«Unsere Ausflüge hatten die Wärme einer wunderbaren Geschichte, die gut konstruiert ist, und der nie ein Höhepunkt fehlte. [...] sie dienten immer einem besonderen Zweck: sei es, daß wir nach etwas suchten oder etwas sammelten, oder daß wir einen besonderen Platz erforschten.» Beeren oder Pilze waren das Objekt ihrer Begierde. «War das Gebiet erst einmal gefunden, führte Vater seine kleine Truppe dorthin. Alle kleinen Soldaten nahmen ihren Platz ein und begannen das Gefecht in genau abgemessenen Abständen, wie ein gut ausgebildeter Infanteriezug, der zum Angriff durch die Wälder zieht. Wir spielten, daß wir schwer zu fangendem Wild auf der Spur waren, und es gab einen Wettkampf darum, wer der beste Jäger sei. Vater gewann immer.»[94] Freud benimmt sich wie ein Kind unter Kindern. Sobald er einen Pilz entdeckt hatte, warf er seinen «graugrünen Velours（hut mit breitem dunkelgrünen Seidenband» über den Pilz «und stieß auf seiner kleinen Silberpfeife ein schrilles Signal aus. [...] Erst wenn wir versammelt waren, entfernte er den Hut, und wir durften die Beute sehen und bewundern.»[95]

Die Mutter und Tante Minna, welche derweil auf geebneten Wegen spazieren gingen, hätten nicht mit ihnen gehen können. «Mit ihren langen wallenden Kleidern, den steifen Kragen, die ihren Nacken umschlossen, ihren spitzenbesetzten Korsetts, die jede freie Bewegung verhinderten, wären sie niemals über umgestürzte Bäume hinweggekommen. Sie hätten niemals über Gräben – mit oder ohne Wasser – springen können und wären viel zu behindert gewesen, sich ihren Weg durch das dichte, dornige Unterholz zu bahnen.»[96]

Als älteste Tochter leidet Mathilde darunter, daß die jeweils hinzukommenden kleinen Geschwister sie in den Hintergrund drängen. Ihr kindliches Draufgängertum, ein Versuch der Revolte, kann daran nichts ändern. Die Brüder überrunden sie, und die kleinen Mädchen Sophie und Anna stechen sie aus. In der Jungmädchenzeit wird Mathilde verzagt; sie erlebt sich als unattraktiv.

«Meine liebe Mathilde», schreibt der Vater im März 1908: «Es ist das erste Mal, daß Du Hilfe von mir verlangst, und diesmal machst Du es mir nicht schwer, denn es ist leicht zu sehen, daß Du Dein Leiden sehr überschätzest und Folgerungen daran knüpfest, die nach meinem Wissen und meinen Erkundigungen recht überflüssig sind. [...] Meran soll Dich körperlich kräftigen, wozu es gewiß der richtige Ort ist; für die lokale Affektation hilft es natürlich nicht; die muß man vorläufig sich selbst überlassen. [...] Frauen haben sehr oft ähnliche Dinge nach einem Wochenbett und verlieren sie, ohne darum an ihrer Existenz schaden zu leiden. Bis die Frage der Heirat für Dich in Betracht kommt, wirst Du längst befreit davon sein. Du weißt, ich habe mir immer vorgenommen, Dich wenigstens bis zum vierundzwanzigsten Jahr zu Hause zu behalten, bis Du für die Aufgaben der Ehe und vielleicht des Kinderhabens ganz erstarkt bist und die Schwächungen repariert hast, die die drei großen Erkrankungen während Deines jungen Lebens Dir hinterlassen haben. In unseren sozialen und materiellen Verhältnissen heiraten Mädchen mit Recht nicht in der ersten Jugend; sie werden sonst zu früh mit der Ehe fertig. Du weißt, daß Deine Mutter fünfundzwanzig bei ihrer Hochzeit war.

Du knüpfest wahrscheinlich an den gegenwärtigen unzureichenden Anlaß eine alte Sorge, von der ich gerne einmal mit Dir sprechen wollte. Ich ahnte längst, daß Du bei all Deiner sonstigen Vernünftigkeit Dich kränkst, nicht schön genug zu sein und darum keinem Mann zu gefallen. Ich habe lächelnd zugeschaut, weil Du mir erstens schön genug schienst, und weil ich zweitens weiß, daß in Wirklichkeit längst nicht mehr die Formenschönheit über das Schicksal des Mädchens entscheidet [...].»

Jetzt ist man als Leserin wirklich gespannt. Schon längere Zeit hatte man ja den Eindruck, diesen Brief in seiner Grundaussage bereits zu kennen. War es ein Brief an die Verlobte, an Mathildes Mutter? Wahrhaftig, Freud fährt fort wie damals: Es ist «der Eindruck der Persönlichkeit», der das Mädchen schön erscheinen läßt für einen Heiratskandidaten. «Dein Spiegel wird Dich darüber beruhigen, daß nichts Gemeines oder Abschreckendes in Deinen Zügen liegt, und Deine Erinnerung wird Dir bestätigen, daß Du Dir noch in jedem Kreis von Menschen Respekt und Einfluß erobert hast. Somit war ich über Deine Zukunft, soweit sie von Dir abhängt, beruhigt, und Du kannst es auch sein. Daß Du meine Tochter bist, wird Dir auch gerade nicht schaden. Ich weiß, daß es für meine Wahl entscheidend war, bei meiner Frau einen ehrenvollen Namen und eine warme Atmosphäre im Hause zu finden, und es werden gewiß noch andere so denken wie ich, als ich jung war.

Die Verständigen unter den jungen Männern wissen doch, was sie bei einer Frau zu suchen haben, die Sanftmut, die Heiterkeit und die Fähigkeiten, ihnen das Leben schöner und leichter zu machen.»[97] Jetzt hat man wirklich das Gefühl, Freud verwechsele seine große Tochter Mathilde mit den Frauen der vorherigen Generation. Sie habe mehr körperliche Ähnlichkeit mit Tante Rosa, seiner Schwester, und Tante Minna als mit der Mutter, und er hoffe, sie werde Tante Minna nachgeraten ... Kein abweichender, individueller Zug gerät in den Blick. Kennt er sie überhaupt, seine älteste Tochter?

Kein Hinweis, auch nicht eine winzige Andeutung, dass eine über die Leitung eines zukünftigen Familienbetriebs hinausgehende Ausbildung dasjenige sein könnte, was Mathilde fehlt – was sie sicherer, weniger verzagt oder sogar glücklich machen könnte. Von heute aus gesehen, merkt man schnell, dass Mathilde mit ihren Fähigkeiten brachliegt: Handarbeiten anfertigen, lesen und Gedichte schreiben, gut und schön, aber ist das schon alles? Da ließe sich doch anderes bei ihr ausbilden und entwickeln. Erst die sieben Jahre jüngere Anna wird es wagen, den Vater mit dem Wunsch nach einer beruflichen Tätigkeit zu konfrontieren (s. S. 181f.).

Mit Verwunderung muss man feststellen, dass Freud in einer Zeit, da sich bereits die ersten emanzipierten und «studierten» Frauen wie etwa Lou Andreas-Salomé im Kreis der Psychoanalytiker bewegen, seine eigenen Töchter auf das Lyzeum statt auf das Gymnasium und ohne weitere Ausbildung ins Leben schickt. Immerhin konnten Mädchen in Wien seit dem Jahr 1878 die Maturitätsprüfung ablegen, und ab 1900 wurden einzelne Frauen zum Medizinstudium zugelassen.

Dass die Söhne ein Studium absolvieren, ist in den Auffassungen der Zeit dagegen selbstverständlich. Martin promoviert zum Dr. jur., Oliver wird Ingenieur und Ernst ein erfolgreicher Architekt.

Als Erstgeborene entwickelt sich Mathilde ganz nach dem Vorbild ihrer Mutter, die ebenfalls als große Schwester den Kleineren Schutz und Hilfe geben konnte. Martin erinnert sich daran, wie beherzt Mathilde für ihn eintrat, als er von einem Erwachsenen wegen unterstellter Rempelei beim Eislaufen geohrfeigt worden war und des Platzes verwiesen werden sollte.

Während ihres halbjährigen Erholungsaufenthalts in Meran trifft Mathilde viel schneller als sie selbst und der Vater geahnt haben auf den Mann, dem sie gefällt. Offenbar mag sie ihn auch. Im Oktober 1908 verlobt sie sich mit dem Geschäftsmann Robert Hollitscher, den sie im Februar des folgenden Jahres heiratet. In Wien wohnt das Ehepaar in der Nähe der Berggasse. Mathildes Leben spielt sich weiterhin im Umkreis ihrer Familie ab. 1912 wird sie schwanger, kann das Kind aber nicht austragen, da sie erkrankt. Sie muss eine Schwangerschaftsunterbrechung vornehmen lassen und wird kinderlos bleiben. Freud meint einmal, sie wäre nahe daran gewesen, mit ihrem Mann «im Egoismus à deux zu erstarren»[98].

«Robert verdient in seinem Geschäft keinen Groschen. [...] Sie leben von der Beihilfe, die ich ihnen geben kann», heißt es später in einem Brief Sigmund Freuds.[99] Hollitscher hatte ein Seidenimportgeschäft betrieben, das im Gefolge der allgemeinen wirtschaftlichen Misere in der Zeit nach dem Ersten Weltkrieg in Schwierigkeiten geriet.

Einige Zeit nachdem ihre jüngere Schwester Sophie 1920 gestorben war, adoptiert das Ehepaar Hollitscher deren jüngsten Sohn, Heinele. «Meine Älteste, Math, und ihr Mann haben ihn wie ihr Kind angenommen und sich so gründlich in ihn verliebt, wie man es nicht hätte voraussehen können. Er war auch ein entzückender Kerl, und ich selbst wußte, daß ich kaum je einen Menschen, gewiß nie ein Kind so lieb gehabt wie ihn. Leider war er sehr schwächlich und nie fieberfrei, eines jener Kinder, deren geistige Entwicklung auf Kosten ihres körperlichen Gedeihens erfolgt ist. [...] Dieses Kind ist uns jetzt vor vierzehn Tagen neuerdings erkrankt.» Heinele starb kurz darauf. «Diesen Verlust vertrage ich so schlecht, ich glaube, ich habe nie etwas Schwereres erlebt, vielleicht wirkt die Erschütterung durch meine eigene Erkrankung mit [erste Krebsoperation]. Ich mache meine Arbeit notgedrungen, im Grund ist mir alles entwertet.»[100] Auch Mathilde und ihr Mann sind untröstlich.

Mathilde Freud

Mathilde ist eine couragierte, aktive Frau. Die französische Sprache beherrscht sie so gut, dass sie für die psychoanalytischen Zeitschriften manchmal Texte übersetzt, zum Beispiel der Prinzessin Marie Bonaparte (s. S. 287). Später unterhält sie ein Geschäft für handgefertigte Kleidung. Ihr gelingt es, das Weben und Stricken, das sie so gut beherrscht wie alle Frauen der Freud-Familie, bis zur wirtschaftlichen ‹Verwertung› weiterzuentwickeln. Nach der Emigration übernimmt sie in London, in der Baker Street, ein Geschäft für Cocktailkleider. Als ihr Mann 1959 stirbt, kümmert sie sich um die Verwaltung der Häuser, die er erwerben konnte. Vielseitig begabt, schrieb sie als erwachsene Frau Gedichte, nicht nur in der Jugend, wie es alle Freud-Kinder taten. Es scheint, dass es Mathilde Hollitscher erst nach dem Tod des Vaters gelang, ein

Leben zu führen, das sich vom herkömmlichen Frauenbild löste. Von Krankheit war jedenfalls keine Rede mehr. Mathilde Hollitscher starb 1978 in London, sie wurde einundneunzig Jahre alt.

Sophie, das Sonntagskind, das ihr Vater für die hübscheste seiner Töchter hält, verliebt sich mit neunzehn Jahren während eines Verwandtenbesuchs in Hamburg und macht ihren Eltern «die überraschende Mitteilung» ihrer Verlobung. Selbständig hat sie entschieden, daß sie den elf Jahre älteren Fotografen Max Halberstadt heiraten wird. Ihm verdanken wir einige besonders schöne Fotos von Sigmund Freud.

Etwas pikiert schreibt Freud dem Erwählten: «Wir verstanden, daß wir somit als überflüssig – in gewissem Sinne – erklärt seien und nichts anderes zu tun haben, als die Formalität unseres Segens zu erteilen. Da wir nie etwas anderes gewünscht hatten, als daß sich unsere Töchter nach freier Neigung vergeben, [...] so müssen wir mit diesem Ereignis im Grunde sehr zufrieden sein. Aber wir sind doch Eltern, mit allen Einbildungen dieses Standes belastet, fühlen uns verpflichtet, unsere Wichtigkeit zu behaupten, und darum wollen wir den energischen jungen Mann, dessen Entschlossenheit auf unser Kind übergegriffen hat, auch selbst ins Auge fassen, ehe wir gerührt ja und amen sagen.»[101] Dass es auch an der Entschlossenheit von Sophie gelegen haben könnte, kommt dem leicht gekränkten Vater nicht in den Sinn.

Er lädt Max Halberstadt nach Wien ein, gewinnt den Eindruck, dass er ein bescheidener und vertrauenswürdiger Anwärter ist, und gibt der Verbindung seinen Segen. Im Januar 1913 heiratet Sophie und lebt mit ihrem Mann in Hamburg. Beide Eheleute sind gesundheitlich wenig stabil. Wie schon Mathilde muss Sophie aus gesundheitlichen Gründen ihre erste Schwangerschaft abbrechen. Als sie dann 1914 ihrem Vater den ersten Enkel, Ernst, präsentiert, reagiert er glücklich und zugleich mit gemischten Gefühlen. «Heute Nacht», schreibt er dem Freund Sándor Ferénczi, «um 3 Uhr ein kleiner Knabe als erster Enkel! Sehr merkwürdig. Ein ältliches Gefühl, Respekt vor den Wundern der Sexualität! Sophie befindet sich sehr wohl, hat selbst am Telephon geäußert: ‹Es war nicht so arg.›»[102]

Im Januar 1920 trifft ihn mit aller Plötzlichkeit und Härte ein Schicksalsschlag. In einem Brief vom 26. Januar teilt er seiner Mutter die «traurige Nachricht» mit: «Unsere teure, blühende Sophie ist gestern früh an einer rasch verlaufenden Grippe mit Lungenentzündung gestorben. Wir haben es mittags durch ein Gespräch mit Minna in Reichenhall erfahren. Oli und Ernst sind von Berlin aus zu Max gereist. Robert und Mathilde fahren am Neunundzwanzigsten dieses Monats, um wenn möglich dem armen vereinsamten Mann beizustehen. Martha ist zu elend, man könnte ihr die Reise nicht zutrauen, und Sophie hätte sie doch nicht mehr am Leben angetroffen. Es ist das erste unserer Kinder, das wir so überleben müssen. Was Max tun, was mit den Kindern geschehen wird, wissen wir natürlich noch nicht. Ich hoffe, du wirst es ruhig hinnehmen, man muß sich ja auch das Unglück gefallen lassen. Trauer um die prächtige, lebenstüchtige Kleine, die so glücklich mit Mann und Kindern war, ist aber erlaubt.»[103] Der Mutter gegenüber verkapselt Freud seinen Schmerz.

Dem Schwiegersohn Max Halberstadt schreibt er, «daß es ein sinnloser brutaler Akt des Schicksals ist, der uns unsere Sophie geraubt hat, etwas wobei man nicht anklagen und nachgrübeln kann, sondern das Haupt beugen muß unter dem Streich, als hilfloser, armer Mensch, mit dem höhere Gewalten spielen. [...] Mama ist ganz zusammengebrochen [...].»[104] Zwei Tage später schreibt er an den befreundeten Schweizer Psychoanalytiker und Theologen Oskar Pfister: «Der Verlust eines Kindes scheint eine schwere narzißtische Kränkung; was Trauer ist, wird wohl erst nachkommen.»[105]

Freud weiß wohl, dass er sein Leben planen kann. Dazu gehört für ihn, dass er eine Art familiären Schutzwall um sich herum errichtet, in dessen innerem Kreis er sich sicher fühlen kann. Die Beziehungen zu Freunden und Kollegen dynamisieren zwar sein Selbstgefühl, aber sie sind von Schwankungen und Abbrüchen bedroht. Sophies früher Tod erinnert ihn drastisch daran, dass auch in den inneren Kreis jederzeit das von ihm so genannte gemeine Leid einbrechen kann, gleichermaßen unverschuldet und unkalkulierbar.

In der Zeit, als die Kinder heranwachsen, baut Freud seinen eigenen Wirkungskreis weiter aus. Nach und nach beginnen einzelne Menschen, sich für seine Forschungen zu interessieren. Dazu gehört auch seine Schwägerin Minna Bernays.

Rahmung
Die Nebenfrau Minna Bernays

«Für jeden von uns nimmt das Schicksal die Gestalt einer (oder mehrerer) Frauen an.»
Sigmund Freud

Nach der Geburt des letzten Kindes, Anna, am 3. Dezember 1895 verändert sich manches im Hauswesen der Familie Freud. 1896 kommt Minna Bernays, die vier Jahre jüngere Schwester Martha Freuds, wieder einmal für ein paar Wochen zu Besuch in die Berggasse 19 – und bleibt schließlich ein Leben lang. Von 1896 an wohnen Sigmund Freud mit zwei Frauen, die Kinder mit zwei Müttern zusammen.

Freud kennt seine Schwägerin genauso lange wie seine Frau. In seiner Verlobungszeit korrespondierte er sehr freundschaftlich auch mit Minna. «Und jetzt, da das Haus gesichert ist, darf man an die Dinge denken, die den Zierrat seiner Räume bilden sollen, und dazu rechne ich eine ehrliche, warme, unzweideutige Freundschaft mit Dir. Nicht bloß, weil Du Marthas einzige, von ihr innig geliebte Schwester bist, die ich ohne eigene Schädigung nicht umgehen könnte; ich glaube, daß in unserer eigenen Natur Grund genug vorhanden ist, von treuem Zusammenhalten Glück und Nutzen zu erwarten.»[106]

Schon bevor Martha Bernays und Sigmund Freud sich verlobten, hatte Minna in dem Arzt Dr. Ignaz Schönberg, einem Freund Sigmund Freuds, den Mann ihrer Wahl gefunden. Auch sie wurde,

Minna Bernays

dem Willen der Mutter gemäß, von ihrem Verlobten getrennt. Ignaz Schönbergs gesundheitlicher Zustand, er litt an Tuberkulose, verschlechterte sich jedoch zusehends, und Freud, der ihn behandelte, wusste bald, dass er nicht zu retten war. Schönberg löste seine Verlobung während der Krankheit (1884), was Freud entrüstete. Nach Schönbergs Tod 1886 tröstet er Minna: «Dein armer Roman ist zu Ende, und wenn ich alles überlege, kann ich es nicht ungünstig finden, daß Dich die Nachricht von Schönbergs Tod nach einer so langen Erkältung und Entwöhnung trifft. Lassen wir ihm die Gerechtigkeit widerfahren, daß er selbst sich bemüht und es erreicht hat, Dir den Schmerz über den Verlust des Geliebten zu ersparen, wenn es auch kaum seine überlegene Absicht, sondern seine moralische Schwäche in den letzten Jahren war, die ihn so handeln ließ. Die Beschwerden, die Du gegen sein Andenken hast, wirst Du bald vergessen haben und Dir dann sagen, daß Du einen guten, edlen und warmen Menschen ohne Dein und sein Verschulden verloren hast.» Die Familie des Verstorbenen werde ihr vermutlich eine Schuld zuschreiben, aber so seien die Menschen nun einmal, sie «sind so glücklich, wenn sie sich für etwas unabänderlich Geschehenes einen Grund vorsagen können, der nicht so unpersönlich ist, sondern an den sie irgendeine Art von Leidenschaftlichkeit knüpfen können».

Schließlich solle sie ihren Kopf davon frei machen «und denk, was für [ein] langes Leben wir noch vor uns haben, und was für merkwürdige und erlebenswerte Dinge unserem kleinen Kreis noch zustoßen können». Freud unterzeichnet diesen Brief mit «Dein treuer Bruder Sigmund».[107] Schon von Paris aus hatte Freud seiner Verlobten geschrieben: «Minna sagst Du von mir, daß wenn wir einen Tisch von Freunden haben, immer ein Platz für sie gedeckt ist.»[108] Als Freud seiner Frau eine goldene Uhr zur Hochzeit schenkte, sollte Minna von ihm eine Korallenkette erhalten, der Geldmangel vereitelte allerdings zunächst seine Absicht.

Minna Bernays hatte als Gesellschafterin und Gouvernante bei einer wohlhabenden Tante in Brünn gearbeitet und teilte damit das Geschick vieler lediger Frauen ihrer Zeit. Im März 1896 nahm sie noch einmal eine Stellung in Frankfurt an, um sich dann ganz für eine Aufgabe in der Familie ihrer Schwester zu entscheiden. Bei vierunddreißig Jahre alten Frauen dachte man damals nicht mehr an die Möglichkeit einer Verheiratung.[109]

Minna Bernays soll sich von ihrer sanfteren und eher ausgleichenden Schwester stark unterschieden haben. Schönberg und Martha charakterisiert Freud einmal als «zwei herzensgute Personen», während er Minna wie sich selbst sieht als «zwei wilde, leidenschaftliche, nicht so gute. [...] zwei, die sich fügen u zwei die ihren Willen haben wollen, darum vertragen wir uns übers Kreuz am besten, darum vertragen wir zwei gleiche, Minna und ich, uns nicht besonders [...].»[110] Das erinnert an Goethes «Wahlverwandtschaften»; es scheint aber, dass Martha, Minna und Sigmund sich zeitlebens sehr gut verstanden haben.

Freud liebt das Reisen. Sobald die Finanzen es erlauben, folgt er seiner Sehnsucht nach dem Süden, die er seit seinen späten Schülerjahren in sich trägt. Es zieht ihn nach Italien. Doch allein möchte er nicht reisen. Gern ist er in Begleitung seines «kleinen Bruders» Alexander unterwegs. Dreimal versucht er es auch mit Martha, doch zu seiner Enttäuschung verträgt sie das Reisen nicht. Schließlich stellt sich heraus, dass die Schwägerin Minna eine gute Gefährtin ist, die seine Reiselust teilt.

Die erste Auslandsreise führt Freud in Begleitung Alexanders

1895 nach Venedig. Kultur, Kunst und Kirchen begeistern beide. Aber sie lieben es auch, am Lido barfuß durch den heißen Sand zu laufen und ausgiebig im Meer zu schwimmen. Sie genießen die Architektur, das Funkeln der Sonne auf den Wellen, das Meer und die italienischen Weine. «Mein theurer Schatz», schreibt Sigmund Freud an Martha, «eben Deinen zweiten Brief bei der Thürspalte gefunden. Danke Dir herzlich für die Entschädigung. Das Bedürfnis nach Dir und den Fratzen war die ersten Tage durch die neuen Eindrücke übertäubt; aber gewiß ist nicht seine Aufhebung die Ursache unseres Wohlbefindens, sondern eben Venedig. Du würdest uns beide kaum erkennen, nichts müde, nichts ernst; wir lachen u amüsieren uns wie zwei Schulbuben auf Ferien. Daß wir uns glänzend vertragen, ist auch nicht unangenehm. [...] Auch die Zeit der Einkäufe naht. Es wird so bald vorüber sein. [...] Für Dich ist ein Venezianerspiegel bereits abgeschickt. [...] Herzlichste Grüße und Küsse für Dich, alle Fratzen [...].»[111]

Schon bei seiner Ankunft in Venedig hatte Freud an Martha geschrieben: «Komisches Märchen, ganz verwirrt, muß es Dir nächstes Jahr zeigen, wenn es noch so lange steht.» Dann läßt er seine Frau wissen: «Ich wünsche Dich 12mal im Tag herbei, es ist etwas Unglaubliches.»[112] Tatsächlich unternehmen sie im August 1897 einen gemeinsamen Ausflug in die Lagunenstadt. Im Jahr darauf sind sie in Dalmatien, doch Martha leidet unter einer Magenverstimmung und bleibt in Ragusa (Dubrovnik) zurück. Ein letzter gemeinsamer Versuch führt sie 1900 nach Südtirol. Über die Planung dieser Reise schreibt Freud: «Ich werde wahrscheinlich im August auf eine Woche nach Trafoi mit meiner Frau gehen und muß dabei jener Zeit ausweichen, in der sie nicht genußfähig ist.»[113] Martha Freud ist offenbar eine schwierige Reisegefährtin. «Diese Bestimmungen durch Marthas Unwohlsein», schreibt Freud an Fließ, würden nur bestimmte Reisetermine möglich machen. Außerdem kann sich Martha nicht an Freuds Reisestil gewöhnen. Er zieht am liebsten geschwind von einer Stadt zur nächsten, von Hotel zu Hotel und möchte so viel wie irgend möglich sehen.

Ab 1898 ist es dann Minna, die ihren Schwager «Sigi» häufig begleitet, zunächst nach Oberitalien und in die Schweiz, 1900 und 1903 nach Südtirol, 1905 nach Oberitalien, 1907 nach Rom, 1908 wieder nach Südtirol und 1913 schließlich noch einmal nach Rom.

Zur Zeit ihrer ersten gemeinsamen Reise ist Minna Bernays dreiunddreißig und Sigmund Freud zweiundvierzig Jahre alt. Minna scheint sich nolens volens auf Freuds Herumziehen einzulassen. Freud berichtet nach Hause: «Das Hôtel Post in Landeck will Minna gar nicht verlassen, so gut gefällt es ihr. Ich werde sie schon ordentlich herumtreiben. Ich verstehe immer mehr, daß die Leute Euch verwechseln. Sie ist recht ähnlich wie Du, ich weiß sie wird nach der Reise ebenso schimpfen wie Du. Jetzt muß sie wol stellenweise entzückt sein. Es ist zu schön schon in Landeck u das Schönste kommt erst.»[114] Minna erweist sich auf Reisen als die robustere der Schwestern. Außerdem ist die Lage für Freud günstig, denn Minna ist natürlich darauf aus, sich als die bessere Reisegefährtin zu bewähren. Sie ist patent, gibt gelegentlich das Gepäck auf und kann überhaupt gut organisieren. Verglichen mit Alexander hat sie zudem den Vorzug, dass sie auch Sigis Koffer packt.

Zuweilen scheint Freund sein Gewissen zu plagen, weil er sich ohne Frau und Kinder in seiner Ferienwelt wohl fühlt. «Es tut mir schrecklich leid, daß ich Euch das nicht verschaffen kann. Um das alles zu sieben, zu neun oder auch nur zu dreien – kurz zu ‹undeci, dodici, tredici› zu genießen, hätte ich nicht Psychiater und angeblicher Gründer einer neuen Richtung in der Psychologie, sondern Fabrikant von irgend etwas allgemein Brauchbarem, wie Klosettpapier, Zündhölzchen, Schuhknöpfen werden müssen. Zum Umlernen ist [es] jetzt lang zu spät, und so genieße ich es weiter, egoistisch aber unter prinzipiellem Bedauern allein.»
Sigmund Freud in einem Brief vom 15. September 1910.

Minna kommentiert den Reisebeginn am Ende von Freuds Brief: «Wir wären also glücklich so weit, jede Nacht in einem anderen Bett zu schlafen, was ja Sigis Ideal ist. Er sieht unberufen *großartig* aus und ist kreuzfidel, natürlich ganz ruhelos. Trotzdem wir heute noch die große Tour vorhaben, waren wir schon auf einer hochgelegenen Burg. Die Gegend ist unbeschreiblich schön und das Hotel bezaubernd, schon ganz internationales Publicum, das sich nicht um einen kümmert.» Die beiden sind wohl doch leicht besorgt darüber, was man von diesem unkonventionellen Reisepaar halten könnte.

«Ich muß Dir etwas erzählen», setzt Minna fort, «aber Du wirst es mir nicht glauben. Dein Mann hat an der Table d'hôte gegessen, es hat ihm sehr gefallen und wir werden abends dasselbe thun. Er ist überhaupt wie ausgetauscht, hat sich mit dem Kurarzt angefreundet, spricht mit allen Leuten und hat von Noblesse und Comfort noch mehr Vergnügen wie ich. [...] Daß Sigi sich freiwillig einen Tag zu bleiben entschlossen, bis jetzt sind wir rasend schnell gereist [...]. Die drei letzten Nachtlager Finstermünz, Prad und Bormio wären für Dich, liebes Herz, nichts gewesen, es ist alles überfüllt, und man muß noch todtfroh sein, überhaupt aufgenommen zu werden, umso mehr schwelgen wir hier. Hat Mama nicht schon mehrmals gesagt: Minna bricht bestimmt unterwegs zusammen? Ich kann sie aber versichern, daß es nicht so ist und ich mich seit Jahren nicht so gefühlt habe und alles ausgezeichnet vertrage. Der Wein, der überall vorzüglich und billig ist, trägt gewiß dazu bei. [...] Ich paradiere endlich im Flanellkleid und sämtlichen Schmückern, und Sigi findet mich natürlich immer hochelegant, ob auch die anderen, weiß ich nicht, aber man wird unterwegs ganz gleichgiltig dagegen [...].»

Eine 33-jährige Frau, von der Familie als schonungsbedürftig abgestempelt und von der Gesellschaft der Jahrhundertwende als zu alt befunden, fühlt sich jung, entdeckt, daß sie strapazierfähig ist und durchaus als attraktiv gelten kann. Die Ausnahmesituation der Reise gibt auch dem arbeitssüchtigen Forscher die schöne Chance, sein Leben unbedacht zu genießen. Bis auf 2800 Meter steigen die beiden. «Wir waren heute an einem leibhaftigen Gletscher nach einem ebenen Spaziergang von 5/4 St u sind in einer in das Eis gehauenen Höhle spazierengegangen. Du kannst Dir Minnas Überraschung vorstellen, die übrigens sehr fesch war u ist.»[115] Offenbar ist sie, anders als Martin Freud von ihr berichtet, durchaus in der Lage, auch unebenere Wege zu gehen.

Das wird Martha Freud mit gemischten Gefühlen gelesen haben, aber letztlich ist sie wahrscheinlich ganz froh, dass Minna für sie einspringt. Im September 1900 löst Minna ihre Schwester Martha ab, um sich mit dem Schwager weiter auf eine große Südtirolreise zu begeben. Freud scheint sehr auf sie gewartet zu haben, denn er schrieb an Fließ: «Endlich [...] kam die Ablösung; ich meine Minna [...].»[116]

Martha Freud fühlt sich wohler, wenn sie mit den Kindern in die Sommerfrische fährt, weil sie dann an einem bestimmten Ort bleiben kann. Mit den wichtigsten Haushaltsutensilien im Gepäck richtet sie in einem eigens gemieteten Haus eine Ferienwelt ein, die ihren Regeln folgt. Nach ein, zwei Wochen kommt der Reisende dann wieder zu ihnen – mit kleinen Geschenken und interessanten Geschichten. Im Übrigen wird Martha Freud es auch genossen haben, einmal frei zu sein von der Pflicht, sich um das Wohlergehen ihres Mannes zu bekümmern, der so ganz daran gewöhnt ist, sich verwöhnen zu lassen. Jeden Tag schickt er eine Ansichtskarte oder ausführlichere Briefe an seinen «theuren Schatz», sodass die Familie in der Phantasie mitreisen kann. Später grüßt er sie zumeist mit einem ironisch-liebevollen «Geliebte Alte».

In ihren Briefen an Martha Freud schwärmen die Reisenden Sigi und Minna geradezu von ihren «Landpartien», von den Ausblicken, vom milden Wetter, vom Essen, von mehrstündigen Bootsfahrten, von stundenlangen Wanderungen in den Bergen,

Die Vertraute und Helferin: Minna Bernays

von schönen Hotels, von den Wechselfällen des Wetters, von Kunstwerken und Antiquitätenkäufen. «Daß Minna dabei recht gedeiht, ist wohl einzusehen. Vor mir liegt ein Strauß von südlichen Bäumen, wie wir ihn in Dalmatien zusammengestellt haben.» Dann berichtet Freud seiner Frau noch von der «Gesellschaft im Hotel» in Riva; die «besteht aus den nettesten Leuten, darunter viele bekannte Univ.Professoren u Hofräte [...]. Als Nichtprofessor u mit der nicht richtigen Frau behaftet, halte ich mich möglichst ferne.»[117]

Liest man ihre Reisebriefe, weiß man manchmal nicht, wer der Schreiber ist. Minnas Anrede für Martha lautet, als stamme sie von Freud. Da heißt es häufig: «Liebstes Herz!» oder auch «Theurer Schatz!» Oftmals schreiben sie auch gemeinsam.

Biographen rätseln, wie nahe Sigmund Freud seiner Schwägerin wirklich stand, ob sie nicht vielleicht doch ein intimes Verhältnis verband. Aber das kann keiner wissen, es gibt nur ein hartnäckiges Gerücht.

C. G. Jung soll 1951 einem Journalisten berichtet haben, Minna selbst habe ihm bei seinem ersten Besuch in der Berggasse von ihren intimen Beziehungen zu Sigmund Freud erzählt. Zu allerlei Spekulationen haben auch die Wohnverhältnisse in der Berggasse Anlass gegeben. Minnas Schlafzimmer liegt direkt neben dem der Freuds und ist nur durch dieses zu betreten.[118]

Während Martha Freud mit den sechs Kindern ausgelastet ist und die Auffassung vertritt, dass die Psychoanalyse zwar sehr interessant, jedoch für die Kinderstube nicht geeignet sei, wird Minna Bernays für ihren Schwager zu einer aufmerksamen Zuhörerin und Leserin seiner Manuskripte. In Minna findet Freud während der Entstehung der Psychoanalyse eine Frau, mit der er über seine Entwürfe sprechen kann – in der Sicherheit, dass sie seine Gedanken bewundert. Marie Bonaparte gegenüber soll er geäußert haben, in den 1890er Jahren hätten nur Fließ und Minna an seine Ansichten geglaubt.[119] Und Wilhelm Fließ gegenüber nannte Freud Minna Bernays seine «nächste Vertraute».

Exkurs: Aus den Anfängen der Psychoanalyse

Welcher Art diese Ideen waren, die er mit Minna austauschen konnte, lässt sich aus Freuds Briefen an Wilhelm Fließ erschließen. Sie sind ein getreues Zeugnis der Entwicklung des psychoanalytischen Verstehens, durch sie wird nachvollziehbar, mit welchen Fragen und Konstruktionen sich Freud seit der Jahrhundertwende beschäftigt. Nach dem Erscheinen der mit Breuer zusammen verfassten «Studien zur Hysterie» lässt Freud den Freund Fließ wissen: «[...] ein Mensch wie ich kann ohne Steckenpferd, ohne herrschende Leidenschaft, ohne einen Tyrannen, mit Schiller zu reden, nicht leben, und der ist mir geworden. In dessen Dienst kenne ich nun auch kein Maß. Es ist die Psychologie, von jeher mein fern winkendes Ziel.» Neben dem Interesse, die psychopathologischen Störungen seiner Patienten zu verstehen, verfolgt Freud die Absicht, «aus der Psychopathologie den Gewinn für die normale Psychologie herauszuschälen»[120]. Ein Ergebnis ist das Manuskript: «Entwurf einer Psychologie» (1895).

Euphorisches Voranpreschen, dann Zögern, oftmals Rücknahme des vermeintlich Begriffenen, Niedergeschlagenheit und erneuter Anlauf bestimmen die Rhythmik seiner Erkundungen und Konstruktionen. Neue Einsichten in seelische Zusammenhänge, das ist er bereit zu akzeptieren, lassen sich nicht erzwingen: «[...] das Neue, das mir in der Euphorie eingefallen war, zog sich wieder zurück, gefiel mir nicht mehr und wartet jetzt auf seine Wiedergeburt. Mitunter schwirren mir so Gedanken durch den Kopf, die alles zu verwirklichen versprechen, das Normale und das Pathologische, das sexuelle und das psychologische Problem zu verbinden scheinen, dann sind sie wieder weg, und ich bemühe mich nicht sie festzuhalten, weil ich doch weiß, ihr Vergehen wie ihr Erscheinen im Bewußtsein ist nicht der wirkliche Ausdruck ihrer Schicksale. An solchen stillen Tagen aber wie gestern und heute ist es sehr still in mir. [...] Ich muß warten, bis es sich in mir rührt und ich davon erfahre. So träume ich mich oft über Tage weg. [...] Seitdem ich das Unbewußte studiere, bin ich mir selbst so interessant geworden», wie meine Patienten, kann man ergänzen. «Schade, daß man sich für's Intime immer den Mund verschließt.»[121]

Paradox formuliert: Freud arbeitet wie ein Künstler, der seinem Genius auflauert. Oder einem gängigen Vorurteil folgend: wie ein weibliches Wesen, das seinen Intuitionen vertraut. Einmal für unbewusste Zusammenhänge sensibilisiert, lässt er ihnen auch im eigenen Forschungsprozess Raum.

Das funktioniert jedoch nur, weil er in der chaotisch scheinenden Symptomvielfalt der Phänomene, denen er nachstellt, eine gewisse Ordnung vermutet.

Materiale Grundlage sind die Berichte seiner Patientinnen und Patienten, die Freud in ausführlichen Gesprächen systematisch erweitert und vertieft. Immer wieder spielt «Sexuelles» eine große Rolle. Aber was es bedeutet, warum es so wichtig ist, inwiefern es seelische Entwicklungen belasten kann, darüber wusste die Psychologie der Zeit nicht viel. Es wäre ein Missverständnis, wollte man in Freud den Befreier der Sexualität sehen. Nichts von der Art führt er im Schilde. Er ist auch nicht der Entdecker der Sexualität. Zwar bringt Freud das Phänomen des Sexuellen unbefangen «zur Sprache» und stößt damit auf Ablehnung bei seinen Kollegen.

Aber das haben in den Jahrhunderten vor ihm viele Schriftsteller auch schon getan. Ein gewisser Jacopo Casanova de Seingalt, 1725 in Venedig geboren, hatte mit seinem Memoirenwerk bereits ein Dokument purer Sinnlichkeit, vermischt mit kulturgeschichtlich interessanten Beobachtungen und Gedanken, hinterlassen. Und der französische Marquis de Sade, 1740 in Paris geboren, hatte literarisch Zeugnis seiner Wunschträume von Lust und Grausamkeit abgelegt. Bereits 1886 war im Bereich der Wissenschaften ein Buch mit dem Titel «Psychopathia sexualis» erschienen. Sein Autor ist Freiherr Richard von Krafft-Ebing, ab 1892 Meynerts Nachfolger an der Psychiatrischen Klinik in Wien. 1897 stellt er den Antrag an die Fakultät, Freud zum Extraordinarius zu befördern, was mit der Verleihung des Professorentitels verbunden war.

Kollegen Sigmund Freuds wie Breuer oder Rudolf Chrobak hatten Freud gegenüber die Idee geäußert, dass das Leiden der Hysterikerinnen «Geheimnisse des Alkovens» seien, darauf anspielend, dass ihr Leiden in einem Mangel sexueller Lust begründet sei. Aber, so betont Freud, es ist etwas anderes, «eine Idee ein oder mehrere Male in Form eines flüchtigen Aperçus auszusprechen – als: ernst mit ihr zu machen, sie wörtlich zu nehmen, durch alle widerstrebenden Details hindurchzuführen und ihr ihre Stellung unter den anerkannten Wahrheiten zu erobern»[122].

Das ganz und gar Neue an Freuds Erkundungen liegt in der besonderen Perpektive, unter welcher er «das Sexuelle» thematisiert. Es ist die Metamorphose sexueller Erfahrungen, die für Freud zum Schlüssel wird für das Verständnis seelischen «Funktionierens» überhaupt. Im Umfeld des Sexuellen findet er die Probleme, Problemvermeidungen und Lösungstechniken, die beim Aufbau des erwachsenen Seelenlebens im Spiel sind. Sexualität wird für Freud zum Leitphänomen bei seinen Versuchen, Einsicht zu gewinnen in die Umbildungen der frühkindlichen Lustbesessenheit zum erwachsenen Zustand, der bestimmte Grenzen, Regeln und Normen akzeptiert.

Dabei geht Freud von einigen grundlegenden Voraussetzungen aus, etwa der, dass im Seelischen nichts verloren geht. Es wandelt sich nur ab. Die beschreibbaren Symptome der Hysteriker und Neurotiker begreift er als «Erinnerungssymbole».

Hinzu kommt die Beobachtung, dass seelisches Leid in körperlichen Symptomen seinen Ausdruck findet. Ebenso gilt: Was körperlich nicht gelebt werden kann, verwandelt sich in Psychisches. Körperliches und Seelisches sind in einem Sinnzusammenhang der stellvertretenden Ausdrucksbildung miteinander verbunden. «Konversion» lautet sein Begriff dafür. Die Bedeutung von Symptomen erschließt sich erst, wenn der zugehörige lebensgeschichtliche Kontext gefunden werden kann. Freud wählt eine Methode, die der hermeneutischen Rekonstruktion von Texten entspricht. Diese Art des Denkens ist seinen positivistisch gesinnten Kollegen im Gebiet der Medizin fremd.

Weiterhin geht Freud davon aus, dass seelische Verfassungen und Handlungen stets in Bewegung sind – durch Wünsche getrieben zielen sie auf Befriedigung, als würde sich ein Kreis schließen müssen.[123] Im Spiel sind dabei zweierlei Strömungen, die das Verhalten und Erleben unterschiedlich sortieren: das Primäre, Primitive, Elementare, Infantile einerseits und das Sekundäre, Differenzierte, Kultivierte, Erwachsene andererseits. Freud fragt nach den Verhältnissen zwischen diesen Formen und untersucht die «Umschriften» des Frühen. Dabei entdeckt er Mechanismen und Winkelzüge, mit denen es dem Seelischen gelingt, eine Art Burgfrieden zu schließen zwischen dem frühen Modus direkter Wunscherfüllung ohne Rücksicht auf Verluste einerseits und dem späteren Modus der Rücksichtnahme auf kulturspezifische Grenzen andererseits.

Freuds Leistung liegt auch in der Entdeckung der Funktionsweise infantiler Sexualität, die sich in der Erwachsenheit wiederbeleben kann. «Es zeigte sich, daß die Psychoanalyse nichts Aktuelles aufklären könne außer durch Zurückführung auf etwas Vergangenes, ja daß jedes pathogene Erlebnis ein früheres voraussetzt, welches, selbst nicht pathogen, doch dem späteren Ereignis seine pathogene Eigenschaft verleiht.»[124] Nicht so sehr die infantile Sexualität mit ihren erogenen Zonen des Oralen, Analen und Phallisch-Genitalen verläuft dramatisch, sondern die Neuinterpretation und Integration der frühkindlichen Wünsche und Befriedigungen in das erwachsene System kann sich als schwierig erweisen. Die Probleme seiner erwachsenen Patienten und Patientinnen schätzt Freud als «Reminiszenzen» ein.

Wie weit und ins Einzelne gehend Freud seine Schwägerin Minna an derartigen Gedanken teilhaben lässt, wissen wir nicht. Dass Minna sich einstellen kann auf Freuds Lebensstil, belegen ihre Briefe von den gemeinsamen Reisen. Sie ist auch mit seiner weitläufigen Korrespondenz vertraut, die sie oftmals mit der Schreibmaschine tippt. Vielleicht kann man sagen, dass Freud seiner Frau Martha die leiblichen Kinder anvertraut, während er seiner Schwägerin Minna die psychologischen Kopfgeburten in Obhut gibt.

Fest steht jedenfalls, dass Minna Bernays ein Gewinn für die ganze Familie ist. Die Kinder, besonders Anna, lieben sie als die weniger strenge Zweit-Mutter. Und Martha Freud ist glücklich, dass sie sich mit der Schwester über alles austauschen kann, was sie beschäftigt: das Zeitgeschehen, familiäre Ereignisse, Gestaltungsfragen beim Handarbeiten, Literatur und Alltagsbeobachtungen.

Sigmund Freud ist entschlossen, seine immer noch vagen und vorsichtigen Erkundungen bis zu einem konsistenten psychologischen System voranzutreiben, das er der Welt präsentieren kann. Das ist ihm wichtiger als alles andere, dafür lebt er, dafür nutzt er seine Zeit. Für den nicht der Psychoanalyse dienenden Umgang mit Menschen bleibt viele, viele Jahre nur wenig Raum. Bis ins hohe Alter erhält sich allerdings das Ritual des Tarockspiels an Samstagabenden, an dem häufig Minna, nicht Martha, teilnimmt.

Als es Freud gelingt, sein System zu konsolidieren, und eine allmählich größer werdende Gruppe psychoanalytisch interessierter Menschen sich um ihn schart, geht es ihm schließlich wie dem Zauberlehrling. Er wird von Gesprächspartnern gleichsam überflutet. In dieser Zeit braucht er jemanden, der ihm persönlich und professionell nahe steht. Indem die jüngste Tochter Anna diese Rolle übernimmt, überflügelt sie ihre Tante. In den Jahren von 1918 bis 1921 und dann noch einmal 1924 macht sie eine Lehranalyse bei ihrem Vater und besucht dessen Vorlesungen.

Minnas Bedeutung für den Schwager erhält in diesen Jahren einen anderen Akzent. Ihre Anwesenheit in der Familie lindert Freuds Schuldgefühle seiner Frau gegenüber, die er nicht mehr mit derselben Aufmerksamkeit begleitet wie zu Beginn der Ehe. Es entlastet und beruhigt ihn zu wissen, dass Martha in ihrer Schwester Minna eine Freundin und Partnerin hat, während er sich selbst in der psychoanalytischen Parallel-Familie engagiert. Fast kann man den Eindruck gewinnen, dass Minna einen Teil seiner Rolle in der Familie Freud übernimmt. Und Minna ihrerseits ist glücklich, dass sie das Leben einer fast-eigenen Familie mitgestalten kann, in dem sie gebraucht wird.

In dieser Lebensform verzichtet Minna Bernays allerdings auf ihre eigene Entwicklung als attraktive Frau. Eine besondere Lust scheint sie im Essen zu finden, jedenfalls wird ihr Körper im Lauf der Jahre etwas unförmig. Auch leidet sie häufig unter Krankheiten. Freud hat sie gern und sorgt mehrmals dafür, dass sie durch Kuraufenthalte in Meran wieder zu Kräften kommt. Von der Mitte der 1920er Jahre an berichtet er Lou Andreas-Salomé gelegentlich von den «drei Alten», Martha, Minna und Sigmund.

Als sich 1938 die Bedrohung durch die Nazis so zuspitzt, dass die Familie Freud ins Exil nach London gehen muss, leidet Minna unter einer bedrohlichen Augenkrankheit und einer gefährlichen Lungenentzündung. In London ist sie bettlägerig und pflegebedürftig. Der alte Freud, dessen Räume im Parterre liegen, ist körperlich so geschwächt, dass er die Treppe zum ersten Stock nicht bewältigen kann, um ihr einen Besuch abzustatten. Schließlich muss Minna Bernays vorübergehend in ein Pflegeheim gebracht werden. Sie stirbt 1941, zwei Jahre nach Sigmund Freud, im Alter von sechsundsiebzig Jahren. Martha Freud hingegen überlebt ihre jüngere Schwester um zehn Jahre.

Tangenten

Hysterikerinnen als Hebammen der Psychoanalyse

> «Das Mädchen mußte durch Ehe versorgt werden, so saß es auf der Stange, hatte auf den Mann zu warten.»
>
> Ernst Bloch

1895 veröffentlichen Josef Breuer und Sigmund Freud ihre «Studien zur Hysterie» – eine Sammlung von Behandlungsgeschichten hysterischer Frauen. Auf besondere Weise waren diese Frauen an der Entstehung der Psychoanalyse als Theorie und Methode der Behandlung beteiligt.

Hysterikerinnen galten damals im Allgemeinen als Simulantinnen. Man hielt sie einfach für verdreht; sie machten nur Theater mit ihren Lähmungen oder Verrenkungen. Medizinische Untersuchungen zeigten es ja: Körperlich fehlte ihnen nichts. Die Ärzte verübelten es den Hysterikerinnen, dass sie ihre Hilfe in Anspruch nahmen, aber auf ihren Rat nicht hören wollten. ‹Eigentlich› ging es ihnen doch gut. Sie taten nur so, als ob sie nicht anders könnten, um Aufmerksamkeit zu erregen – typisch Frau eben. Wenn sie nur wollten, dann könnten sie sich auch normal verhalten.

So litten diese Frauen nicht allein unter ihren Beeinträchtigungen, sondern auch unter der Verachtung durch die Ärzte. Die Mediziner – vor Freud und viele trotz Freud – glaubten, dass das bewusste Wollen, unterstützt von moralischen Vorstellungen und von vernünftigem Denken, imstande sei, das bei Gelegenheit durch Gefühle verwirrte Seelenleben zu steuern.

Eine dieser Hysterikerinnen, «ein junges Mädchen von ungewöhnlicher Bildung und Begabung»[125], wird unter der Sigle «Anna O.» berühmt – durch Breuers Darstellung und Freuds Interpretation. Sie diente als Paradebeispiel für den verborgenen Sinn in augenscheinlich unsinnigen Verhaltensweisen.

«Anna O.», die eigentlich Bertha Pappenheim (1859–1936) hieß, fand sich mit ihrem Leben nicht mehr zurecht. Während der Pflege ihres «zärtlich geliebten Vaters» erkrankt sie, leidet unter Lähmungen mit Kontrakturen, unter Hemmungen und psychischer Verworrenheit und sucht im Jahr 1880 ärztlichen Rat bei Sigmund Freuds Mentor und Kollegen Dr. Josef Breuer. Sie war also keine Patientin von Freud. Weil Freud den Freund bittet, «Anna O.s» interessanten Behandlungsverlauf für die gemeinsame Veröffentlichung niederzuschreiben, können wir nachvollziehen, welchen Anteil sie an der Entstehung der psychoanalytischen Behandlungsmethode hatte.

Schon Anfang der 1880er Jahre erwähnte Freud diese Patientin mit geheimnisvollen Anspielungen in den Briefen an seine Braut. Genaueres solle er Martha nach Breuers Anweisung erst mitteilen, wenn sie verheiratet seien. Bertha Pappenheim war eine gute Freundin von Martha Bernays in der Zeit vor ihrer Ehe mit Sigmund Freud; ihr Vater, ein Millionär, war nach dem frühen Tod von Martha Bernays' Vater als deren Vormund bestellt worden.

Als Breuer die Behandlung Bertha Pappenheims übernimmt, bietet sie ein «buntes Bild von Störungen». In ausgedehnten Phantasien gestaltet sie ein von ihr so genanntes Privattheater. Breuer berichtet: «Ich kam abends, wenn ich sie in ihrer Hypnose wußte, und nahm ihr den ganzen Vorrat von Phantasmen ab, den sie seit meinem letzten Besuch angehäuft hatte. Das mußte ganz vollständig geschehen, wenn der gute Erfolg erreicht werden sollte. Dann war sie ganz beruhigt, den nächsten Tag liebenswürdig, fügsam, fleißig, selbst heiter; den zweiten immer mehr launisch, störrig, unangenehm, was am dritten Tag noch weiter zunahm. In dieser

Stimmung, auch in der Hypnose, war sie nicht immer leicht zum Aussprechen zu bewegen, für welche Prozedur sie den guten, ernsthaften Namen ‹talking cure› (Redekur) und den humoristischen ‹chimney-sweeping› (Kaminfegen) erfunden hatte.» Als «kathartische Methode» ist Breuers therapeutische Arbeit mit der Hypnose bekannt geworden. Die Assoziation der Kranken, schreibt Freud in seiner «Geschichte der psychoanalytischen Bewegung» (1914), «ging von der Szene, die man aufklären wollte, auf frühere Erlebnisse zurück und nötigte die Analyse, welche die Gegenwart korrigieren sollte, sich mit der Vergangenheit zu beschäftigen»[126]. Im Zustand der Hypnose belebten sich verschüttete Szenen der Vergangenheit. Lösten sie affektive Betroffenheit aus, dann verloren die aktuellen seelischen Störungen (Symptome) für eine Weile ihre die Entwicklung behindernde Macht. Doch nach geraumer Zeit stellten sich die überwunden geglaubten Störungen in neuem Gewand wieder ein.

Im Lauf der Behandlung entwickelte die Patientin eine intime Verbundenheit zu ihrem Arzt Josef Breuer. Das brachte ihn à la longue in Bedrängnis. Seine Ehe wurde in Mitleidenschaft gezogen. Mathilde Breuer reagierte mit heftiger Eifersucht. So brach Breuer schließlich die Behandlung ab, um seine Ehe zu retten.

Etwa ein Jahr nach der Behandlung bei Breuer musste Bertha Pappenheim erneut in einem Sanatorium Hilfe suchen. Am 31. Oktober 1883 schreibt Freud seiner Verlobten, dass ein Kollege im Sanatorium von Berthas Auftreten und Verstand fasziniert sei. Martha schreibt zurück: «Mir hat es oft schon auf der Zunge gelegen Dich darum zu fragen weshalb er [Breuer] Bertha aufgegeben; ich konnte mir wohl denken daß wie Fernstehende sagten: er habe sich zurückgezogen, weil er sein Unvermögen, etwas bei ihr zu leisten, eingesehen, daß es sich anders verhalten müsse. Es ist merkwürdig, der armen Bertha ist nie ein anderer Mann näher getreten, als ihr jeweiliger Arzt, das heißt die hätte als Gesunde schon das Zeug dazu, dem vernünftigsten Mann den Kopf zu verdrehen, ist das ein Unglück mit dem Mädchen, nicht wahr? Lach mich nur recht aus, Liebster, mich hat die Geschichte heut nacht kaum schlafen lassen, ich hab mich so lebhaft in die verschwiegene Frau Mathilde [Breuer] hineinversetzt [...].»

Bertha Pappenheim

«Mein geliebter kleiner Engel», antwortete Sigmund Freud, «Du hast ganz Recht zu erwarten, daß ich Dich recht auslachen werde. Ich tue es hiemit aufs kräftigste. Bist Du so eitel zu glauben, daß Dir die Leute Deinen Geliebten oder später Deinen Mann streitig machen werden? O nein, der bleibt ganz Dein u. Dein einziger Trost muß sein, daß er es selbst nicht anders will. Um Schicksale zu haben wie Frau Mathilde, muß man die Frau eines Breuer's sein, nicht wahr?»[127]

Martha weiß also, dass ihr Mann einen ‹gefährlichen› Beruf gewählt hat. Sigmund Freud weiß das auch, und er weiß auch, dass Martha das weiß. Die therapeutische Situation schafft eine Atmosphäre intimer Verbundenheit. Anders als seine Arztkollegen, denen das selbstverständlich scheint, und die es genießen, solange sie nicht bedrängt werden, möchte Freud verstehen, welche seelischen Kräfte dabei am Werk sind. Am Beispiel der «Anna O.» wird Freud aufmerksam auf einen Mechanismus, den er als «Übertragungsliebe» bezeichnen und in seiner Funktionsweise weiter untersuchen wird.

Nach der Überwindung ihrer hysterischen Beeinträchtigungen gelingt es Bertha Pappenheim, ein selbstbestimmtes Leben zu führen. Bereits während der Behandlung erwies sie sich im hypnoiden Zustand als versierte Geschichtenerzählerin. Jetzt kultiviert sie ihr erzählerisches Können und schreibt Geschichten für Kinder. Unter dem Pseudonym P. Berthold erscheint ein Band Erzählungen mit dem Titel «In der Trödelbude». Weiter engagiert sie sich in sozialen Fragen. Sie will «den sogenannten höheren Töchtern die Armut und das Elend in ihrer Umgebung ins Bewußtsein [...] rufen. [...] 1899 übersetzt sie die revolutionäre Kampfschrift ‹Verteidigung der Rechte der Frau› von Mary Wollstonecraft [...] und verfaßte das Schauspiel ‹Frauenrecht›. [...] Die Ehefrau, die die Wahrheit über ihren Mann herausgefunden hat, bleibt der Kinder wegen bei ihm, fordert aber fortan ihre ‹Frauenrechte› ein und verweigert ihm den sexuellen Verkehr. [...] 1900 legte sie in der Schrift ‹Die Judenfrage in Galizien› den Zusammenhang zwischen mangelhafter Bildung, Armut und Laster bei Mädchen dar.» Weiterhin erforscht sie nach umfangreichen Reisen in Osteuropa, Russland und im Osmanischen Reich die Prostitution und den Mädchenhandel und gründet schließlich den Verein «Weibliche Fürsorge». Im Anschluss an die Berliner Konvention des Internationalen Frauenrates gründet sie den «Jüdischen Frauenbund». Außerdem leitet sie ein Waisenhaus und gründet ein Heim für gefährdete Mädchen und uneheliche Kinder.[128]

Bertha Pappenheim blieb ganz offenbar nicht «auf der Stange» sitzen, um «auf den Mann zu warten», wie Ernst Bloch feststellte. Sie heiratet nicht, sondern wirft sich in ein Leben, dessen Härte sie von der Rolle der überflüssigen höheren Tochter befreit. Sie habe Dynamit in sich, soll eine Arbeitskollegin von Bertha Pappenheim einmal bemerkt haben. Merkwürdig berührt es, dass Interesse und Aktivität der durch Breuers Rückzug enttäuschten Frau sich besonders auf die Ausdrucksformen der verwahrlosten, käuflichen Liebe richtete. Bertha Pappenheim kämpft gegen eine Männerwelt, die sich aufführt, als wären die jungen Frauen zur Selbstbedienung da. Ebenso vehement kritisiert sie die Mütter, die keine Verantwortung für das Leben ihrer Töchter übernehmen. Bertha Pappenheim hat ihr exklusives «Privattheater» phantasierter Geschichten verlassen und sich in die raue Wirklichkeit des Alltags eingemischt. Aber es bleibt zugleich die Melancholie, die in Versen ihren Ausdruck sucht:

«Mir ward die Liebe nicht – –
Drum leb? Ich wie die Pflanze
Im Keller ohne Licht.
Mir ward die Liebe nicht – –
Drum tön ich wie die Geige,
Der man den Boden bricht.
Mir ward die Liebe nicht – –
Drum wühl ich mich in Arbeit
Und leb? Mich wund an Pflicht.
Mir ward die Liebe nicht – –
Drum denk? Ich gern des Todes
Als freundliches Gesicht.»

Über ihr eigenes Geschick sagt sie: «Frauen, die das Glück wirklicher, persönlicher Mutterschaft entbehren müssen, können zu einer großen Fähigkeit geistiger Mütterlichkeit heraufwachsen, wenn sie die stillen Wege der Fürsorge für solche Kinder und Jugendliche gehen, für die die leibliche Mutter ganz oder teilweise versagt.»[129] Dem Aufgabenbereich der «Anna O.» entwachsen, der sich in der Pflege des erkrankten Vaters erschöpfte, tritt sie mit ihrem eigenen Namen als Vorkämpferin für die Rechte der Frauen in den Blick der Öffentlichkeit.

Im letzten Jahrzehnt des 19. Jahrhunderts lässt sich ein Umbruch in allen Lebensbereichen beobachten. Auch in der Kunst trennt man sich von vertrauten Sichtweisen. Die Künstlergruppe der Wiener Secession wendet sich vom traditionsreichen «Künstlerhaus» mit seiner überkommenen Ästhetik der Historienmalerei ab, um ihr eigenes, modernes Kunst-Bild von Mensch und Leben präsentieren zu können. Der Wiener Maler Hans Makart (1840–1884) hatte dem gehobenen Bürgertum der Gründerzeit mit seinen bombastisch inszenierten Bilder-Geschichten einen repräsentativen Stil in weinroten Tönen gegeben. Dagegen laufen die Neuen unter der Führung von Gustav Klimt Sturm. Sie reißen gleichsam den Plüsch von den Geschichten. Auf ihren Gemälden umrahmen kompakte, auf Mythologisches anspielende Leiber monochrome Flächen, die mit ziselierten Mustern aus kleinen Farbpartikeln kontrastieren und so wirken, als wären die Flächen durchbrochen.

Wie die Kunst der Secession trennt sich die Psychoanalyse Sigmund Freuds von tradierten medizinischen Betrachtungsweisen. Freud hat mit dem Nachdenken nicht aufgehört, als auch er erfahren musste, dass bei der Behandlung der Hysterikerinnen mit Kaltwasserkuren, Ablenkungen, Appellen an Vernunft und Moral nichts Hilfreiches zu erwarten ist. Er begnügt sich nicht etwa mit dem Hinweis auf das Irrationale, sondern wagt, die Frage nach dem Menschen radikal neu zu stellen. Wenn Ärzte nicht begreifen konnten, was da seelisch geschah, so lag das womöglich nicht an den störrischen Patientinnen, sondern an der beschränkten Betrachtungsweise der Mediziner.

Freud spürt, dass es notwendig ist, neu anzusetzen und anders zu fragen. Er findet den Rahmen für das hysterische Verhalten in der Lebensgeschichte der Betroffenen. Diese musste man so gründlich mit Fragen abhorchen, wie man es sonst nur mit dem Körper machte. Wie verfassen sich Lebensgeschichten? Was wirkt da zusammen? Wie bauen sie sich auf? Nach welchen Mustern ordnen sie sich? Worauf zielen sie ab? Wodurch bleiben sie in lebendiger Bewegung, und unter welchen Umständen rennen sie sich fest in der Wiederholung von Störungen – zum Beispiel hysterischer Art?

Indem Freud das aktuelle Verhalten eines Menschen, das vor Augen liegt, von seinen Entstehungsbedingungen her, vom Anfänglichen, Primitiven, noch nicht Kultivierten aufzuschließen suchte, riskierte er seinen Ruf als Arzt. Denn er beobachtete und benannte, was wir in der Erwachsenheit aus dem Blick rücken: das Weiterwirken der infantilen Sexualität.

Schließlich gelingt es Freud zu verstehen, dass unser Handeln nicht allenthalben durch das bewusste Wollen bestimmt wird. Wir sind nicht «Herrscher im eigenen Hause» unseres Seelenlebens – keiner von uns, nicht nur die Hysterikerinnen. Zumeist wissen wir durchaus nicht, was uns umtreibt, durch welche Muster unser Handeln und Erleben bestimmt wird.

Freuds Habilitation liegt mittlerweile über zehn Jahre zurück, aber die Universität enthält ihm immer noch den Professorentitel vor. Sie nehmen ihn nicht in ihre Reihen auf, die alten Herren. Freud hält zwar Vorlesungen, aber sie gehören nicht zum verbindlichen Ausbildungsprogramm der Medizinstudenten. Ein Semester lang liest er vor nur drei Hörern. Seine Untersuchungen des Zusammenhangs zwischen psychischem und somatischem Geschehen mit der Akzentuierung des Sexuellen machen ihn zum Außenseiter – abgesehen davon, dass er als Jude im Wien des Fin de Siècle in Universitätskreisen nicht gerade geschätzt wurde.

Doch von 1902 an schart sich eine Anzahl jüngerer Ärzte um den Einzelgänger «in der Absicht, die Psychoanalyse zu erlernen, auszuüben und zu verbreiten». Freud schreibt: «Ein Kollege, welcher die gute Wirkung der analytischen Therapie an sich selbst erfahren hatte, gab die Anregung dazu. Man kam an bestimmten Abenden in meiner Wohnung zusammen, diskutierte nach gewissen Regeln, suchte sich in dem befremdlich neuen Forschungsgebiete zu orientieren und das Interesse anderer dafür zu gewinnen.» Zu diesem Zirkel kam Otto Rank als Nicht-Mediziner. «Der kleine Kreis dehnte sich bald aus, wechselte im Laufe der nächsten

Jahre vielfach in seiner Zusammensetzung. Im ganzen durfte ich mir sagen, in dem Reichtum und der Mannigfaltigkeit der Begabungen, die er umschloß, stand er kaum hinter dem Stab eines beliebigen klinischen Lehrers zurück.»[130]

Wie die Künstler der Secession entdeckt Freud unter dem makartähnlichen Bombast der Geschichten von Hysterikerinnen eine Art psychischer Geometrie oder Struktur, indem er sie in kleinere Bedeutungsfelder zerlegt. Den psychischen «Apparat», das zugrunde liegende Gerüst will er herauspräparieren. Freuds Krankengeschichten wirken so, als würde er während der Reise durch den «dunklen Kontinent» zu eigener Orientierung einen Kompass konstruieren. Als Magnetnadel fungiert die Bedeutung des «Sexuellen» in der Biographie der zumeist attraktiven jungen Frauen.

In seinem Versuch einer «Topographie der Wiener Seelenverfassung um 1900»[131] schreibt der Kulturhistoriker Egon Friedell über die Frauengestalten des Dichters und Freud-Zeitgenossen Peter Altenberg: «Sie sind die unheilbaren Träumerinnen und Idealistinnen, die großen Enttäuschten des Lebens, die wie verwunschene Märchenprinzessinnen durch den Alltag wandern: Melancholikerinnen wegen ihrer eigenen Unvollkommenheiten, wegen der Unvollkommenheiten der Männer, wegen der Unvollkommenheiten der ganzen Welt. Und in ihrem uferlosen, überspannten, hysterischen und im Grunde lebensunfähigen Idealismus wünschen sie nichts sehnlicher, als daß der Mann sie ins Vollkommene idealisiere [...].»[132] Anders als der Dichter fühlt sich Freud weder gleich gestimmt mit ihnen, noch will er sie idealisieren. Er will vielmehr verstehen, wie ihr bizarr wirkendes Leiden zustande kam. Um klären zu können, warum der Fluss ihrer seelischen Entwicklung (Energie) ins Stocken geriet oder wohin er abgeleitet wurde, braucht er ihre Mitarbeit.

Merkwürdige Zusammenhänge hat Sigmund Freud bei diesem Vorgehen im Seelenleben der Menschen entdeckt. Heute gehören psychoanalytische Begriffe wie «Trauma», «Regression», «Verdrängung», «Übertragung», «Unbewusstes» zur Alltagssprache. Sie irritieren nicht mehr, aber sie schließen auch nichts mehr auf. Die Rede vom Sexuellen oder vom Unbewussten mag heute leichter über die Lippen gehen, aber sie berührt nicht mehr die Differenzierungen Freuds. Ohne die Entstehungsbedingungen und die Gesamtkonstruktion zu kennen, bleibt das Verstehen oberflächlich.

Die Wiederkehr der Störungen nach der Hypnose, wie Freud sie im Fall der «Anna O.» beobachten konnte, veranlasste ihn, sich von der Hypnose abzuwenden. Außerdem musste er feststellen, dass sich nicht jede Patientin durch Hypnose in einen somnambulen Zustand versetzen ließ. Bleibt also nur, sie für unbehandelbar und unheilbar zu erklären? Dazu ist Freud nicht bereit.

Sein wichtigster Einwand gegen die Arbeit mit Hypnose ist jedoch, dass sie die Einsicht in die Bildung seelischer Zusammenhänge behindert. Der gelegentliche Heilerfolg reicht ihm nicht. Er muss verstehen, was da vor sich geht. Weiteres ist im Spiel: Patientinnen, die sich der Hypnose hingeben, verhalten sich willfährig. Der Arzt kann mit ihnen machen, was er will. Gottähnlich suggeriert er Handlungen, Gedanken, Verschwinden von Symptomen, Vergessen von bestimmten erinnerten Szenen und anderes mehr. Kaum ist die Patientin wieder bei wachem Bewusstsein, vollzieht sich das suggestiv Angesagte. Das geschieht wie ein Zauber: Legt der Arzt die Hand auf den schmerzenden Magen der Patientin, sagt in beruhigendem Ton, wenn er die Hand löse, werden die Schmerzen verschwunden sein, dann geschieht das auch. Legt er nahe, sie solle sich an das unter Hypnose Besprochene nach dem Erwachen nicht mehr erinnern, geschieht auch das.

Dieses Verhältnis von Hingebung und Verführung ist Freud offenbar nicht ganz geheuer. Er glaubt nicht daran, dass nachhaltige Veränderungen ohne Auseinandersetzung zustande kommen können. Das kennen wir bereits aus seinen ersten Briefen an Martha. Um den Sinn und die Dynamik der hysterischen Störungen verstehen zu können, muss sich der Arzt auf die genaue Auseinandersetzung mit den Hysterikerinnen einlassen. Er muss es wagen, die «Ausforschung» seiner Patientinnen in einer Verfassung vorzunehmen, in der sie verzögern, gegensteuern, ergänzen, das heißt aktiv mitwirken können. Anders als Breuer weicht Freud auch heiklen Verwicklungen nicht aus. Er folgt dem sensiblen Geschehen und wirkt zugleich darauf ein.

Dabei fällt ihm auf, dass sich die Patientinnen an bestimmten Punkten dem Gespräch entziehen. Er bekommt dann einen Widerstand zu spüren, der sich der analytischen Arbeit widersetzt und einen Erinnerungsausfall vorschiebt, um diese Arbeit zu vereiteln.

Ein aufregender Sachverhalt liegt darin verborgen. Obwohl die Patientinnen eine Therapie verlangen, um von ihrem Leiden befreit zu werden, ist zugleich etwas am Werk, das sich dem widersetzt. Sie folgen ihrem «Willen», aber ihr Handeln wird offenbar zugleich von einem «Gegenwillen» bestimmt. Dieses Thema hatte Freud 1892 in seiner ersten psychologischen Veröffentlichung abgehandelt.

Unter Hypnose bleibt dieser Widerstand verdeckt, darum, so Freud, «setzt die Geschichte der eigentlichen Psychoanalyse erst mit der technischen Neuerung des Verzichts auf Hypnose ein. Die theoretische Würdigung des Umstandes, daß dieser Widerstand mit einer Amnesie [Erinnerungslücke] zusammentrifft, führt dann unvermeidlich zu jener Auffassung der unbewußten Seelentätigkeit, welche der Psychoanalyse eigentümlich ist und sich von den philosophischen Spekulationen über das Unbewußte immerhin merklich unterscheidet. Man darf daher sagen, die psychoanalytische Theorie ist ein Versuch, zwei Erfahrungen verständlich zu machen, die sich in auffälliger und unerwarteter Weise bei dem Versuche ergeben, die Leidenssymptome eines Neurotikers auf ihre Quellen in seiner Lebensgeschichte zurückzuführen: die Tatsache der Übertragung und die des Widerstands.»[133]

Solange die Hysterikerinnen durch Hypnose behandelt wurden, blieben die Spannungen zwischen Arzt und Patientin gleichsam unter der Decke – und daher unbehandelbar. Sobald Freud diese Spannungen als Übertragungsliebe verstehen lernte, konnte er das Verhältnis zwischen ihm und der Hysterikerin nicht nur aushalten, sondern für den Behandlungsgang fruchtbar machen.

Erst viele Jahre später sei ihm der wahre Grund für Breuers Abwendung von der Patientin Bertha Pappenheim verständlich geworden, schreibt Freud 1932 an Stefan Zweig. «Nachdem alle ihre Symptome bewältigt waren, wurde er wieder zu ihr gerufen, fand sie verworren, sich in Unterleibskrämpfen windend. Auf die Frage, was mit ihr sei, gab sie zur Antwort: Jetzt kommt das Kind, das ich von Dr. B. habe.» In diesem Moment, meint Freud, «hatte er [Breuer] den Schlüssel in der Hand, der den Weg zu den Müttern geöffnet hätte, aber er ließ ihn fallen. Er hatte bei all seinen großen Geistesgaben nichts Faustisches an sich. In konventionellem Entsetzen ergriff er die Flucht [...]»[134] – nicht allein vor der Patientin, sondern vor seiner eigenen Übertragung.

Verwundert stellen wir fest, dass der Psychoanalytiker Sigmund Freud in der Behandlung seiner Patientinnen insgeheim «den Weg zu den Müttern» suchte. Was will das sagen? Meint er die Welt der mythologischen Gestalten, die der Kulturhistoriker Johann Jakob Bachofen, der den Begriff des «Mutterrechts» prägte, untersucht hat? Bachofen beschrieb 1861 «die Eigentümlichkeiten der vorzugsweise mütterlichen Weltperiode», die nach seiner Einschätzung der griechischen Welt vorausging, als eine Welt, in der alle Koordinaten anders aussahen als in den folgenden Zeiten des Patriarchats: «[...] höhere Würde der linken Seite [...], Prinzipat der Nacht über den aus dem Mutterschoße hervorgehenden Tag. [...] Kultische Auszeichnung des Mondes vor der Sonne, der empfangenden Erde vor dem befruchtenden Meere, der finsteren Todesseite des Naturlebens vor der lichten des Werdens, der Verstorbenen vor den Lebenden, der Trauer vor der Freude [...].»[135]

MEPHISTO: Um sie kein Ort, noch weniger eine Zeit;
Von ihnen sprechen ist Verlegenheit.
Die *Mütter* sind es!
FAUST *aufgeschreckt*: Mütter!
MEPHISTO: Schaudert's dich?
FAUST: Die Mütter! Mütter! – 's klingt so wunderlich.
MEPHISTO: Das ist es auch. Göttinnen, unbekannt Euch Sterblichen, von uns nicht gern genannt. [...]
MEPHISTO: [...] Hier diesen Schlüssel nimm! [...]
FAUST: Er wächst in meiner Hand!
Er leuchtet! Blitzt!
MEPHISTO: [...] Der Schlüssel wird die rechte Stelle wittern;
Folg ihm hinab: er führt dich zu den Müttern.
FAUST *schaudernd*: den Müttern!
Trifft's mich immer wie ein Schlag!
Was ist das Wort, das ich nicht hören mag? [...]
MEPHISTO: Ein glühender Dreifuß tut dir endlich kund,
Du seist im tiefsten, allertiefsten Grund.
Bei seinem Schein wirst du die Mütter sehn:
Die einen sitzen, andre stehn und gehen,
Wie's eben kommt. Gestaltung, Umgestaltung [...].

Goethe: Faust II

Bachofen meint: «Auf den tiefsten, düstersten Stufen des menschlichen Daseins» – liegt da Freuds «dunkler Kontinent»? – «bildet die Liebe, welche die Mutter mit den Geburten ihres Leibes verbindet, den Lichtpunkt des Lebens, die einzige Erhellung der moralischen Finsternis, die einzige Wonne inmitten des tiefsten Elends.» In der «Mutterliebe» jener Zeiten sieht Bachofen eine «geheimnisvolle Macht, welche alle Wesen der irdischen Schöpfung gleichmäßig durch dringt».[136]

Freuds Erwähnung der Mütter in seinem Brief an Stefan Zweig bezog sich auf Goethe. Im «Faust II» figurieren «Die Mütter» als Symbolgestalten des Absurd-Ungeheuren, Nicht-Fassbaren, Über-Persönlichen. Und Freud hat den «Meister» gern und häufig studiert und zitiert.

Freud hebt die von Bachofen beschriebene verkehrte Welt und Goethes dunkle Rede von den Müttern auf die Ebene des psychologisch Untersuchbaren. Für jeden einzelnen Menschen sind die Mütter Ursprung des eigenen Lebens – dank der zeugenden Kraft der Sexualität. Die Vorstellung, aus dem

Bauch eines anderen Menschen zu stammen, im wörtlichen Sinn eine «Leibesfrucht» zu sein, ist für den modernen kultivierten Erwachsenen so selbstverständlich wie unheimlich. «Es ist das *inter urinas et faeces nascimur* des Kirchenvaters, welches dem Sexuellen anhaftet und aller idealisierenden Bemühung zum Trotze von ihm nicht abzulösen ist.»[137]

Den Konventionen des Fin de Siècle entspricht es, Zusammenhänge dieser Art aus dem Blick zu rücken, als lebten Ideales und Banales auf getrennten Kontinenten. Doch in seinen therapeutischen Gesprächen stößt Freud immer wieder darauf, dass beides ineinander greift. Er hat den Mut, auch die Spaltung von Mythos und banalem Sexualgeschehen aufzuheben, was nicht zuletzt in der Sprachkonstruktion des «Ödipus»-Konflikts und, später, dem Konzept von «Eros» und «Thanatos» wie auch dem des «Narzissmus» sinnfällig wird.

Wie in der Malerei der Secessionisten verbindet sich der geometrische Gesichtspunkt des «Systems» mit Motiven der Mythologie. Auf den Gemälden von Gustav Klimt oder denen des belgischen Malers Fernand Khnopff[138] erscheinen in symbolistischer Manier Gestalten wie Pallas Athene, Judith und Holofernes, Theseus mit dem Minotaurus, das Medusenhaupt, Hypnos, die Sphinx. Khnopff ist besessen von der fixen Idee «der Vergessenheit, die die Erinnerung verschlingt»[139]. Vagheit, Uneindeutiges – in Freuds Begriffen «Amnesie» und «Überdetermination» – werden in Szene gesetzt und wecken in manchem Betrachter die Frage nach dem Sinn, der sich darin verbergen mag.

Wie die rätselhaften Frauen auf den symbolistischen Gemälden Khnopffs können wir uns Freuds frühe Patientinnen vorstellen. Ihr leicht verschleierter Blick fasst nicht das Gegenwärtige. Sie scheinen gebannt zu sein von etwas Fernem, längst Vergangenem. Ihr Ausdruck, ihr Gebaren und nicht zuletzt ihre Symptome, das wird Freud bald deutlich, *symbolisieren* ein psychisches «Utopia», ein Anderswo.

Fernand Khnopff:
Die Poesie von Stéphane Mallarmé.
Zeichnung, 1895

All dieses muss sich in der Gegenwärtigkeit der analytischen Situation noch einmal beleben und «zur Sprache» kommen. Anmutungen, Erinnerungen, Affekte, Körpersensationen, Träume, so vage sie auch scheinen, müssen in Worte übersetzt werden. Worte sind für Freud das Medium einer Behandlung «von der Seele aus» – aber sie wirken nur, wenn es gelingt, eine Art «gläubiger Erwartung» bei der Patientin hervorzurufen und während des Behandlungsverlaufs zu erhalten.

Freud und die jeweilige Patientin sind in einem gemeinsamen Werk miteinander verbunden. Aber nicht dergestalt, dass die Patientin lediglich Daten ihrer Biographie ablieferte, während Freud die Rolle eines objektiven oder irgendwie neutral registrierenden Diagnostikers übernähme. Beide rücken vielmehr mit ihrer eigenen Seelengeschichte in das therapeutische Geschehen ein. Die gemeinsame Arbeit kann nur glücken, wenn es Freud gelingt, zum Stellvertreter von Personen zu werden, die in der Geschichte der Patientin eine besondere Bedeutung hatten und haben. Erst dann können die Patientinnen für Freud zu Mitarbeiterinnen bei der Erkundung und Analyse der Zusammenhänge zwischen körperlichem und seelischem Geschehen werden.

Freuds analytische Tätigkeit ist nicht Ausdruck eines Helfersyndroms. Freud braucht seine Patientinnen. Immerhin bezahlen sie seine Arbeit, sodass er davon leben kann. Aber das ist nichts Besonderes. Der Hufschmied braucht die Pferdebesitzer, der Strafverteidiger seine Angeklagten, der Lehrer seine Schüler. Sie alle brauchen diejenigen, die sie brauchen. Aber Freud braucht noch mehr, nämlich die Probleme seiner Patientinnen. Freud braucht die Patientinnen, weil die gestörten Abläufe und Krisen ihres Seelenzustands ihm den Zugang zum «normal» funktionierenden Seelenleben eröffnen.

Wenn man Freuds Krankengeschichten liest, scheint es fast, als liebte er die Störungen. Nahezu besorgt fragt er, wessen es bedarf, damit eine ordentliche Hysterie oder Neurose zustande kommen kann. In der Falldarstellung der «Miß Lucy R.» sucht er die «unerläßliche Bedingung für die Erwerbung der Hysterie». Naiverweise würde man ja vermuten, dass der an der Heilung interessierte Arzt eher danach fragt, mit welchem Mittel man die Störung am schnellsten beheben kann.

Mancher Darstellung der großen wie der kleinen Frauen-Patienten kann man anmerken, wie gern Freud seine grüblerische Arbeit auch einmal humoristisch nimmt. Als er in den Ferien in den Hohen Tauern von der Bedienerin «Katharina», die sich als «nervenkrank» vorstellt, in ein Gespräch verwickelt wird, schreibt er: «Da war ich also wieder in den Neurosen, denn um etwas anderes konnte es sich bei dem großen und kräftigen Mädchen mit der vergrämten Miene kaum handeln. Es interessierte mich, daß Neurosen in der Höhe von über 2000 Metern so wohl gedeihen sollten, ich fragte also weiter.»[140] Freud hat Sinn für das Komische, das im unbewussten Spiel seiner Patientinnen mit dem Wissen und Nicht-wissen-Wollen steckt. Als sich herausstellt, dass Katharina einen Beischlaf beobachtet hat, aber nicht recht wahrhaben will, dass es so etwas war, sagt Freud: «‹Wenn Sie drei Tage später erbrochen haben, so glaub ich, Sie haben sich damals, wie sie ins Zimmer hineingeschaut haben, geekelt.› ‹Ja, geekelt werd' ich mich schon haben›, sagt sie nachdenklich. ‹Aber wovor denn?› ‹Sie haben vielleicht etwas Nacktes gesehen? Wie waren denn die beiden Personen im Zimmer?› ‹Es war zu finster, um was zu sehen und die waren ja beide angezogen (in Kleidern). Ja, wenn ich nur wüßte, wovor ich mich damals geekelt hab'.› Das wußte ich nun auch nicht. Aber ich forderte sie auf, weiter zu erzählen, was ihr einfiele [...].»[141]

Freud hat sichtlich Vergnügen an Katharinas Art der Selbsterkundung. Außerdem meint er, er sei ihr «Dank dafür schuldig, daß sie soviel leichter mit sich reden läßt als die prüden Damen in meiner Stadtpraxis, für die alle *naturalia turpia* sind.»[142]

Im Gespräch mit seinen Patientinnen folgt Freud keinem starren Schema. Er stellt zwar Fragen, aber dann folgt er ihren Interventionen; er lässt ihnen Spielraum. Als der Fall «Frau Emmy v. N.» auf seine Fragerei gereizt reagiert, indem sie «recht mürrisch» sagt, er «solle sie erzählen lassen, was sie [...] zu sagen habe», lässt er sie selbstverständlich erzählen. Und «Fräulein Elisabeth v. R.» ist er dankbar, dass sie sich ohne Hypnose auf Bilder, Einfälle und Erinnerungen einlässt, die einen Zugang zum verdrängten Material öffnen.

Mit der Lektüre von Freuds Krankengeschichten, die Anmerkung sei erlaubt, geht es manchem Leser wie mit gut konstruierten Geschichten der Dichter. Wie der Autor/Analytiker begibt man sich auf die Suche, will das unverständliche Verhalten herleiten und wünscht, dass alles eine Lösung findet. Man wird vom dargestellten Schicksal berührt, manchmal so sehr, dass man sich in die eigenen, überwunden geglaubten Konflikte verwickelt. Wie die Puppe in der Puppe stecken in den Erinnerungen an enttäuschte oder verpasste oder gekränkte Liebe andere Lieben. Man fühlt sich umstellt von Schattengestalten der eigenen Vergangenheit. Dann ist es gut, wenn man einen Garten hat, in dem man das Unkraut entfernen kann.

Wenn Freud über seine Patientinnen schreibt, will er sich Klarheit darüber verschaffen, wieweit sich seine theoretischen Konstruktionen bewähren, in welcher Hinsicht sie ergänzt oder abgewandelt werden müssen. Gleichzeitig findet sich eine Unterströmung allzu menschlicher Verbundenheit.

Wie für ein eigenes Geschöpf wählt er für die Patientin Ida Bauer, deren Behandlung 1899 stattfand, einen Namen: «Ich will sie Dora nennen». Das klingt wie Taufen. Unter der Überschrift «Bruchstück einer Hysterie-Analyse» veröffentlicht Freud fünf Jahre später eine über hundert Druckseiten lange Behandlungsgeschichte. Das hat mehrere Gründe. Für die Theoriebildung bietet der Fall «Dora» geeignetes Material, um die Traumanalyse im Kontext eines Behandlungsprozesses zu demonstrieren.

Ein anderer Grund hat mit einer persönlichen Kränkung zu tun. «Dora» ist ihm weggelaufen – eine arge Überraschung für jeden Therapeuten. Freud hatte das Gefühl, dass die Analyse ganz schön vorangekommen, aber durchaus noch nicht beendet war. «Sie hatte zugehört, ohne wie sonst zu widersprechen. Sie schien ergriffen, nahm auf die liebenswürdigste Weise mit warmen Wünschen zum Jahreswechsel Abschied und – kam nicht wieder.»[143] Woran mag es gelegen haben? Warum hat er die Anzeichen nicht bemerkt und rechtzeitig gegengesteuert? Was hat er falsch gemacht? Die bohrenden Fragen verlangen Antwort. Und die findet er nur, wenn er «Dora», während und solange er über sie schreibt, wieder bei sich hat.

Nachdem er die verschlungenen Pfade der detailreichen Analyse rekonstruiert hat, kulminiert Freuds Darstellung in zwei Einsichten. Er hätte Doras unbewusste lesbische Neigungen stärker thematisieren müssen, das ist die eine. Die andere bezieht sich auf die Übertragung. Dem Fall «Dora» verdankt Freud ein vertieftes Verständnis für die Bedeutung dieses seelischen Mechanismus.

«Die psychoanalytische Kur schafft die Übertragung nicht, sie deckt sie bloß, wie anderes im Seelenleben Verborgene, auf.»[144] Freud sieht einen Grundzug des Seelischen darin, dass alles Neue, Menschen wie Situationen, nach alten Mustern behandelt wird. Die frühen Wünsche nach Bindung und Trennung, nach Zärtlichkeit und Unabhängigkeit justieren sich in biographischen Erfahrungsmustern und fungieren als Instrumente der Qualifizierung von Realität. «Der Unterschied äußert sich nur darin, daß der Kranke spontan bloß zärtliche und freundschaftliche Übertragungen zu seiner Heilung wachruft; wo dies nicht der Fall sein kann, reißt er sich so schnell wie möglich, unbeeinflußt vom Arzte, der ihm nicht ‹sympathisch› ist, los. In der Psychoanalyse hingegen, werden entsprechend einer veränderten Motivenanlage, alle Regungen, auch die feindseligen, geweckt, durch Bewußtmachen für die Analyse verwertet, und dabei wird die Übertragung immer wieder vernichtet. Die Übertragung, die das größte Hindernis für die Psychoanalyse zu werden bestimmt ist, wird zum mächtigsten Hilfsmittel derselben, wenn es gelingt, sie jedesmal zu erraten und dem Kranken zu übersetzen.»[145]

Zu Anfang der Behandlung war es klar, «daß ich ihr [«Dora»] in der Phantasie den Vater ersetzte, wie auch bei dem Unterschiede unserer Lebensalter nahelag. Sie verglich mich auch immer bewußt mit ihm, suchte sich ängstlich zu vergewissern, ob ich auch ganz aufrichtig gegen sie sei, denn der Vater ‹bevorzuge immer die Heimlichkeit und einen krummen Umweg›.»[146] Allerdings, konstatiert Freud, hätte er nicht rechtzeitig gespürt, dass er für «Dora» auch zum Stellvertreter einer Männer-Gestalt wurde, die den Hass der Patientin geschürt hatte. Herr «K.» war «Dora», ohne ernste Absichten zu hegen, zu nahe getreten.

Als ihm das rückblickend klar wird, weiß er, dass «Dora» nicht wiederkommen wird. «Es war ein unzweifelhafter Racheakt, daß sie in so unvermuteter Weise, als meine Erwartungen auf glückliche Beendigung der Kur den höchsten Stand einnahmen, abbrach und diese Hoffnungen vernichtete. Auch ihre Tendenz zur Selbstschädigung fand ihre Rechnung bei diesem Vorgehen. Wer wie ich die bösesten Dämonen, die unvollkommen gebändigt in einer menschlichen Brust wohnen, aufweckt, um sie zu bekämpfen, muß darauf gefaßt sein, daß er in diesem Ringen selbst nicht unbeschädigt bleibe. Ob ich das Mädchen bei der Behandlung erhalten hätte, wenn ich mich selbst in eine Rolle gefunden, den Wert ihres Verbleibens für mich übertrieben und ihr ein warmes Interesse bezeigt hätte, das bei aller Milderung durch meine Stellung als Arzt doch wie ein Ersatz für die von ihr ersehnte Zärtlichkeit ausgefallen wäre? Ich weiß es nicht. Da ein Teil der Faktoren, die sich als Widerstand entgegenstellen, in jedem Falle unbekannt bleibt, habe ich es immer vermieden, Rollen zu spielen, und mich mit anspruchsloserer psychologischer Kunst begnügt. Bei allem theoretischen Interesse und allem ärztlichen Bestreben, zu helfen, [be]halte ich mir doch vor, daß der psychischen Beeinflussung notwendig Grenzen gesetzt sind, und respektiere als solche auch den Willen und die Einsicht des Patienten.»[147]

Psychoanalytisch hellhörig geworden, kann man sich fragen, warum sich Freud hier so sehr edel und unbestechlich darstellt. Es ist zu vermuten, dass er um seine Gegenübertragung weiß, die ihm offenbar nicht behagt. Man spürt Freuds heftiges Bemühen, Nähe und Distanz im Umgang mit seinen Patientinnen auszutarieren. Das kommt einem Drahtseilakt gleich, der selbst dem Begründer der Psychoanalyse einiges abverlangt und durchaus nicht immer gelingt. Sosehr sich Freud um eine Behandlungstechnik bemüht, die vor Entgleisungen schützen soll, bleibt doch das therapeutische Geschehen immer auch ein menschlich-allzu menschliches Unterfangen.

Allzu menschlich ist es auch, dass Freud im Umgang mit seinen frühen Patientinnen ein festes Bild vorschwebt von der seelischen Gesundheit der Frau. Man kann sich des Eindrucks nicht erwehren, dass er den Erfolg seiner therapeutischen Tätigkeit daran misst, ob es gelingt, sie «heiratsfähig zu machen» – als läge hier die Lösung ihrer wesentlichen Probleme. Dieses Bild wandelt sich erst, als Frauen zu ihm kommen, die sich für die Psychoanalyse interessieren, um ihren Beruf zu finden.

Dreieck

Sabina Spielrein im Bannkreis des Menschlich-Allzumännlichen

«Auch der grosse ‹Freud› kann nicht immer seine Schwächen übersehen.»

Sabina Spielrein

Die Affäre um Sabina Spielrein (1885–1942) im Dreieck mit C. G. Jung und Sigmund Freud hat begeisterte Entrüstung hervorgerufen. Die Geschichte hat Kreise gezogen, als 1977 «Tagebuch und Briefe» der Spielrein veröffentlicht wurden. Der Plot schien manchem brisant genug, um ein Theaterstück (Holtzmann 1998) oder einen Film (Márton 2002) daraus zu machen. Außerdem wurden Artikel und Bücher veröffentlicht für Leser aller Art, nicht nur für Leute vom Fach.[148] Bis dahin war Sabina Spielrein relativ unbekannt. Psychoanalytiker mögen ihre Veröffentlichungen in den psychoanalytischen Zeitschriften zur Kenntnis genommen haben.

Man muss keine Feministin sein, um zu bemerken, dass Freud «die Angelegenheit Spielrein» zunächst als ein Geschehen einschätzte, das man ‹unter Männern› zu regeln hatte. In Unkenntnis der Vorgänge glaubte Freud dem Privatdozenten für Psychiatrie, Dr. C. G. Jung, er sei Opfer der weiblichen Verführungskünste einer Patientin geworden. Doch später sieht alles ganz anders aus. Schauen wir also genauer hin.

Die Begegnung Sabina Spielreins mit C. G. Jung bietet ein Exempel für den «Kampf der Geschlechter», der wie ein neuer

Sabina Spielrein

Mythos in der Kunst zwischen 1850 und 1930 auftaucht.[149] Auf einem Foto mit Hut erinnert Sabina Spielrein ein wenig an die attraktive französische Bildhauerin Camille Claudel. Beide entwickeln ihre eigenen Ambitionen und verfangen sich zugleich in der Idealisierung eines alles versprechenden Mannes, der ihnen im Lebensalter voraus ist. Er verheißt sie zu heilen und zu begaben und begehrt sie darüber hinaus als Muse für sein eigenes Werk. Psychologisch reduzierend formuliert: Nach ödipalem Muster kreuzen sich in fataler Weise die Sehnsüchte der Generationen und Geschlechter.[150]

Exkurs: Ödipus-Konflikt

Von Abwehr beseelt, bringt der Bildungsbürger der psychoanalytischen Konstruktion des Ödipus-Konfliktes das größte Missverständnis entgegen. Deshalb soll hier mit Freuds eigenen Worten noch einmal vergegenwärtigt werden, worum es eigentlich geht. In der «Traumdeutung» erzählt und interpretiert Freud die Geschichte. «Ödipus, der Sohn des Laios, Königs von Theben, und der Jokaste, wird als Säugling ausgesetzt, weil ein Orakel dem Vater verkündet hatte, der noch ungeborene Sohn werde sein Mörder sein. Er wird gerettet und wächst als Königssohn an einem fremden Hofe auf, bis er, seiner Herkunft unsicher, selbst das Orakel befragt und von ihm den Rat erhält, die Heimat zu meiden, weil er der Mörder seines Vaters und der Ehegemahl seiner Mutter werden müßte. Auf dem Wege von seiner vermeintlichen Heimat weg trifft er mit König Laios zusammen und erschlägt ihn in rasch entbranntem Streit. Dann kommt er vor Theben, wo er die Rätsel der den Weg sperrenden Sphinx löst und zum Dank dafür von den Thebanern zum König gewählt und mit Jokastes Hand beschenkt wird. Er regiert lange Zeit in Frieden und Würde und zeugt mit der ihm unbekannten Mutter zwei Söhne und zwei Töchter, bis eine Pest ausbricht, welche eine neuerliche Befragung des Orakels von seiten der Thebaner veranlaßt. Hier setzt die Tragödie des Sophokles ein. Die Boten bringen den Bescheid, daß die Pest aufhören werde, wenn der Mörder des Laios aus dem Lande getrieben sei. Wo aber weilt er?

‹Wo findet sich
die schwer erkennbar dunkle Spur der alten Schuld?›[151]

Die Handlung des Stückes besteht nun in nichts anderem als in der schrittweise gesteigerten und kunstvoll verzögerten Enthüllung – der Arbeit einer Psychoanalyse vergleichbar –, daß Ödipus selbst der Mörder des Laios, aber auch der Sohn des Ermordeten und der Jokaste ist. Durch seine unwissentlich verübten Greuel erschüttert, blendet sich Ödipus und verläßt die Heimat. Der Orakelspruch ist erfüllt.»[152]

Freud erklärt die nachhaltige Wirkung des Stückes auf den modernen Menschen. «Sein Schicksal ergreift uns nur darum, weil es auch das unsrige hätte werden können, weil das Orakel vor unserer Geburt denselben Fluch über uns verhängt hat wie über ihn. Uns allen vielleicht war es beschieden, die erste sexuelle Regung auf die Mutter, den ersten Haß und gewalttätigen Wunsch gegen den Vater zu richten; unsere Träume überzeugen uns davon. König Ödipus, der seinen Vater erschlagen und seine Mutter Jokaste geheiratet hat, ist nur die Wunscherfüllung unserer Kindheit. Aber glücklicher als er, ist es uns seitdem, insofern wir nicht Psychoneurotiker geworden sind, gelungen, unsere sexuellen Regungen von unseren Müttern abzulösen, unsere Eifersucht gegen unsere Väter zu vergessen. Vor der Person, an welcher sich jener urzeitliche Kindheitswunsch erfüllt hat, schaudern wir zurück mit dem ganzen Betrag der Verdrängung, welche diese Wünsche in unserem Innern seither erlitten haben. Während der Dichter in jener

Untersuchung die Schuld des Ödipus ans Licht bringt, nötigt er uns zur Erkenntnis unseres eigenen Innern, in dem jene Impulse, wenn auch unterdrückt, noch immer vorhanden sind. [...] Wie Ödipus leben wir in Unwissenheit der die Moral beleidigenden Wünsche, welche die Natur uns aufgenötigt hat, und nach deren Enthüllung möchten wir wohl alle den Blick abwenden von den Szenen unserer Kindheit.»[153]

Es bleibt zu erwähnen, dass dieses Muster, abgewandelt, auch das infantile Verhältnis der Tochter zum Vater formt. Außerdem sei daran erinnert, dass sich die infantile Figuration in der Übertragung auf neue, erwachsene Liebesverhältnisse wiederbelebt – auch und nicht zuletzt in der analytischen Situation.

Am 6. Mai 1906 beschenkten Sigmund Freuds ‹Schüler› ihren ‹Meister› zum fünfzigsten Geburtstag mit einer Medaille, die der Wiener Bildhauer Schwerdtner gestaltet hatte. Auf der einen Seite sieht man Freuds Porträt im Profil; auf der anderen Seite steht ein nackter Mann, der sich auf einen Stock stützt, der Sphinx gegenüber, die auf dem Sprung zu sein scheint. Freud wird von den Analytikern mit diesem Bild gewürdigt, weil er das Rätsel der Sphinx lösen konnte, da er angesichts des animalischen Verwirrspiels einen klaren Kopf behielt.

Diese Szene zwischen Ödipus und der Sphinx war im 19. Jahrhundert zu einem die Künstler der Zeit reizenden Bildmotiv geworden. In der Nachfolge Ingres' sahen Gustave Moreau, Fernand Khnopff, Max Klinger und andere in der Spannung zwischen Ödipus und der Sphinx wie im Spiegel das Verhältnis zwischen Mann und Frau.

Betrachten wir nach diesem Exkurs die Geschichte der Sabina Spielrein. Als ältestes Kind des reichen jüdischen Kaufmanns Nikoley Spielrein und der Zahnmedizinerin Eva Spielrein, geb. Luyublinskaya, wird Sabina am 7. November 1885 in Rostow am Don geboren. Mit drei jüngeren Brüdern und einer kleinen

Schwester wächst sie in einer kultivierten Welt auf, die keinen materiellen Mangel kennt. Von Kindheit an sind Sabina das Deutsche, Englische und Französische vertraut wie das Russische. 1903 legt die wissbegierige Schülerin am Mädchengymnasium in Rostow die Reifeprüfung ab.

Das klingt alles sehr schön. In Wirklichkeit aber tobt es in dem Mädchen. Es gelingt ihm nicht, sein kindliches Begehren und seine übermäßige Erregbarkeit zu formen. In der Analyse erinnert sich Sabina an das Erleben verdrehter Lust, wenn der Vater sie oder ihre Brüder mit Schlägen züchtigte. Das Betrachten der väterlichen Hände erregte das Kind so sehr, dass es Zuflucht sucht in der Selbstbefriedigung. Zwangsvorstellungen, begleitet von Pfui-Rufen, unsteuerbares Lachen, unwillkürliches Herausstrecken der Zunge, Überwältigtwerden von Ekel und manches mehr nehmen Sabina Realitätssinn und Lebenslust.

[...]
Dort vor dem Tor lag eine Sphinx
Ein Zwitter von Schrecken und Lüsten,
Der Leib und die Tatzen wie ein Löw,
Ein Weib an Haupt und Brüsten.

Ein schönes Weib! Der weiße Blick,
Er sprach von wildem Begehren;
Die stummen Lippen wölben sich
Und lächelten stilles Gewähren. [...]

Sie trank mir fast den Odem aus –
Und endlich, wollustheischend,
Umschlang sie mich, meinen armen Leib
Mit den Löwentatzen zerfleischend.

Entzückende Marter und wonniges Weh!
Der Schmerz wie die Lust unermeßlich!
Derweilen des Mundes Kuß mich beglückt,
Verwunden die Tatzen mich gräßlich.
[...]

Heinrich Heine

Im August 1904 bringen die Eltern ihre an einer «psychotischen Hysterie» erkrankte neunzehnjährige Tochter zur Behandlung in die psychiatrische Klinik «Burghölzli» nahe Zürich. Zehn Monate lang wird Sabina stationär behandelt, zunächst vom Leiter der Klinik, Professor Dr. Eugen Bleuler, dann, bis zum 1. Juni 1905, vom Oberarzt Dr. Carl Gustav Jung.

Bereits im April 1905 ist Sabina Spielrein so weit wiederhergestellt, dass sie ein Medizinstudium an der Universität Zürich aufnehmen kann. Während der ersten Studienjahre begleitet C. G. Jung ihr Leben als Analytiker, als Freund und ‹Geliebter›. Historiker zerbrechen sich den Kopf darüber, ob sie «es» getan haben oder nicht. Jedenfalls haben sie einander geherzt und geküsst und waren seelisch eng ineinander verwickelt. Im Jahr 1909 kommt es zu einer abrupten Trennung. In dieser Situation wendet sich Sabina Spielrein an Sigmund Freud.

Am 20. Januar 1911 schließt Sabina Spielrein ihr Studium ab mit einer Doktorarbeit «Über den psychologischen Inhalt eines Falles von Schizophrenie», die noch im selben Jahr erscheint, und zwar im «Jahrbuch für psychoanalytische und psychopathologische Forschungen». Dort wird 1912 auch ihr interessanter Beitrag «Die Destruktion als Ursache des Werdens» veröffentlicht. Der Text entstand während eines Aufenthalts in München, wo Sabina Spielrein 1911 kunstgeschichtliche und musikwissenschaftliche Vorlesungen hörte. Ihre Metamorphose binnen weniger Jahre von der Patientin zur Ärztin und Autorin ist beeindruckend.

In seinem vierten Brief an Freud schreibt C. G. Jung am 23. Oktober 1906: «Ein Erlebnis aus jüngster Zeit muß ich bei Ihnen abreagieren, auf die Gefahr hin, Sie zu langweilen. Ich behandle gegenwärtig eine Hysterie nach Ihrer Methode. Schwerer Fall, 20jährige russische Studentin, krank seit sechs Jahren.»[154] Jung berichtet von kindlichen Aktionen analer Befriedigung, welche Freud gar nicht langweilig findet und in seinem Antwortbrief sachkundig kommentiert. Auf einem Psychoanalytikertreffen 1907 in Amsterdam stellt Jung diesen «Fall» den Kollegen vor – um mit «größter Energie» zu betonen, «daß solche Fälle, die genau auf das Freudsche Schema passen, tatsächlich vorkommen. Die Freudsche ‹Hysterie› existiert.»[155]

Ohne es zu wissen hatte Sabina Spielrein mit ihrer damaligen Krankheit ihrem Arzt C. G. Jung die schöne Möglichkeit geschenkt, sich dem verehrten, neunzehn Jahre älteren Freud als gelehriger Schüler zu präsentieren. C. G. Jung gewinnt mehr und mehr Freuds Zuneigung, der schließlich hofft, in diesem hoch gewachsenen blonden «Germanen» seinen Kronprinzen gefunden zu haben.

Damit man sich ein Bild von der dramatisch verwickelten Lebensgeschichte der jungen Frau machen kann, müssen wir sie selbst zu Wort kommen lassen. Als richte sie sich an Zar oder Kaiser, schreibt Sabina Spielrein nach ihrer Trennung von C. G. Jung am 30. Mai 1909 an Sigmund Freud: «Sehr geehrter Herr Professor! Ich wäre Ihnen sehr dankbar, wenn Sie mir eine kleine Audienz erteilen könnten. Es handelt sich da um eine für mich aeusserst wichtige Angelegenheit, welche zu vernehmen Sie wahrscheinlich interessieren wird. Wenn dies gienge möchte ich Sie höflichst bitten mir die Ihnen passende Stunde etwas vorher angeben zu wollen, da ich Unterärztin an der hiesigen Klinik [Burghölzli] bin und somit mir für die Zeit meiner Abwesenheit eine Stellvertreterinn besorgen müsste. Sie haben vielleicht an eine kühne Sucherinn des Ruhmes gedacht, die Ihnen eine krüppelhafte ‹weltberühmte› Arbeit bringen will od. was in der Art. Nein, das ist es nicht, was mich zu Ihnen führt. Sie haben mich auch in Verlegenheit gebracht. Hochachtungsvoll Ihrer gütigen Antwort entgegensehend S. Spielrein.» Sie legt einen Köder aus, und Freud beißt an.

Schon im März 1909 hatte Freud von C. G. Jung einen Brief erhalten, aus dem hervorgeht, dass der Schreiber mit einer Patientin, deren Namen er nicht nennt, in der Bredouille ist. «Lieber Herr Professor! [...] Zu guter Letzt oder vielmehr zu schlimmer Letzt nimmt mich gegenwärtig ein Komplex furchtbar bei den Ohren; nämlich eine Patientin, die ich vor Jahren mit größter Hingabe aus schwerster Neurose herausgerissen habe, hat mein Vertrauen und meine Freundschaft in denkbarst verletzender Weise enttäuscht. Sie machte mir einen wüsten Skandal ausschließlich deshalb, weil ich auf das Vergnügen verzichtete, ihr ein Kind zu zeugen. Ich bin immer in den Grenzen des Gentleman ihr gegenüber geblieben, aber vor meinem etwas zu empfindsamen Gewissen fühle ich mich doch nicht sauber, und das schmerzt am meisten, denn meine Absichten waren immer rein gewesen [...].»[156]

Mit der Gebärde des ‹Männerverstehers› antwortet der abgeklärte Analytiker Freud verständnisvoll: «Lieber Freund [...] Verleumdet und von der Liebe, mit der wir operieren, versengt zu werden, das sind unsere Berufsgefahren.»[157]

Am 3. Juni antwortet Freud auf einen Brief von Sabina Spielrein, in dem deutlich wird, dass sie ihn wegen C. G. Jung aufsuchen möchte. Freud bedingt sich aus, zunächst einmal die andere Seite, die seines «Freundes», anzuhören. Heimlich schickt er Spielreins Brief an C. G. Jung und merkt an: «Sonderbar! Was ist das? Wichtigtuerei, Tratschsucht oder Paranoia? Ich bitte Sie, mir in einigen Worten telegraphisch Bescheid zu geben, wenn Sie etwas über die Schreiberin wissen oder sonst ein Urteil über die Sache haben, andernfalls sich aber gewiß nicht zu plagen.»[158]

In seinen ersten Äußerungen greift nun der zerknirscht wirkende C. G. Jung am 4. Juni 1909, voller Angst vor Freuds väterlichem Zorn, zu Halbwahrheiten, die man auch Lügen nennen kann: «Die Spielrein ist dieselbe Person, von der ich Ihnen geschrieben. Sie ist abgekürzt publiziert in meinem Amsterdamer Vortrag seligen Angedenkens. Es war mein psychoanalytischer Schulfall sozusagen, weshalb ich ihr eine besondere Dankbarkeit und Affektion bewahrte. Da ich aus Erfahrung wußte, daß sie sofort rückfällig wurde, wenn ich ihr meinen Beistand versagte, zog sich die Beziehung über Jahre hin, und ich hielt mich schließlich quasi für moralisch verpflichtet, ihr meine Freundschaft weitgehend zu vertrauen, solange bis ich sah, daß dadurch ein unbeabsichtigtes Rad ins Rollen geriet, weshalb ich schließlich abbrach. Sie hatte es natürlich planmäßig auf meine Verführung abgesehen, was ich für inopportun hielt. Nun sorgt sie für Rache. Jüngst hat sie über mich das Gerücht ausgestreut, ich werde binnen kurzem mich von meiner Frau scheiden lassen und eine bestimmte Studentin heiraten, was einige meiner Kollegen in helle Aufregung versetzte. Was sie jetzt plant, ist mir dunkel. Ich vermute nichts Gutes; es müßte denn sein, daß Sie zu einem Vermittlungsversuch mißbraucht werden sollen. Ich brauche wohl nicht zu sagen, daß ich die Sache endgültig abgeschnitten habe. Sie ist [...] ein Fall von Vaterbekämpfung [...].»[159]

Doch ganz anders hatte sich das «Opfer» C. G. Jung, Privatdozent der Psychiatrie, in seinen Liebesbriefen an Sabina Spielrein gezeigt, die er ihr erst vor wenigen Monaten geschrieben hatte: «Ihr Bild hat mich völlig verändert. Sie glauben nicht, wieviel mir die Hoffnung bedeutet, einen Menschen lieben zu dürfen, den ich nicht verdammen muß, und der sich nicht verdammt dazu, an der Alltäglichkeit der Gewöhnung zu ersticken»[160] – vermutlich eine Anspielung auf seine Ehe mit Emma Jung. Am 12. August 1908 heißt es zum Schluss: «Es küßt Sie herzlich Ihr Freund.»[161] Am 4. Dezember 1908 vertraut Dr. Jung ihr an: «Mein Unglück ist, dass ich des Glückes der Liebe, der stürmischen, ewig wechselnden Liebe, für mein Leben nicht entrathen kann. Dieser Daemon steht in einem unheilvollen Widerspruch zu meinem Mitleid und meiner Empfindsamkeit. Wenn die Liebe zu einer Frau in mir erwacht, dann ist mein erstes Gefühl des Bedauerns, des Mitleidens mit dem armen Weibe, das von ewiger Treue und anderen Unmöglichkeiten träumt und für ein schmerzliches Erwachen aus all diesen Träumen bestimmt ist.» Jung möchte gern einmal länger mit ihr sprechen. «Da Sie vielleicht ungehemmter sind in Ihrer Wohnung, so will ich zu Ihnen kommen.»[162] Das ist nun alles vergessen, da er befürchtet, Spielrein wollte ihm übel mitspielen.

Am 7. Juni 1909 tröstet Freud den aufgescheuchten Jung: «Lieber Freund. Da ich Sie an der Angelegenheit Spielrein persönlich interessiert weiß, schreibe ich Ihnen weiteres darüber [...]. Ihr

Telegramm habe ich richtig verstanden, die Aufklärung deckte sich mit meiner Vermutung. Ich schrieb der Spielrein also nach dem Telegramm einen Brief, in dem ich mich so dumm stellte, als ob ich ein Anerbieten einer übereifrigen Enthusiastin zu beurteilen hätte. [...] Welcher Art die Sache sei», habe er sie gefragt. Dann geht er C. G. Jungs Version der «Sache» gleichsam auf den Leim: «Solche Erfahrungen, wenngleich schmerzlich, sind notwendig und schwer zu ersparen. Erst dann kennt man das Leben und die Sache, die man in der Hand hat. Ich selbst bin zwar nicht ganz so hereingefallen, aber ich war einige Male sehr nahe daran und hatte a narrow escape. Ich glaube, nur die grimmigen Notwendigkeiten, unter denen mein Arbeiten stand, und das Dezennium Verspätung gegen Sie, mit dem ich zur Psychoanalyse kam, haben mich vor den nämlichen Erlebnissen bewahrt.»

Freud deutet an, dass ihn das Alter schon vor Jahren gegen Liebeleien gefeit gemacht habe. Jetzt, da er dies niederschreibt, ist er gerade mal dreiundfünfzig Jahre alt. Sehr merkwürdig. Freud scheint seine Träume bemühen zu müssen, um etwas über seine sexuellen Ambitionen zu erfahren. Hinter seinem ausführlich interpretierten Traum «Über Irmas Injektion» («Traumdeutung») habe eigentlich sexueller Größenwahn gesteckt, gestand er seinem Kollegen Karl Abraham. Drei Frauen spielten in dem Traum eine Rolle, «und ich habe sie alle» sei die wunscherfüllende Bedeutung des Traumes gewesen.[163]

Erfahrungen, wie Jung sie gemacht hat, das lässt Freud ihn im Fortgang des Briefes wisses, schadeten aber nichts. «Es wächst einem so die nötige harte Haut, man wird der ‹Gegenübertragung› Herr, in die man doch jedesmal versetzt wird, und lernt seine eigenen Affekte verschieben und zweckmäßig plazieren. Es ist ‹a blessing in disguise›.» Und dann bemüht er ein Vor-Urteil: «Das ‹großartigste› Naturschauspiel bietet die Fähigkeit dieser Frauen, alle erdenklichen psychischen Vollkommenheiten als Reize aufzubringen, bis sie ihren Zweck erreicht haben. Wenn das geschehen ist oder das Gegenteil gesichert, dann kann man über die veränderte Konstellation staunen.»[164]

Eigentlich kennt man diese Klage eher von Frauen: Männer wollen Frauen nur ‹herumkriegen›, um sie, sobald dies gelingt, wieder fallen zu lassen oder, wenn es nicht glückt, mit Nichtbeachtung zu strafen.

Jedenfalls antwortet C. G. Jung, sein «Vaterkomplex» hätte ihn befürchten lassen, dass Freud ihm «eine im Mantel der Nächstenliebe mehr oder weniger verhüllte Strafpredigt zusenden» würde. «Denn eigentlich sei es doch zu dumm, daß gerade ich, Ihr ‹Sohn und Erbe›, Ihr Erbteil so sorglos behandle und verschleudere [...].»[165]

Ja, sie verstehen einander, Vater und Sohn. In seinem nächsten Brief vom 18. Juni an Jung zeigt sich Freud von einer Seite, die wir so noch nicht kennen. «Außerordentlich weise und scharfsinnig» habe er dem «Frl. Spielrein» geantwortet, indem er «aus leisen Anzeichen Sherlock Holmes-artig zu erraten schien», was ihm natürlich nach Jungs Mitteilungen gelingen mußte, und habe ihr «eine würdigere, sozusagen endopsychische Erledigung der Sache nahegelegt». Freud unterstreicht in seinem Brief vom 8. Juni 1909, dass er Dr. Jung als seinen Freund und Mitarbeiter und auch sonst zu kennen glaube und deshalb annehme, dass Jung «leichtfertiger oder unedler Handlungsweise unfähig ist. [...] Aber wenn ich mir auf Grund der obigen Voraussetzungen erlauben darf, ein Wort an Sie zu richten, so möchte ich Sie zur Selbstprüfung auffordern, ob die Gefühle, welche diese Beziehung überdauert haben, nicht etwa verdienen, unterdrückt und erledigt zu werden, in der eigenen Seele meine ich und ohne äußere Aktion und Heranziehung dritter Personen.»

Hintergrund dieser Redeweise ist die Befürchtung beider Analytiker, «die Kleine» wollte «die Sache» an die große Glocke hängen. Jung befürchtete ganz konkret, dass Spielreins Mutter, angestachelt durch einen anonymen Brief, der wahrscheinlich von

Emma Jung stammte, die ganze Angelegenheit vor seinem Chef im «Burghölzli», Prof. Bleuler, ausbreiten würde. Das Verhalten von Jung und Freud erinnert an Schuljungen, die genau wissen, dass einer Mist gemacht hat, der um keinen Preis publik werden soll.

In einem «P.S.» zum Brief an Spielrein greift Freud zum Moralisieren gegenüber Spielrein und zeigt väterliches Verständnis für den Heißsporn C. G. Jung: «Ich sende die indiscrete Beilage zurück und will nur sagen, daß ich dem jungen Manne etwas schwärmerische Überschwänglichkeit nicht schwer anrechne wenngleich der Ältere solche Schätzung belächeln muß.»[166] Die «Beilage» war ein Brief von C. G. Jung, aus dem hervorgeht, dass er Sabina Spielrein durchaus nicht als Patientin anspricht, sondern als Frau, um deren Liebe er buhlt. Spielrein wollte offenbar von vornherein dem Verdacht entgegenwirken, sie habe sich Jungs Übergriffe nur ausgedacht. Doch Freud findet das alles gar nicht schlimm. Er hat Verständnis für den «Sohn» C. G. Jung, als handelte es sich um einen Pubertierenden und nicht um einen erwachsenen Arzt Mitte dreißig, der verantwortungslos mit seiner Patientin umging.

C. G. Jung empfiehlt er einmal mehr, «nicht zu stark in die Zerknirschung und Reaktion zu gehen». Und dann zitiert er, sehr gebildet. «Denken Sie an das schöne Gleichnis von Lasalle von der zersprungenen Epouvrette in der Hand des Chemikers: ‹Mit einem leisen Stirnrunzeln über den Widerstand der Materie setzt der Forscher seine Arbeit fort.› Kleine Laboratoriumsexplosionen werden bei der Natur des Stoffes, mit dem wir arbeiten, nie zu vermeiden sein.»[167] Wirklich nur ein Schelm, der psychoanalytische Symbolik darin entdeckte? Freud liebt es manchmal, im Hintergrund die Fäden zu ziehen, als hätte er mit Marionetten zu tun. Je größer der Kreis um ihn wird, desto größer werden auch die Spannungen zwischen den verschiedenen «Anhängern». In den nächsten Jahren gibt es häufiger Gelegenheit zum Intrigenspiel.

Noch einmal wendet sich Sabina Spielrein am 10. Juni 1909

mit ungebrochenem Vertrauen an Freud: «Sehr geehrter Herr Professor! Verzeihen Sie, daß ich Sie noch einmal störe [...]. Sie meinen, daß ich mich an Sie wende, damit Sie zwischen mir und Dr. Jung Frieden stiften? Ja wir hatten aber gar keinen Streit! Mein heissester Wunsch ist dass ich mich liebend von ihm trenne. Ich bin genug analytisch, kenne mich genügend und weiss, dass für mich eine Schwärmerei à Distance das beste wäre. Ein Gefühl zu unterdrücken taugt für mich nicht, denn wenn ich es Dr. Jung gegenüber tue, so kann ich Niemand mehr lieben, lasse ich, hingegen das Pförtchen offen, so findet sich schon mancher Jüngling, der einem mehr oder weniger sympathisch vorkommt, bei dem man Ähnlichkeiten mit dem Geliebten findet und den man schliesslich auch liebgewinnt. [...] Ich [...] möchte mich vollkommen von Dr. Jung trennen und meine selbständige Bahn einschlagen. Das kann ich aber nur, wenn ich soweit frei bin, daß ich ihn lieben kann; wenn ich ihm entweder alles verzeihe oder ihn ermorde. [...] Ich bin soweit entfernt davon, Herr Professor, Dr. Jung vor Ihnen anklagen zu wollen! Ganz im Gegenteil: ich wäre glücklich wenn mir jemand zeigen könnte, dass er der Liebe werth ist, daß er doch kein Schurke ist. [...] So habe ich mir als die einzige Rettung zurückgelassen mit dem Menschen zu reden, der ihn tief liebt und verehrt, der eine tiefe Menschenkenntnis besitzt und wenn ich Ihren letzten Brief kriegte, so unvorteilhaft er auch für mich ist, kamen mir Tränen in die Augen: ‹Der liebt ihn!› [...].»[168]

Schließlich gab es noch einen hässlichen Brief von C. G. Jung an Sabina Spielreins besorgte Mutter, die daraufhin ihrem Mann von der Geschichte berichtet. Der reagiert mit erstaunlichem psychologischem Feingefühl, indem er Sabinas Mutter beschwichtigt: «Man hat aus ihm einen Gott gemacht und er ist nichts, als ein gewöhnlicher Mensch. Ich bin so froh, dass sie ihm eine Ohrfeige gegeben! Ich würde es selbst getan haben. Lass sie nur tun, was sie für nötig hält: sie kann sich schon selbst helfen.»[169]

Das stimmt auch. Sabina Spielrein fasst sich ein Herz und spricht am 19. Juni noch einmal persönlich mit Jung. In einem weiteren Brief an Freud vom 20. Juni erweist sie sich als diejenige, die von allen dreien noch den klarsten Kopf behalten hat. Sie deutet an, dass sie Freuds und Jungs Tricksereien durchschaut hat: «[...] man möchte sich gerne einen unangenehmen Augenblick ersparen. Nicht? Auch der grosse ‹Freud› kann nicht immer seine Schwächen übersehen. Nun, die nötigen Correcturen und Erklärungen seines und meines Benehmens wird Ihnen Dr. Jung machen.»[170]

Am Tag darauf schreibt Jung endlich einen ehrlichen Brief an Freud. Er habe Gutes zu melden von der «Affäre Spielrein». «Ich habe alles viel zu schwarz gesehen. Ich erwartete nach der von mir herbeigeführten Trennung sozusagen mit Sicherheit eine Rache [...]. Vorgestern hat sich nun Frl. Spielrein bei mir eingefunden und hat in anständigster Weise mit mir gesprochen, wobei es sich auch herausgestellt, daß ein über mich herumschwirrendes Gerücht gar nicht von ihr stammt. Ich habe aus erklärlichem Beziehungswahn das Gerücht ihr zugeschoben [...]. Ohne in eine hilflose Reue zu verfallen, beklage ich doch die Sünden, die ich begangen, denn ich bin in weitem Maße an den hochgehenden Hoffnungen meiner ehemaligen Patientin schuldig. So diskutierte ich ernstlich [...] mit ihr das Problem des Kindes, wobei ich mir einbildete, ich rede theoretisch, natürlich stak Eros dahinter. So schob ich auch alle andern Wünsche und Hoffnungen ganz auf Seite meiner Patientin, ohne das gleiche an mir zu sehen. Als sich auf diese Weise die Situation so zugespitzt hatte, daß beim weiteren Perseverieren der Beziehung nur noch sexuelle Akte das Bild richtig abschließen konnten, da wehrte ich mich in einer Weise, die sich moralisch nicht verteidigen läßt. In meinem Wahne befangen, ich sei quasi Opfer der sexuellen Nachstellungen meiner Patientin, schrieb ich an deren Mutter, daß ich nicht der Befriediger der Sexualität ihrer Tochter, sondern bloß der Arzt sei, weshalb sie mich von der Tochter befreien solle. In Anbetracht des Umstandes, daß die Patientin noch kurz vorher meine Freundin war, die mein weitgehendes Vertrauen hatte, war meine Handlungsweise eine durch die Angst eingegebene Schufterei, die ich Ihnen als meinem Vater sehr ungern gestehe.»[171] Es folgt noch die Bitte, Freud möge Fräulein Spielrein von diesem Brief unterrichten. Außerdem bittet er Freud, die «Dummheit» zu entschuldigen, daß er ihn «mit in diese Sache hineingezogen» hat.

Psychoanalytisch betrachtet haben ja «Dummheiten» einen Sinn. Wenn man den Briefwechsel beschreibt, erkennt man, wie sich der «Sohn» C. G. Jung vor dem «Vater» Freud seelisch entblößt. Er zeigt sich als Lügner, als Feigling, als Verräter, kurz als verantwortungsloser Gesell. Das mutet an wie eine unbewusste Überprüfung von Freuds väterlicher Liebe nach biblischem Muster. C. G. Jung spielt das Stück vom «verlorenen Sohn». Freud scheint das eher zu genießen als zu bedenken: «[...] vielleicht bin ich schon zu parteiisch für Sie.»

Freud hat keine Mühe, über seinen Schatten zu springen, wenn es dem Sohn gefällt, und schreibt an Sabina Spielrein den von Jung gewünschten Brief. «Sehr geehrtes Fräulein Collega», heißt die Anrede jetzt. «Ich habe heute durch Dr. Jung selbst Einsicht in die Sache bekommen wegen welcher Sie mich besuchen wollten, und sehe nun, daß ich Einiges richtig erraten, anderes fälschlich zu Ihrem Nachteil construirt habe. Wegen dieses letzteren Anteils bitte ich Sie um Entschuldigung. Meinem Bedürfnis nach Achtung vor den Frauen entspricht es aber sehr, daß ich mich geirrt habe, und daß die Verfehlung dem Manne und nicht der Frau zur Last fällt, wie mein junger Freund selbst zugibt. Nehmen Sie den Ausdruck meiner vollen Sympathie für die würdige Art, wie Sie den Conflict gelöst haben. Ihr in Hochachtung ergebener Freud.»[172]

Sabina Spielrein hatte sich in einer Zeit vertrauensvoll an Sigmund Freud gewandt, da er im Begriff stand, Schule zu ma-

Sigmund Freud, um 1907

chen. 1896 hatte er zum ersten Mal für seine Psychologie den Namen «Psychoanalyse» verwandt. 1900 erschien das zentrale Werk «Traumdeutung». In Kollegenkreisen kaum bemerkt oder verständnislos kommentiert, vergingen zehn Jahre, bis die erste Auflage von 600 Exemplaren verkauft war. Für Freud war es ein Meilenstein seiner psychologischen Erkenntnisse. Anders als die Wiener Kollegen hatte C. G. Jung bereits 1902 in einer Schrift über okkulte Phänomene auf Freuds «Traumdeutung» hingewiesen. Auch dafür ist Freud ihm dankbar.

Exkurs: Traumdeutung

«Die ‹Traumdeutung› wurde zu einem Jahrhundertwerk, weil sie einen Prototyp für seelische Produktionen überhaupt entwickelte.»[173] Sehr stark vereinfacht geht es um Folgendes: Der Traum, den wir am Morgen erinnern, wirkt zumeist sinnlos, was – psychologisch betrachtet – jedoch nicht stimmt. Jede Form des Verhaltens und Erlebens hat nach Freud im Gesamthaushalt des Seelischen eine Bedeutung, einen Sinn, eine Funktion. Die des Traumes ist es, Hüter des Schlafes zu sein. Begebenheiten des Tages, die geeignet wären, bestimmte verdrängte Probleme der Lebensgeschichte bis zur Schlaflosigkeit aufzurühren, werden durch die Arbeit des Traumes unmerklich behandelt. Der Traum verwandelt sie durch Techniken wie Verdichtung, Verschiebung, Ersatz, Verkehrung ins Gegenteil, Aufhebung von Zeit und Logik und andere mehr in befremdliche Bilder. Indem das geschieht, kann ein infantiler Wunsch, den wir im Wachleben weit von uns weisen würden, seine phantastische, «halluzinatorische» Erfüllung erfahren. Trotz aller spektakulären Dramatik, die manche Träume auszeichnet, trotz allen verpönten Geschehens, in dem der Träumer als unmoralisches Wesen wie in einem Gangster-Film mitagiert, vollzieht sich doch eine Art Wunscherfüllung. Ohne Deutung, ohne Traumanalyse wird sie dem Träumer allerdings nicht klar bewusst. Während des Schlafes muss der Sinn des ganzen Gebildes unkenntlich bleiben, denn «wüsste» ihn der Träumer – er wäre so beunruhigt, dass er nicht weiterschlafen könnte.

Freud findet heraus, dass im Traumleben nicht nur die bewusste Kontrolle des Schlafenden aussetzt, sondern dass auch die verbleibende Macht einer zensierenden Instanz, die um Aufrechterhaltung der Ordnung des seelischen Gefüges bemüht ist, durch die Mechanismen der Traumarbeit unterlaufen werden kann. Simpel formuliert heißt das: Die bei hellem Tage verdrängten infantilen Wünsche können sich im Traum schadlos halten. Im seelischen Gebilde des Traums öffnen sich, ähnlich im hypnoiden Zustand der Hypnose (Hypnos heißt Schlaf), die Grenzen zwischen zwei unterschiedlichen Absichten.

In der «Psychopathologie des Alltagslebens» findet Freud vergleichbare seelische Produktionen bei so genannten Fehlleistungen wie Vergessen, Verlieren, Sich-Versprechen. Ähnlich steht es aus psychologischer Sicht auch mit dem Witz: Für das Bewusstsein Unvereinbares findet seinen Ausdruck in einem Kompromiss.

In diesen Kontext gehört auch die Dissertation von Sabina Spielrein. Sie untersucht einen Fall von Schizophrenie, jedoch nicht mit der Heilungsabsicht einer Ärztin, sondern mit der Frage der Wissenschaftlerin nach dem Funktionieren des Seelischen. Sie «übersetzt» die ver-rückte Rede einer Schizophrenen mit psychoanalytischer Deutungstechnik als Symbolisierungen. Zum Beispiel: Statt zu sagen «Ich wurde beim Sexualakte verunreinigt», versetzt die Patientin ihr Erlebnis in die kollektive, mythische Vergangenheit der Menschheit. «[...] sie löst gleichsam ihren Schmerz unter den vielen analogen Vorstellungen im allgemeinen Weltschmerze auf, den wir als Erbstück unserer Ahnen in uns beherbergen.» Ganz im Sinn der Jung'schen analytischen Psychologie heißt es: «Sie spricht auch deshalb die Sprache der mythologischen Denkweise: nicht sie, als Einheit, nein, die Frau im allgemeinen wurde verunreinigt, weil die Alten in der Erde eine besonders mächtige Frau, gleichsam die Summation des Begriffes ‹Frau›, die ‹Mutter genetrix› erblickten. [...] Der Komplex wird dadurch des Persönlichen beraubt.»[174]

Im letzten Satz ihrer Dissertation klingt bereits das Thema ihrer nächsten Studie an: «Endlich möchte ich noch besonders die enorme Wichtigkeit der von Freud entdeckten ‹Darstellung durchs Gegenteil› für die Entstehung der Wahnbilder hervorheben. Ein besonders wichtiger Fall davon ist die Darstellung der Sexualbetätigung durch Todessymbolik. Die Ursache dieser Erscheinung liegt nach meiner Ansicht im Wesen der Sexualbetätigung selber, und zwar genauer gesagt, in den beiden antagonistischen Komponenten der Sexualität.»[175]

In dem Aufsatz «Die Destruktion als Ursache des Werdens» steckt gewiss auch ein Stück Selbstbehandlung. Jung hat die Liebe destruiert – daraus muss sich doch etwas machen lassen für das eigene Werden. Aber so simpel ist es nicht. Es geht Spielrein vielmehr um den komplizierten Sachverhalt der «Destruktionskomponente der Sexualität». Mancher hat darin eine Vorwegnahme des «Todestriebes» sehen wollen, den Freud 1920 in «Jenseits des Lustprinzips» herleitet. Unter Bezugnahme auf Mythologie und Dichtung kommt Spielrein zu dem Schluss: «Die Welt kann nur dann erlöst werden, wenn das Leben zum Ursprunge zurückkehrt, was symbolisch [im Ring des Nibelungen] so dargestellt wird, daß der Ring [Leben] an seine Ursprungsstätte, aus der er geholt wurde, zurückgegeben wird.»[176]

Mit dem Jahr 1907 hatte sich also der Wirkungskreis psychoanalytischer Ideen entschieden erweitert. Freud berichtet: «Eine Zuschrift von Bleuler hatte mich schon früher wissen lassen, daß meine Arbeiten im ‹Burghölzli› studiert und verwertet würden. Im Jänner 1907 kam der erste Angehörige der Züricher Klinik, Dr. Eitingon, nach Wien [...]; endlich kam es über Einladung von C. G. Jung, damals noch Adjunkt am Burghölzli, zu einer ersten Zusammenkunft in Salzburg im Frühjahr 1908, welche die

Freunde von Wien, Zürich und anderen Orten her vereinigte. Eine Frucht dieses ersten psychoanalytischen Kongresses war die Gründung einer Zeitschrift, welche als ‹Jahrbuch für psychoanalytische und psychopathologische Forschungen›, herausgegeben von Bleuler und Freud, redigiert von Jung, im Jahre 1909 zu erscheinen begann.»[177] Freud ist entzückt, als er im Januar 1909 die ersten vierzehn Bogen des Jahrbuches in Händen hat. «Jung hat das prächtig zustande gebracht. [...] Es wird sich sehen lassen können.»[178]

Im Jahr 1909 wird Sigmund Freud von Stanley Hall, dem Präsidenten der Clark University in Worcester bei Boston, in die Vereinigten Staaten eingeladen, um anlässlich der zwanzigjährigen Gründungsfeier des Instituts Vorträge in deutscher Sprache zu halten. Der ebenfalls eingeladene C. G. Jung hatte die Kontakte geknüpft. Dass Jung mitgeht, macht die Reise für Freud zu etwas ganz Bedeutungsvollem. «Um diese Zeit des Jahres acquiriere ich eine auffällige Ähnlichkeit mit Kolumbus. Ich sehne mich, wie er, nach – Land; wir verstehen aber nicht immer Amerika darunter [...]. Es war die Verwirklichung eines unglaubwürdigen Tagtraumes, als ich in Worcester den Katheder bestieg, um meine ‹Fünf Vorlesungen über Psychoanalyse› abzuhalten. Die Psychoanalyse war also kein Wahngebilde mehr, sie war zu einem wertvollen Stück Realität geworden.»[179]

Die Vorlesungen werden im «American Journal of Psychology» in englischer Übersetzung, bald darauf deutsch unter dem Titel «Über Psychoanalyse» veröffentlicht. Jung las über diagnostische Assoziationsstudien und über «Konflikte der kindlichen Seele». Sechs Wochen lang, vom 19. August bis zum 29. September 1909, sind die Freunde, begleitet von Sándor Ferénczi, gemeinsam unterwegs.

So kann es eigentlich nicht verwundern, dass Freud in der «Angelegenheit Sabina Spielrein» Partei ergreift für seinen Mitstreiter C. G. Jung. Freuds Interesse am Gedeihen seines Lieblingskindes, der Psychoanalyse, fundiert nun einmal seinen Umgang mit den Menschen, ob es sich um Frauen handelt oder um Männer. Jung steht zu dieser Zeit in seiner Gunst. Er ist auch ein Trost, als sich die Spannungen zwischen Alfred Adler und Freud so stark zuspitzen, dass es am 11. Oktober 1911 zur Trennung kommt.

«Etwas müde von Kampf und Sieg», so die Mitteilung an C. G. Jung, «teile ich Ihnen mit, daß ich gestern die ganze Adlerbande (6 Stück) zum Austritt aus dem Verein genötigt habe. Ich war scharf, aber kaum ungerecht. Sie haben einen eigenen Verein für ‹freie Psychoanalyse› gegründet, im Gegensatz zu unserem unfreien, wollen ein besonderes Journal herausgeben usw., dennoch beharrten sie auf ihrem Recht, bei uns zu bleiben, natürlich um sich auf parasitärem Wege mit Anregungen und Stoff zum Verdrehen zu versorgen. Ich habe diese Symbiose unmöglich gemacht. Am selben Abend nahmen wir drei Mitglieder auf, Stärcke und Emden in Holland und – Frl. Dr. Spielrein, die mir unerwartet ins Haus gefallen ist. Sie fand, daß ich nicht bösartig aussehe, wie ich nach ihrer Vorstellung sollte.»[180]

Nun ist Sabina Spielrein also Mitglied der Wiener Vereinigung und nimmt an den Sitzungen der Mittwoch-Gesellschaft teil. Freud schätzt ihre Beiträge sehr, was er C. G. Jung gelegentlich mitteilt: «Die Spielrein hat in letzter Sitzung zuerst das Wort ergriffen und war sehr klug und geordnet.»[181] Als der Verlag Deuticke Bedenken äußert gegen die Veröffentlichung von Dissertationen im Jahrbuch, betont Freud in seinem Brief vom 16. September 1911 Jung gegenüber: «Arbeiten wie die von Spielrein sind wert, im ‹Jahrbuch› zu erscheinen. [...] Gleichgültig, ob etwas eine Dissertation ist oder nicht, wenn die Arbeit uns, speziell Ihnen paßt, ist doch nichts dreinzureden. Die Arbeit der Spielrein gehört doch gewiß nur ins ‹Jahrbuch›.»

Im November 1911, Sabina Spielrein lebt für ein Dreivierteljahr in Wien, debütiert die 26-jährige Ärztin mit einem Vortrag «Über Transformation». Auch darüber schreibt Freud unmittelbar an C. G. Jung: «Die Spielrein hat gestern ein Kapitel aus ihrer Arbeit vorgetragen», dann folgt in Klammern eine kleine Macho-Häme: «bald hätte ich das Ihrer groß geschrieben». Eine fruchtbare Diskussion habe sich angeschlossen. «Mir fielen einige Formulierungen gegen Ihre (jetzt ernsthaft) Arbeitsweise in der Mythologie ein, die ich der Kleinen auch vorbrachte. Sie ist übrigens recht nett, und ich fange an zu begreifen.»[182]

In einer Tagebucheintragung von Sabina Spielrein heißt es Anfang 1912: «Wien! Fast ein ganzes Jahr um Wie viele schwere Zeit verflossen. Der Leser würde fragen ‹Wie ist denn der Schlu?› Es war kein Schluss, es war Vieles und noch kein Schluss. Fort von Zürich in die Ferien nach Montreux. [...] von da – nach München wegen der Kunstegeschichte, hier in voller Einsamkeit meine Arbeit ‹Destruktion als Ursache des Werdens vollendet›. Wegen Dr. J. der mir die Arbeit wo anders zu drucken empfohlen kommt die Arbeit jetzt, ein halbes Jahr später doch ins Jahrbuch. Wir sind Freunde. Meine erste Arbeit hatte grossen Erfolg. Nun bin ich tatsächlich auf Grund meiner Dissertation Mitglied der Psychoanalyt. Vereinigung geworden. Prof. Freud, den ich innigst lieb gewonnen habe ist für mich sehr begeistert und erzählt allen über meine ‹grossartige Arbeit›, auch ist er mir persönlich gegenüber sehr lieb eingestellt. Alles, was ich mir somit bis dato wünschte ist erfüllt mit Ausnahme des einen: wo ist der, den ich lieben könnte, den ich als Frau und Mutter unserer Kinder glücklich machen könnte?»[183]

Der lebt in Sabina Spielreins Heimatstadt Rostow und heißt Pawel Scheftel. Sie heiratet noch in diesem Jahr 1912 den jüdischen Arzt, der im Jahr darauf Vater ihrer Tochter Renata wird.

Freud gratuliert zu der großen «Neuheit»: «Sie sind also jetzt Frau, u das heißt für mich von Ihrer neurotischen Anhänglichkeit an Jung halb geheilt. Sonst hätten Sie sich ja nicht für eine Heirat entschloßen. Bleibt noch die andere Hälfte; die Frage ist, was geschieht mit der. Ich wünsche, daß Sie ganz geheilt sein sollen.

[…] Daß Sie von unserer Sache nicht abfallen, sondern ihr vielmehr ein wertvolles Mitglied zuführen werden, nehme ich für sicher an.»[184] Mehrfach bietet Freud Sabina Spielrein psychoanalytische Gespräche mit ihm an, die sie nicht wahrnimmt. Er schreibt, dass sie sich nur von ihrer Anhänglichkeit befreien werde, wenn sie dem Hass, der berechtigterweise in ihr steckt, wird Ausdruck geben können.

Es ist zu vermuten, dass die Verbindung mit Scheftel keine Liebesheirat war, sondern ein mutiger Schritt, mit dem Sabina Spielrein die Entstehung des Neuen in ihrem Leben forcieren wollte. Freuds Antwortbriefen aus späteren Jahren kann man entnehmen, dass sich Sabina Spielrein vom Schatten ihrer ersten Liebe nicht trennen konnte; vielleicht wollte sie auch nicht auf die Bewahrung ihrer ersten Liebe verzichten.

Als es 1913 schließlich zum Zerwürfnis zwischen Jung und Freud kommt, bemüht sich Spielrein um Vermittlung. Das findet Freud rührend, aber nicht sinnvoll. «Mein persönliches Verhältnis zu Ihrem germanischen Heros», lässt Freud sie im Januar 1913 wissen, «ist definitiv in die Brüche gegangen. Sein Benehmen war zu schlecht. Es hat sich in meinem Urteil über ihn viel geändert seitdem ich jenen ersten Brief von Ihnen erhielt. Die Kooperation in der Wissenschaft bleibt voraussichtlich erhalten.»[185]

Und noch einmal im Mai 1913: «Es thut mir leid zu hören, gerade jetzt, daß Sie sich in Sehnsucht nach J. verzehren, wo ich besonders schlecht mit ihm stehe und beinahe bei der Überzeugung angelangt bin, daß er das große Interesse nicht wert ist, das ich ihm geschenkt habe.»[186]

Als die Trennung vollzogen ist, bittet er auch Dr. Spielrein-Scheftel, sie möge sich entscheiden, zu welcher Gruppe sie sich bekennt. Spielrein bleibt bei den Freudianern und hält 1920, 1922 und 1923 Vorträge auf psychoanalytischen Kongressen.

Immer wieder versucht sie Fuß zu fassen – in Berlin, München, Lausanne, Château d'Oex und Genf. Dort arbeitet sie im Umkreis von Edouard Claparède und analysiert über acht Monate dessen Assistenten Jean Piaget, der später mit seiner Entwicklungspsychologie der Intelligenz berühmt wird. Seit sie Mutter ist, steuert auch Sabina Spielrein kleinere Studien zur Entwicklung des Kindes bei. Eine Zeit lang sucht sie ihr Glück in der Musik und studiert Komposition.

Nachdem bereits ihre Brüder Isaak (Philosoph und Psychologe) und Jan (Mathematiker und Physiker) 1919 aus Überzeugung in das sowjetische Russland zurückgekehrt sind, folgt ihnen Sabina Spielrein 1923 mit Mann und Tochter. Sie wird Mitglied der Psychoanalytischen Vereinigung in Moskau und des dortigen Instituts für Psychoanalyse, betreibt den Aufbau eines Kinderheims und einer Kinderklinik mit psychotherapeutischer Ausrichtung und übernimmt dessen Leitung. 1924 kehrt sie schließlich in ihre Heimatstadt Rostow zurück, wo 1925 ihre zweite Tochter Eva geboren wird.

1936 ergeht ein offizielles Verbot der Psychoanalyse in der Sowjetunion. Ihre Brüder «verschwinden. Es wird vermutet, daß alle drei Brüder hingerichtet werden (sie werden 1956 auf dem XX. Parteikongreß von Chruschtschow rehabilitiert).»[187]

Nachdem Deutschland im Juni 1941 die Sowjetunion angegriffen hatte, wird auch Rostow von den Deutschen besetzt. Im Sommer 1942 wird Sabina Spielrein «das letzte Mal in einem Zug von Juden gesehen, der in Richtung der Smeerskij-Schlucht getrieben wird»[188]. Man sagt, dass sie zusammen mit vielen anderen Juden in eine Kirche getrieben und dort erschossen wurde.

Noch vor dem Ausbruch des Ersten Weltkriegs hatte Freud – ohne jede Ahnung, bis zu welch irrsinnigem Ausmaß die Ablehnung von Juden würde eskalieren können – der schwangeren Sabina Spielrein geschrieben: «Ich freue mich sehr zu hören, daß Sie korrekt mit der halben Zeit sich mit Gegenwart u Leben zu versöhnen beginnen. Hoffentlich erspart Ihnen diese schlechte Zeit eine

Analyse. Ich kann es gar nicht hören, wenn Sie noch von der alten Liebe und den verflossenen Idealen schwärmen und rechne auf einen Bundesgenossen in dem großen, kleinen, Unbekannten.

Selbst bin ich wie Sie wissen, von jedem Rest von Vorliebe fürs Ariertum genesen u will annehmen, wenn es ein Junge wird, daß er sich zum strammen Zionisten entwickeln soll.

Schwarz muß er oder es auf jeden Fall werden, kein Blondkopf mehr, lassen wir die Irrlichtereien fahren!» Das bezieht sich auf Spielreins ausgedehnten Tagtraum, von dem «blonden Siegfried», alias C. G. Jung, ein Kind zu empfangen.

«Grüße an Jung werde ich in München nicht ausrichten, das wissen Sie. Ihnen will ich aber alles Gute wünschen, einen Überschuß von Zärtlichkeit, Humor und Verständnis, damit noch vieles davon auf das kleine, junge Leben übergehe.

Wir sind und bleiben Juden. Die Anderen werden uns immer nur ausnützen und uns nie verstehen oder würdigen.

Mit vielen herzlichen Grüßen – Ihr Freud.»[189]

Ergänzung
Lou Andreas-Salomé: Muse, Meister und Narzissmus

«Als ich mit seinen Rosen fortging, da freute ich mich, daß ich ihm auf meinen Wegen begegnet war und ihn *erleben* durfte: als meinen Wendepunkt.»

Lou Andreas-Salomé

Am 27. September 1912 erhält Sigmund Freud folgenden Brief:

«Hochgeehrter Herr Professor, seitdem ich im vorigen Herbst dem Weimarer Kongreß beiwohnen durfte, hat mich das Studium der Psychoanalyse nicht mehr losgelassen, und es hält mich immer fester, je tiefer ich hineinkomme. Nun erfüllt sich mir der Wunsch, für einige Monate nach Wien gehen zu können: nicht wahr, ich darf mich dann an Sie wenden, Ihr Kolleg besuchen, und auch die Zulassung zu den Mittwoch-Abenden von Ihnen erbitten? Mich dieser Sache nach allen Seiten zu widmen, ist der einzige Zweck meines Aufenthaltes dort.
In ausgezeichneter Hochachtung. Lou Andreas-Salomé.»[190]

Postwendend antwortet Freud: «Verehrte gnädige Frau. Wenn Sie nach Wien kommen, werden wir alle bemüht sein, Ihnen das Wenige, was sich an der Psychoanalyse zeigen und mitteilen läßt, zugänglich zu machen. Ich habe bereits Ihre Teilnahme am Weimarer Kongreß als ein günstiges Vorzeichen gedeutet. In vorzüglicher Ergebenheit. Ihr Freud»[191]

Wer ist diese Frau, die Freud so charmant behandelt, dass er ihr sein Geisteskind Psychoanalyse sowie seine Mitstreiter gleichsam zu Füßen legt?

Lou Andreas-Salomé, 1897

Sie wurde 1861 als Louise von Salomé in St. Petersburg geboren. Als sie sich Freud und der Psychoanalyse zuwendet, kann sie bereits auf ein halbes Jahrhundert Lebensgeschichte zurückblicken. Früh hat sie mit dem Schreiben begonnen, sodass man durch ihre Veröffentlichungen von ihr weiß.

Lou Andreas-Salomé kommt nicht als Unbekannte zur Psychoanalyse und nicht von ungefähr. Gegenstand ihres zuletzt veröffentlichten Buches ist «Die Erotik» (1910), erschienen in der Reihe «Die Gesellschaft. Sammlung Sozialpsychologischer Monographien», herausgegeben von dem jüdischen Religionsphilosophen Martin Buber. In der «Totalergriffenheit des Wesens» liegt für Lou Andreas-Salomé der Kern der erotischen Verfassung. Totalität, Ganzheit, Einheit, Ursprung, Intuition, Dionysisches, alles Erleben jenseits der Differenzierung in Bewusstes und Unbewusstes, Innen und Außen, Trieb und Objekt ist ihr spezielles Thema. So ist es zunächst ganz unverständlich, dass sie sich ausgerechnet der Psychoanalyse, dem methodischen Zerlegen des Seelischen, zuwenden will.

Lou Andreas-Salomé ist eine außerordentlich gescheite und schöne Frau. Sie wagt es, auf eigenes Risiko zu leben, zu lieben, zu denken und zu schreiben. Als kleine Schwester von drei «großen» Brüdern hat sie erst gar nicht versucht, den besonderen Regeln zu folgen, die für kleine Mädchen gedacht waren. Schnell hat sie erspürt, dass dies nur auf Einschränkungen hinauslief. Nichts aber war ihr verhasster als die Begrenzung ihres Spielraums, ihrer Erkundungen, ihrer Expansionsgelüste. Wenn sie als kleines Mädchen über unlösbare Probleme stolperte, unterhielt sie sich mit dem «lieben Gott» und verlangte, dass er es richten möge – in ihrem terrestrisch befangenen, kindlichen Interesse. Das Kind Louise hat sich für die Welt entschieden. «Himmel» und «Gott» werden erst später, abgewandelt zu philosophischen Fragen, zum Gegenstand ihres ersten Romans «Im Kampf um Gott» (1885).

Das Fundament für die Lebensmutwilligkeit der Lou Andreas-

Salomé hatte ein General des Zaren Alexander II. geschaffen, der ihr Vater war. Als erwachsene Frau erinnert sie sich gern «jener Zärtlichkeit, die Mund und Augen meines Vaters für mich gehabt, zugleich geeint unbezweifelbarer Machtfülle»[192]. Abgöttisch liebte der 57-Jährige sein blond gelocktes Töchterchen, das ihn von Anfang an mit ihrem kindlichen Charme um den Finger wickeln konnte. Die Mutter, neunzehn Jahre jünger als der Vater, sieht das mit gemischten Gefühlen. Die Familie lebt in einer großzügig ausgestatteten Dienstwohnung im Gebäude der Generalität gegenüber dem Winterpalais des Zaren in Petersburg. Zu Louises Geburt schickte der Zar selbst ein Glückwunschschreiben. Nicht nur der Tochter imponiert der General Gustav von Salomé als starker, schöner, liebevoller Mann. Männer, die später ihre Beachtung finden, folgen zumeist diesem Modell – auch Sigmund Freud.

Louise ist sechzehn Jahre alt, als der Vater stirbt. Mit ihrer ganzen halbkindlichen Liebe bindet sie sich an den Geistlichen Hendrik Gillot, der sie anleitet, sich mit religionsphilosophischen Fragen auseinander zu setzen. Er macht sie mit Spinozas Philosophie vertraut, die ihr Weltbild entscheidend formt. Nachdem Gillot sie in Zandvoort (Holland) konfirmiert hat, wendet sie sich abrupt von ihm und von der Kirche ab, als ihr der Mann körperlich allzu nahe kommt. Was wirklich vorgefallen ist, bewahrt sie als Geheimnis. Den Namen «Lou», unter dem sie bekannt wird, hat Gillot ihr gegeben.

1880 verlässt Lou in Begleitung der Mutter die russische Heimat und nimmt in Zürich ein Studium der Theologie und Kunstgeschichte auf. Wegen ihrer schwachen körperlichen Konstitution, sie erkrankt an Bluthusten, raten die Ärzte zur Reise in südlichere Gefilde. Nach dem Aufenthalt in verschiedenen oberitalienischen Kurorten soll der Süden weiterhelfen.

Lou begibt sich 1882 nach Rom. Dort wird sie in einen philosophischen Kreis um Malvida von Meysenbug aufgenommen, lernt den psychologisch gesinnten Philosophen Paul Rée kennen, der sich in sie verliebt und sie zugleich seinem Freund Friedrich Nietzsche als begabte Schülerin empfiehlt. Auch Malvida von Meysenbug lässt Nietzsche wissen, dass Lou «im philosophischen Denken zu denselben Resultaten»[193] gelangt sei wie er. Das Studieren wird für Lou zur Lebensform. Der Mutter gefällt das gar nicht; es kommt zu dramatischen Spannungen und 1883 zur Trennung.

Nietzsche reagiert prompt, indem er Rée wissen lässt, dass er auf diese Art von Seelen zurzeit lüstern sei, und reist eigens aus Genua an. Er hatte 1879 seine Baseler Professur aufgegeben, um als «fugitivus errans» in Freiheit zu philosophieren. «Die fröhliche Wissenschaft» war gerade erschienen, und «Also sprach Zarathustra» würde bald folgen. Es kommt zu einer filmreifen, perfekt inszenierten Begegnung zwischen Lou von Salomé und Nietzsche im Petersdom, «wo Paul Rée, in einem besonders günstig zum Licht stehenden Beichtstuhl, seinen Arbeitsnotizen mit Feuer und Frömmigkeit oblag». Nietzsches «erste Begrüßung meiner waren die Worte: ‹Von welchen Sternen sind wir uns hier einander zugefallen?›»[194] Das wirkt auf die gerade 21-Jährige, die später von ihrer «Kalbrigkeit» berichtet, ein wenig komisch und allzu feierlich.

Auf dem Monte Sacro, oberhalb der kleinen italienischen Stadt Orta am Ortasee, sind Nietzsche und Lou ein erstes Mal ohne Begleitung. Der 38-jährige Philosoph empfindet diesen Ausflug als «den entzückendsten Traum»[195] seines Lebens. So leicht ist ihm ums Herz, dass er Lou küsst und am liebsten heiraten möchte. Doch Lou schätzt ihn, wie damals Gillot, als Mentor, der ihr Denken befeuern soll, nicht aber ihre körperliche Liebe. Sie verhält sich reserviert und bindet sich an Paul Rée, der ihre Bedingungen des Zusammenseins nolens volens akzeptiert.

Um miteinander zu studieren, treffen Lou von Salomé und Friedrich Nietzsche noch einmal im thüringischen Tautenburg zusammen. Die Studentin hat keine Scheu, sich ohne ‹Anstandsbegleitung› auf die Begegnung einzulassen. Über Konventionen setzt sie sich mit selbstbewusster Entschiedenheit hinweg. Nietzsches Schwester Elisabeth, die als Anstandsdame für ihren Bruder ebenfalls nach Tautenburg gekommen ist, findet das widerwärtig. Sie ist besorgt um den guten Ruf ihres Bruders, befürchtet seinen Sündenfall und platzt vor Eifersucht und Neid, da sie in die Gespräche nicht einbezogen wird. Nach Lous Abreise intrigiert Elisabeth gegen die Rivalin. Unter anderem berichtet sie Nietzsche, Lou hätte ihn im Bayreuther Wagner-Kreis lächerlich gemacht und ihm die Absicht auf eine «wilde Ehe» unterstellt. Nietzsche ist entrüstet. Er verurteilt Lou von Salomé und wendet sich seinerseits von ihr ab. Die beiden im Denken intim verbundenen Menschen werden einander nie wiedersehen.

Lou zieht mit Paul Rée nach Berlin, der einen Kreis «kühler Denker» um die geliebte junge Frau versammelt, die mit ihm nach allem, was wir wissen, wie eine Schwester zusammenlebt. Doch 1886 springt sie unvermittelt in eine neue Beziehung – als würde sie Schutz suchen vor der andrängenden Liebe Rées. 1887 heiratet sie in St. Petersburg den aus Armenien stammenden deutschen Orientalisten Friedrich Carl Andreas, der in einer Pension zufällig ihre Bahn gekreuzt hat.

Mit der Eheschließung setzt Lou der Rätselhaftigkeit des Lebens gleichsam ein Symbol oder eine Art Denkmal. Treu ergeben liebt sie ihren Mann, beharrt aber auf einem in Sachen Sexualität asketischen Leben. Sie versagt sich und ihm die eheliche Intimi-

Im Zentrum der Erzählungen, Essays und Bücher der Lou Andreas-Salomé stehen Kunst, Religion und Liebe als Verfassungen, die darauf zielen, die Spaltung der Individuation aufzuheben. Besondere Aufmerksamkeit schenkt sie auch den Irritationen weiblicher Lebensentwürfe in der Auseinandersetzung mit der einengenden Moral der Zeit. Sie bricht eine Lanze für die Liebe, die von der Frau frei und selbstverständlich gewählt und ebenso beendet werden kann. Ab 1913 erscheinen ihre Beiträge zur Psychoanalyse.

tät, was sie bereits zur Bedingung der Eheschließung gemacht hatte.

Als Lou Andreas-Salomé im Alter von dreißig Jahren durch ihre Liebe zu dem Politiker Georg Ledebour zu spüren beginnt, dass sie für dieses Nonnenleben doch nicht geeignet ist, bricht sie aus in die Kulturgeschichte der Moderne. Zuvor hatte sie ein Buch über die Frauengestalten des norwegischen Dramatikers Henrik Ibsen geschrieben (1892) und die erste Monographie überhaupt über «Friedrich Nietzsche in seinen Werken» (1894) veröffentlicht. Auf ihren Reisen zu den Künstlerkreisen in Wien, München, Berlin, Paris geht ihr der Ruf voraus, sie habe Nietzsche persönlich gekannt. Das wirkt wie ein Heiligenschein in einer Zeit, da Nietzsches Werk die Intellektuellen und Künstler zu faszinieren beginnt.

Mehr und mehr wendet sich Lou Andreas-Salomé nach einer langen Periode des philosophisch-intellektuellen Erfassens dem literarisch-künstlerischen Gestalten zu. Nach zahlreichen Beiträgen in der Zeitschrift «Die freie Bühne» und in der «Vossischen Zeitung» entstehen Erzählungen und Romane.

Mit dem vierzehn Jahre jüngeren Rainer Maria Rilke, der als 22-Jähriger seine Dichter-Karriere noch vor sich hat, erfährt sie 1897 ihre große Liebe. Sie fordert und fördert ihn, erschrickt über seine seelische Brüchigkeit und trennt sich 1900 wieder von ihm und von der mütterlichen Rolle, die er ihr zugedacht hat. Es folgt eine Vielzahl von Liebesbeziehungen. Alle maßgeblichen Künstler der Zeit suchen ihre Nähe. Aber keiner kann sie festhalten. Immer wieder zieht sie sich zurück in das Leben mit ihrem Mann, zunächst in Berlin, von 1903 an in Göttingen, wo Andreas eine Professur erhält.

Das Schreiben und der Fixpunkt Andreas sorgen dafür, dass ihr Leben nicht zersplittert. Lou Andreas-Salomé ist bereit, einen hohen Preis für ihre Freiheit zu zahlen. Sie bleibt kinderlos und erduldet, dass ihr Mann mit der Haushälterin ein Mädchen zeugt.

Der psychoanalytische Kongress in Weimar, September 1911.
In der Mitte stehend Sigmund Freud, rechts neben ihm C. G. Jung.
In der ersten Reihe Fünfte von links: Lou Andreas-Salomé.

1911 begleitet die fünfzigjährige Lou Andreas-Salomé ihren Liebhaber Poul Bjerre, einen schwedischen Arzt, der sich der Psychoanalyse zugewandt hat, zum Kongress der Psychoanalytiker nach Weimar. Mit dekorativer Pelzstola figuriert sie, ganz in der Nähe Freuds, auf dem berühmten Gruppenfoto mit vierundvierzig Herren und acht Damen.

Glücklich über Freuds freundliches Entgegenkommen reist Lou in Begleitung ihrer Freundin Ellen Delp also 1912 nach Wien. «Als, am 25. Oktober, Ellen und ich bei der Einfahrt in Wien am Waggonfenster standen, dachten wir: nun ist doch alles schon in seinen Zusammenhängen bestimmt, d. h. schon da, was uns hier begegnen wird. [...] beim ersten Pensionssuchen stoß ich auf Dr.

Jekels [Mitglied der Wiener Psychoanalytischen Vereinigung seit 1909]; er benachrichtigt mich vom grade heute fälligen Kollegbeginn Freuds; Freuds Wohnung, wo ich mir die Einlaßkarte hole, erweist sich als in allernächster Nähe; das Auditorium, das ich in der Universität suche, sogar fast vor der Tür des von uns erwählten Zitahotels. Und wenige Schritt weiter das Restaurant von Freudianern nach dem Kolleg und auch sonst: die Alte Elster. – Das ist ein anheimelnder Anfang.»[196]

So beginnt sie am 26. Oktober ihr Wiener Tagebuch, das am 6. April 1913 mit den Sätzen endet: «Am Sonntag letzter Besuch bei Freud. Am Teetisch sprachen wir [...]. Als ich mit seinen Rosen fortging, da freute ich mich, daß ich ihm auf meinen Wegen begegnet war und ihn *erleben* durfte: als meinen Wendepunkt.» Was ist geschehen?

Während des Wintersemesters 1912/13 – vom 25. Oktober 1912 bis zum 6. April 1913 – findet sich Lou Andreas-Salomé jeden Sonnabend um acht Uhr im Hörsaal der Psychiatrischen Klinik ein, um Freuds Vorlesung über «Einzelne Kapitel aus der Lehre von der Psychoanalyse» zu hören. Außerdem nimmt sie an den Diskussionsabenden der «Psychologischen Mittwoch-Gesellschaft» teil. Ein Curriculum für die Ausbildung von Psychoanalytikern gibt es noch nicht. Es geht erst im Lauf der Jahre hervor aus einer Reihe von Kursen, die einzelne Analytiker anbieten. So besucht Lou auch die «theoretische und praktische Einführung in die Psychoanalyse» (im «Institut für Therapie nervöser Gehstörungen») des Dr. Viktor Tausk, der, sechzehn Jahre jünger als sie, ihr neuer Liebhaber wird. Spinoza und das Thema des Narzissmus führen sie zusammen.

Unversehens gehört die an Jahren nicht mehr junge Studentin Lou Andreas-Salomé noch einmal zu einer Gruppe von Wissenschaftlern, die – mal harmonisch, mal im Streit – das Seelenleben des Menschen beschreibt, interpretiert, diskutiert und analysiert. Wie damals nach den Gesprächen mit Nietzsche, Rée, Ebbinghaus, Simmel u. a. zeichnet Lou die wesentlichen psychoanalytischen Themen «In der Schule bei Freud» auf und kommentiert sie mit ihren Gedanken – in ihrer eigenwillig sibyllinisch-barock wirkenden Sprache.[197] Ihr eigenes Denken hat inzwischen festere Konturen erhalten, auch und nicht zuletzt durch Nietzsches Psychologie. Nietzsches Denken hat sie gründlich studiert und sich in manchen Zügen zu Eigen gemacht.

Als Lou Andreas-Salomé zu Freud kommt, sind einige der Fundamente des psychoanalytischen Systems schon gelegt: Würdigung des Traumes als vollgültiges seelisches Phänomen, Akzeptanz der zweizeitigen Entwicklung der Sexualität (infantil-polymorph und erwachsen genital organisiert), Anerkennung der unbewussten Wirksamkeit des Verdrängten. Im Kreis seiner Kollegen sieht sich Freud genötigt, mit seiner ganzen Autorität diese Konzepte zu verteidigen und vor der Verwässerung durch andere Denkfiguren zu bewahren.

Vor dem Hintergrund des Bruchs mit Alfred Adler (1911) sowie der Spannungen mit Wilhelm Stekel und C. G. Jung (1912/13) ist die prominente Schriftstellerin als neue Mitstreiterin Freud hochwillkommen. Mit ihrer philosophisch-psychologischen ‹Vorbildung› sieht sie Zusammenhänge zwischen der Tiefenpsychologie Nietzsches und den sich herauskristallisierenden «Schulen» von Freud, Adler und Jung. Nietzsches Auffassung zufolge streitet im Seelischen eine Vielzahl von «Willen» um die «Macht» der Handlungsführung. Ungebärdig andrängende «Triebe» oder «Willen» streben nach Realisierung. Sie suchen immer wieder die Gestalt des Verhaltens und Erlebens zu bestimmen.

In der Fassung, die Freuds Psychoanalyse 1912 angenommen hat, figuriert das Drängende als «seelische Energie» oder «Libido» (Luststreben) und das Gestaltende als das «Ich». Den «Sexualtrieben», die auf Mehrung und Erweiterung aus sind, stehen Grenzen setzende «Ichtriebe» gegenüber, die die Selbsterhaltung sichern wollen. Seelische Entwicklung sieht Freud als Aufbau spezifischer

Befriedigungsformen der infantilen Sexualität (oral, anal, phallisch), die sich in der Erwachsenheit dem Primat der Fortpflanzung unterordnen. Das alles geschieht im Rahmen des kulturzentrierten Lebensbildes der ehelichen Gemeinschaft mit ihrer spezifischen Moral. Die Untersuchung der Umbildungen sexueller Befriedigung (libidinöser wie aggressiver Art) rückt grundsätzliche Nöte und Errungenschaften der Kultivierung des Seelischen in den Blick. 1930 beschreibt Freud diese Lage als konstitutionelles «Unbehagen in der Kultur».

Nach anfänglicher Begeisterung für Freuds Entdeckungen sieht Alfred Adler nach dem Bruch mit Freud in dessen Rede von der Sexualität nur einen «Jargon» oder eine «Floskel». Adler missversteht Nietzsches «Willen zur Macht», indem er ihn reduziert auf eine Tendenz zum Obensein im Sinne von Machtausübung oder Machtdemonstration. In seiner Theorie tritt an die Stelle des Unbewussten ein trickreiches Inszenieren, das darauf zielt, die Stärke und Überlegenheit des eigenen Charakters zu «sichern». Therapeutisch regulierende Behandlung zielt in der Individualpsychologie Alfred Adlers darauf, das «Gemeinschaftsgefühl» zu stärken.

Zu Beginn ihres Wiener Aufenthalts besucht Lou Andreas-Salomé nach Rücksprache mit Freud auch die Gruppe der Adlerianer. Dort wirft sie sich offenbar gleich ins Zeug für Freuds Psychoanalyse und die Bewertung der Frau. Sie schreibt, sie hätte Adler scherzhaft ersucht, «das ‹Weibliche› ‹gefälligst positiver› zu fassen»[198]. Freud hatte zur Bedingung gemacht, dass Lou im jeweiligen Kreis nicht von den Diskussionen und Konzepten des anderen Kreises berichtete. Daran hält sie sich so konsequent, dass Freud selbst von ihrer Entscheidung für seine Gruppe erst Wochen später erfährt.

Um C. G. Jungs abweichende Auffassungen wird an den Diskussionsabenden der Mittwoch-Gesellschaft heftig gestritten. Jung stört an Freuds Psychoanalyse insbesondere die Akzentuierung der Sexualität «als Tatbestand», das heißt die allzu positivistische Rede von der Sexualität. Er will sie symbolisch verstanden wissen. Am Material des Sexuellen zeige sich anderes, und neben dem Sexuellen seien andere Bedürfnisse, beispielsweise «der Hunger»[199], mit gleicher Dringlichkeit am Werk. Jung entwickelt im Lauf der nächsten Jahre eine Theorie vom «kollektiven Unbewussten». Das Unbewusste berge mehr und andere «Komplexe», als das in der Lebensgeschichte des Einzelnen im Umgang mit dieser Mutter und diesem Vater verdrängte Begehren. Im Seelischen lasse sich die Wirksamkeit mythologischer Bilder, so genannter Archetypen, nachweisen, die gleichsam als zeitlose Kräfte das Verhalten und Erleben formen (Anima, Animus, die große Mutter, der Schatten u. a.). In den Bildungen von Religion, Kunst und Kultur sieht Jung «Symbole und Wandlungen der Libido» (1912) ins Bild gerückt. Vehement stellt er seine «philosophische» Orientierung gegen Freuds «naturwissenschaftliche Betrachtungsweise».

Man könnte erwarten, dass Lou Andreas-Salomé dem Ansatz von Jung zuneigen würde. Aber das ist nicht der Fall. Sie gibt der «nüchternen» Berachtungsweise von Freud den Vorzug. Das hat auch mit dem Menschen Sigmund Freud zu tun, den sie bewundert und lieb gewinnt. Ihre Beziehung zu Freud entwickelt sich und schlägt im Lauf ihres Lebens einen großen Bogen, beginnend mit dem Interesse an der Theorie wie am therapeutischen Handwerkszeug bis hin zu einer neuen Haltung.

Vor ihrer ersten Begegnung hielt Freud es noch für möglich, dass Lou Andreas-Salomé zu «Idealgeschwätz» neigen könne[200]. Lou selber kennt ihre Neigung, allzu schnell alles mit allem zu verbinden. Oftmals bekundet sie reuig vor Freud, sie wolle sich das abgewöhnen, wolle genauer die Phänomene betrachten und «zuwarten», ehe sie eine Synthese wagt. In ihrem «Lebensrückblick» schreibt sie, dass sie in der Schule bei Freud lernen musste, «sich mit rationaler Kleinarbeit am gegenständlichen Menschlichen abzugeben; [...] um sich der Gefahr zu entziehen, in einen bloßen blinden, weil blickblendenden Schwarm zu geraten: in den der ‹angenehmen Psychologie›»[201]. Damit meint sie eine Psychologie, die den seelischen Zusammenhang zugunsten eines vermeintlichen Bescheid-Wissens zurechtstutzt.

Bald schon kommt es zwischen Freud und Lou zu Gesprächen «à deux»: «Wir sprechen persönlich und verstehen uns gut.»[202] Freud bittet sie, in ihrem Hotel zu hinterlassen, wo sie erreichbar sei für den Fall, dass er unvorhergesehen Zeit erübrigen könne. Lou Andreas-Salomé hat keine der später üblichen «Lehranalysen» erfahren. In Anlehnung an Aristoteles' Lehrweise könnte man sagen, Freud habe mit ihr eine «peripatetische» Analyse durchgeführt. Denn es sind, neben den Einladungen in die Berggasse, meist Spaziergänge, die Gelegenheit für Gespräche lassen; oftmals zu später Stunde. Manches Mal kehrt die «Schülerin» mit einem Blumenstrauß von Freud im Arm zurück in ihr Hotel.

Wieder bemüht sich der inzwischen 56 Jahre alte Mann Sigmund Freud um ein klareres Bild vom so genannten dunklen Kontinent Frau. Anfang November 1912 bittet er Lou Andreas-Salomé für die «Imago», die «Zeitschrift für die Anwendung der Psychoanalyse auf die Geisteswissenschaften» (seit Januar 1912) «um einen freundlichen Beitrag [...], der die Beziehung der Psychoanalyse zu den Ihnen teuern Problemen des Frauenlebens behandelt»[203].

Vermutlich spielt Freud auf Lous Artikel «Der Mensch als Weib» an, der 1899 in der Zeitschrift «Neue Deutsche Rundschau» erschienen war. Hier geht sie von der These aus, dass die seelische Konstitution von Mann und Frau grundsätzlich verschieden sei – jedoch nicht im Sinne zweier ergänzungsbedürftiger Halbheiten, wobei der Mann den «aktiv schöpferischen Inhalt» in das «passiv empfangende Gefäß» füllen würde.[204] Das Eine, der Mensch, existiere vielmehr in zweierlei Gestalt, jede bringe das Menschliche voll zum Ausdruck – jeweils in ihrer Weise. Beide haben charakteristische Möglichkeiten, beide können aber auch ihre spezifische

Eigenart entstellen und verfehlen, besonders wenn sie die Eigenart des anderen für sich selbst verbindlich machen. Bereits in den Gegebenheiten von Ei und Samenzelle sieht Lou ein Analogon seelischer Eigentümlichkeiten.

Der Same zeige sich als das «geborene Fortschrittszellchen, als das unzufriedene, sich neue Ziele steckende, sich neue Arbeit schaffende, kurz als das durch Drang und Not sich entwickelnde Element [...] während die weibliche Eizelle einen Kreis um sich geschlossen hält, über den sie nicht hinausgreift. Wozu auch? Ist es doch, als besäße sie in ihm, in dieser Ausstrahlung ihrer selbst, ihre eigne natürliche Heimat rund um sich; als habe sie gewissermaßen die letzten Schritte aus sich heraus, in die Fremde, in die Leere, in die tausend vagen Wesens- und Lebensmöglichkeiten draußen, nicht mehr mitgemacht; als sei sie mit dem allerhaltenden unendlichen Ganzen noch unmittelbarer verbunden [...]. Deshalb liege im Weiblichen [...] die intaktere Harmonie, die sicherere Rundung, die in sich ruhende größere vorläufige Vollendung und Lückenlosigkeit.» Das ließe sich «mit der Ruhelosigkeit und Rastlosigkeit dessen, was sich begehrlich bis an die äußersten Grenzen vorwärts streckt und alle Kräfte immer stärker und spitzer zu spezialisierten Betätigungen spaltet und zersplittert», nicht vereinen.[205] Eine neue Version dieser Gedanken erscheint dann unter dem Titel «Zum Typus Weib» 1914 in der psychoanalytischen Zeitschrift «Imago».[206]

Am 2. Februar 1913 berichtet Lou in ihrem Tagebuch: «Freud sprach auch darüber, warum ich mich wohl so tief in die Psychoanalyse hineinbegeben habe. Ursprünglich war es kein anderes Interesse, als das ganz neutral sachliche, das sich aufmerksam gemacht fühlt auf Wege zu neuen Quellen. Dann kam aber belebend und persönlich wirksam, der Umstand hinzu, einer werdenden Wissenschaft gegenüberzustehn und gewissermaßen immer wieder am Anfang zu sein – und dadurch in einem steigend intimen Verhältnis zu ihren Problemen.

Das Dritte und Persönlichste, das den Ausschlag gab [für ihre Hinwendung zur Psychoanalyse], ist aber das intime Beschenktwerden selber, das von ihr ausgeht: dieses erstrahlende Umfänglicherwerden des eigenen Lebens durch das Sich-herantasten an die Wurzeln, mit denen es der Totalität eingesenkt ist. Wenn Freud lachend davon sagte: ‹Ich glaube, Sie betrachten die Analyse als eine Art von Weihnachtsbescherung!›, so mag das ja wahr sein, weil es sich bei mir nicht um Lösung von Verwirrungen zwischen Tiefe und Oberfläche handelte. [...] Denn von der Heimat unseres Affektlebens gilt wohl, daß das, was sonst überall nur eine Fiktion ist – Himmel und Hölle –, im Unbewußten uns aufbewahrt bleibt als unsere ewige Wirklichkeit.»[207]

Lou Andreas-Salomé wird für Freud in vielerlei Hinsicht wichtig. Er merkt, dass sie mit ihrer Auslegung der Psychoanalyse zum Verständnis der besonderen psychoanalytischen Denkweise bei Nicht-Medizinern beitragen kann. Er merkt auch, dass sie seine Gedanken oftmals in einen Kontext rückt, der eine ihm unvertraute Interpretation nahe legt. Wie wolkig sie es auch manchmal ausdrücken mag, Lou Andreas-Salomé ist imstande, die theoretischen Errungenschaften der Psychoanalyse aus der psychoanalytischen Terminologie zu lösen und zu übersetzen.

Freiherr Viktor von Weizsäcker, Begründer der Psychosomatik im Rahmen einer anthropologischen Medizin, hat das ganz besonders an ihr bewundert. «Ihre auch in jener Schrift an Freud[208] bekundete Freiheit gegenüber dem psychoanalytischen Schulbetrieb, ihre höchst persönliche Umformung der Doktrin kraft eigener Originalität hatten auf mich eine entlastende Wirkung. Man sah hier, daß man das, was wahr ist an einer Lehre, auch in andere Sprachen übersetzen kann [...]. Der seltene Fall, daß jemand diese Wissenschaft tief genug begriffen und doch eine eigene Persönlichkeit geblieben war, ist mir weder vor- noch nachher so hilfreich begegnet wie bei Lou Andreas-Salomé.»[209]

Vermutlich schätzte von Weizsäcker den Mut der Lou Andreas-

Salomé, Denkstil, Haltung und wissenschaftliche Ergebnisse der Psychoanalyse auf die Ebene einer Anthropologie zu transferieren. Lou Andreas-Salomé fragt über das von Fall zu Fall Beobachtbare und dessen Lokalisierung im psychoanalytischen System hinaus: Was sagt es über das Wesen des Menschen, dass sein Tun und Lassen bewegt wird von Sexualtrieben? Nach ihrer Interpretation rückt es die leibliche Konstitution des Seelischen in den Blick. Den Leib interpretiert Lou Andreas-Salomé als das nächststehende «Außenstück» oder «Gegenüber», an dem sich zeigt, dass der Mensch beschaffen ist wie alles Dingliche sonst, das ihn als das «Andere», «Fremde», «Hinzunehmende» umgibt. Freud habe den Menschen mitten unter die Dinge gestellt. «Bedenkt man, daß der Mensch ursprünglich unter nichts so fundamental gelitten haben kann, wie unter dem durch sein menschliches Bewußtwerden aufgerissenen Abgrund zwischen sich und dem Übrigen, seinem Stamm und der Welt, unter dem beginnenden Innen und Außen: so erscheint alles, was mit seiner Libido zusammenhängt, wie eine Oase in der Wüste [...]. Denn hier wenigstens einten sich Innen und Außen, er und die Welt noch einmal vollkommen.»[210]

Außerdem bewundert sie Freuds Mut, sich nicht den Denkkonventionen seiner Zeit anzupassen. Er versteckt sich nicht hinter objektiven Daten und Fakten. An der «Traumdeutung» zeige sich seine Unerschrockenheit. In der «Vorbemerkung» schreibt Freud: «Mit der Mitteilung meiner eigenen Träume aber erwies sich als untrennbar verbunden, daß ich von den Intimitäten meines psychischen Lebens fremden Einblicken mehr eröffnete, als mir lieb sein konnte und als sonst einem Autor, der nicht Poet sondern Naturforscher ist, zur Aufgabe fällt. Das war peinlich, aber unvermeidlich [...].»[211] Dass er das riskiert «inmitten einer ihn verhöhnenden Gegnermenge», nimmt Lou für ihn ein, «ich habe dadurch Respekt für den einfachen Heroismus dieses Lebens bekommen»[212]. Es ist die nämliche Haltung, die sie auch an Nietzsche sehr geschätzt hatte.

Ein anderer Zug, der ihr an Freud imponiert, liegt in seiner Gelassenheit und Geduld als Wissenschaftler. Er kann die Ausdeutung bestimmter Phänomene in der Schwebe lassen, statt sie, dem Wunsch nach klaren Verhältnissen folgend, vorschnell zu interpretieren. Das macht ihn für seine Schüler unsympathisch, meint Lou Andreas-Salomé, denn er verlangt auch von ihnen, dass sie darauf verzichten, «ihr Wissen von exakt Nachzuweisendem zu ergänzen durch Für-wahr-gehaltenes»[213].

Weiterhin macht sie auf ein Paradox aufmerksam: Ausgerechnet der «Rationalist» Sigmund Freud sieht sich genötigt, die Wirksamkeit des «Irrationalen» oder Unbewussten als Realität zu akzeptieren. Gerade er, der allem von ihm «philosophisch» Genannten misstraut, entdeckt die Macht des Unverfügbaren in den menschlichen Unternehmungen. Und ein Weiteres: Dieser traditionsbestimmte Mann, der ganz besonders das Gepflegte schätzt, wird durch die Ergebnisse seiner Untersuchungen genötigt, das «Primitive», «Primäre» der infantilen Sexualität und die Verdrehtheiten des erwachsenen Sexuallebens in den Blick zu rücken.

Die vitale Basis für Lou Andreas-Salomés eigenes Verständnis der Psychoanalyse liegt in ihrem geradezu liebevollen Sinn für die von Freud so genannte seelische Realität. Als Schriftstellerin ist Lou in besonderer Weise vertraut mit der Metamorphose von Traum, Tagtraum, Liebeswahn, Kunst/Dichtung und Kindlichkeit.

Es ist nicht zu übersehen, dass Freud der Frau Lou Andreas-Salomé anderen Spielraum gewährt für eigenwillige Denkfiguren als den männlichen Kollegen. Ihre Begeisterung darüber, an Entdeckungen beteiligt zu sein, ist für Freud ein Garant für Gemeinsamkeit. Anders als bei Adler und Jung zum Beispiel kann er sicher sein, dass es ihr nicht um Konkurrenz, Kritik und Entthronung geht. Wenn Lou seine Gedanken kommentiert und erweitert, ist es, als würde er in einen anders geschliffenen Spiegel blicken, sodass er das Eigene neu und anders betrachten kann. Das beflügelt sein eigenes Weiterdenken. Freud spürt, was Viktor von Gebsattel an Lou Andreas-Salomé so besonders gefiel: «Hintretend vor Viele, ohne Ende sich wandelnd, werden Sie immer den stärksten, eigensten Möglichkeiten im Andern Flugkraft verleihen, aus reiner Leidenschaft für die Fülle des Lebens jeden Einzelnen über seine gewohnten Grenzen hinaustreibend, kühl und begeistert zugleich.»[214]

Außerdem natürlich, und daraus macht er kein Hehl, beeindruckt und fasziniert Freud die Frau Lou Andreas-Salomé. Er wirbt um ihre Zuneigung. Wenn sie einmal ein Kolleg versäumt, lässt er sie wissen: «Ich vermißte Sie gestern in der Vorlesung und bin froh zu hören, daß Ihr Besuch im Lager des männlichen Protests [ironische Bezeichnung für den Kreis um Alfred Adler] an der Verursachung Ihres Ausbleibens unbeteiligt ist. Ich habe die Unart angenommen, den Vortrag immer an eine bestimmte Person im Hörerkreis zu richten, und starrte gestern wie gebannt in die Sitzlücke, die man für Sie gelassen hatte.»[215]

Als Lou an der letzten Vorlesung wegen einer fiebrigen Erkrankung nicht teilnehmen kann, schreibt Freud sehr offen: «Es tut mir sehr leid, [...] daß Sie am Samstag nicht bei mir waren. Ich war so meines Fixationspunktes beraubt und sprach unsicher. [...] Sie verwöhnen unser einen, der beständig in Versuchung ist, sich über die Menschen zu beklagen, durch ein Verständnis, welches über das Mitgeteilte in richtiger Fortsetzung hinausgeht, so daß dabei allerdings die Mahnung laut wird, sich nicht zu sehr verwöhnen zu lassen, um dann nicht zu viel entbehren zu müssen. Aber verständiger wäre es doch, man brächte sich dazu, die Gegenwart zu genießen, ohne an die notwendige Folge zu denken. Darum hoffe ich auch, Sie noch vor Ihrer Abreise, also im Monat März, viel sehen und sprechen zu können.»[216]

Sigmund Freud und Lou Andreas-Salomé bleiben einander liebevoll-freundschaftlich verbunden – ihr Leben lang. Einige Monate nach ihrer Abreise bittet Lou um ein bestimmtes Foto von Freud. Dessen Antwort: «Verehrte Frau. Ich gehe auf Ihre Absicht (mit einer Modifikation) ein, wenn ich dabei ein gutes Geschäft machen kann, dh: wenn ich für mein Konterfei Ihr Bildnis erwerbe.»[217] Das gewünschte Foto könne er leider nicht schicken, er wisse nur, dass es ein Züricher Fotograf aufgenommen hatte; ersatzweise stellt er ein anderes in Aussicht. Lou schreibt Freud mit kindlichem Stolz, sie habe den Fotografen ausfindig gemacht und könne Freud «auf diese Weise 2 x haben».

Verbunden mit dem Glückwunsch für das Jahr 1914 entgegnet Freud: «[...] helfen Sie mir, eine Ungerechtigkeit beseitigen, die ich entdeckt habe. Sie besitzen um diese Zeit wahrscheinlich zwei Bilder von mir, ich keines von Ihnen. Ist das gerecht? Natürlich stelle ich mir die Abhilfe nicht so vor, daß Sie mir von den beiden eines zuschicken.»[218]

Mit dem Ausbruch des Ersten Weltkriegs verlieren die Briefe etwas von dieser Leichtigkeit. Lou Andreas-Salomé glaubt nicht, «daß man *hiernach* jemals wieder richtig froh werden könnte». Und Freud schreibt: «Ich zweifle nicht daran, daß die Menschheit auch diesen Krieg verwinden wird, aber ich weiß sicher, daß ich und meine Altersgenossen die Welt nicht mehr froh sehen werden. Es ist zu garstig; das Traurigste daran aber, daß es gerade so ist, wie wir uns nach den von der Psychoanalyse geweckten Erwartungen die Menschen und ihr Benehmen vorstellen sollten. Wegen solcher Einstellung zu den Menschen habe ich in Ihren frohen Optimismus nie einstimmen können. Mein geheimer Beschluß war: da wir die gegenwärtig höchste Kultur nur mit einer enormen Heuchelei behaftet sehen, so taugen wir organisch nicht für diese Kultur. Wir haben abzutreten [...].»[219]

Der Krieg berührt Freuds Alltagsleben unmittelbar: Seine Söhne werden eingezogen, auch einige Analytiker, unter ihnen Viktor Tausk. Der Kreis lichtet sich. Lou Andreas-Salomé beklagt, dass ihr Wunsch, im Winter 1914/15 ihr Studium der Psychoanalyse bei Freud in Wien fortzusetzen, vereitelt wird. Der Krieg nötigt sie zu einer ganz ungewohnten Sesshaftigkeit.

Seelische Gesundheit sei das Erfassen der Zukunft im gegenwärtigen Augenblick, hat sie einmal formuliert. An Göttingen gebunden wird ihr die Psychoanalyse zum Beruf. «Während Kriegs- und Nachkriegszeit nahm mehr und mehr meine Betätigung innerhalb der Freudschen Tiefenpsychologie die volle Breite meines persönlichen [sic!] Lebens ein.»[220] Lou Andreas-Salomé analysiert Patienten und tauscht sich mit Freud in Briefen aus über eigene Interpretationen und Interventionen. Manchmal meint der Meister bremsen und zurechtrücken zu müssen. Einmal geht er so weit zu sagen, sie solle sich klar machen, dass sie nicht die hilfreiche Tante ihrer Patienten sei, sondern eine Analyse durchführe. Ihr gegenseitiges Vertrauensverhältnis ist so stabil, dass Lou, ohne gekränkt zu sein, darauf eingehen kann. Wechselweise warnen sie einander vor ihrer übertriebenen Arbeiterei. Jeder sieht beim anderen darin schlecht verhüllte Suizidtendenzen.

War das Reisen bislang für Lou Andreas-Salomé eine Methode, sich fremder Realität nach Belieben öffnen und wieder verschließen zu können, so haben nun die Seelenreisen mit ihren Patienten das Ziel, dem fremden Menschen das ihm selbst Fremde und das ihm Vertraute neu zu vermitteln. «Nichts gibt es, was kriegsmäßiger vor sich ginge, als das rückhaltlose Aufdecken all des Streitsüchtigen in uns bis an unsere Seelenfundamente [...]. Was geschah denn da –? Nur dies, daß ein Fremder eintrat in das Zimmer, ohne Liebe noch Haß zu empfangen, sachlich eingestellt in diese Arbeit [...]. Die Jahre gingen hin [...] der fremde Mensch blieb.»[221] Im Analysanden ist ihr das Fremde nah, es kann und muss betrachtet, ausgehalten und behandelt werden. Irgendwo «im Inwendigsten» könne sie ihre Patienten nicht entbehren, schreibt sie an Freud.[222] Sie spürt, dass analytisch therapeutisches Arbeiten die Nebenwirkung einer Selbstbehandlung des Analytikers hat.

Exkurs: Narzissmus

Im Januar 1915 schreibt Lou Andreas-Salomé anlässlich seines Aufsatzes über den Narzissmus einen vier Druckseiten langen Brief an Freud, der sie als «unverwüstlich» bewundert. «Sie scheinen nicht der Hemmung zu verfallen, die uns anderen allen in diesen Zeiten die Schöpferkraft geraubt hat. Ihre Bemerkungen zum Narzißmus nehme ich nicht als Einwände, sondern als Anweisungen, weitere begriffliche und sachliche Aufklärungen zu versuchen. Ich gebe Ihnen recht, ohne die so aufgeworfenen Probleme lösen zu können.»[223]

Ein andermal meint er: «Jedesmal wenn ich einen Ihrer begutachtenden Briefe lese, verwundere ich mich über Ihre Kunst, über das Gesagte hinauszugehen, es zu vollenden und bis zu einem fernen Treffpunkt konvergieren zu machen. Natürlich gehe ich nicht gleich mit. Ich verspüre oft so wenig synthetisches Bedürfnis. Die Einheit dieser Welt scheint mir etwas Selbstverständliches, was der Hervorhebung nicht wert ist. Was mich interessiert ist die Scheidung und Gliederung dessen, was sonst in einen Urbrei zusammenfließen würde.»[224]

Will Freud den Gedanken nahe legen, dass Lous unentwegtes Betonen von Einheit, Ganzheit, Harmonie darauf hindeuten könnte, dass ihr gerade dieses fehle? Jedenfalls ist, was für Freud «Urbrei» wäre, für Lou Andreas-Salomé etwas ganz anderes. Beide treffen sich bei diesem Thema gleichsam in der Mitte, wenn es um die psychoanalytische Auffassung des Narzissmus geht.

Noch einmal bekennt Freud, dass ihm Lous Kommentare zu seinen psychoanalytischen Überlegungen zu denken geben. «Es ist ganz unverkennbar, wie Sie mir jedesmal voraneilen und mich ergänzen. Ich habe den Eindruck, dies sei so in besonderem Ausmaße, seitdem ich den Begriff der narzißt. Libido in Gebrauch gezogen habe. Ohne diesen, meine ich, wären auch Sie mir enteilt zu den Systembauern, zu Jung oder eher zu Adler. An der Ichlibido haben Sie aber bemerkt, wie ich arbeite. Schritt vor Schritt, ohne inneres Bedürfnis nach Abschluß, immer unter dem Drucke eines gerade vorliegenden Problems, und mit ängstlichem Bemühen, den Instanzenzug einzuhalten. Dadurch, scheint es, habe ich Ihr Vertrauen gewonnen.»[225]

Das weibliche Voranpreschen im Verstehen hat Freud vor vielen Jahren bereits in den klugen Briefen seiner Verlobten beschäftigt. Damals hat es ihn verunsichert, dass sie ihm als Frau im Denken oftmals voraus war. Schnelle, vielleicht intuitive Einsichten rufen auch jetzt im Austausch mit Lou Andreas-Salomé ambivalente Gefühle bei ihm wach. Er selbst traut seinen Einsichten erst, wenn er sie aus seinem Denksystem ableiten kann.

Im ihrem Wiener Tagebuch gibt Lou Freuds «reizende Erzählung von der ‹narzißtischen Katze›» wieder: «Als Freud seine Arbeitsräume noch im Parterre hatte, war sie zum offenen Fenster hineingestiegen und weckte in ihm, der sich aus Katzen und Hunden, aus Tieren [damals noch] nichts machte, anfangs sehr gemischte Gefühle – besonders da sie vom Sofa herabstieg, auf dem sie es sich bequem gemacht, und seine provisorisch auf dem Fußboden aufgestellten Antiquitäten eingehend zu mustern begann, während er Angst haben mußte, sie von dort zu verjagen, d. h. sie zu ungestümen Bewegungen inmitten dieser geliebten Schätze zu veranlassen. Als die Katze aber fortfuhr, schnurrend ihr archäologisches Wohlgefallen kundzutun, ohne in ihrer schmiegsamen Grazie den geringsten Schaden zu verursachen, da schmolz sein Herz und er ließ sogar Milch bringen. Von da ab erhob sie täglich Anspruch auf Sofaplatz, Antiquitätenmusterung und Milchnapf. Dabei nahm sie jedoch von ihm selbst trotz seiner steigenden Liebe und Bewunderung durchaus keine Notiz, richtete ihre grünen Augen mit den schiefen Pupillen kaltsinnig auf ihn wie auf einen beliebigen Gegenstand, und wenn er auch nur für einen Augenblick mehr von ihr wollte, als ihr egoistisch-narzißtisches Schnurren, dann mußte er den Fuß vom bequemen Liegestuhl heruntertun und […] um ihre Aufmerksamkeit werben.»[226]

Mit der Unterbrechung eines Absatzes folgt: «Freud sprach auch darüber, warum ich mich wohl so tief in die Psychoanalyse hineinbegeben habe.» Lou Andreas-Salomés Auffassung der in sich ruhenden Weiblichkeit, die der «Objekte» weniger dringlich bedarf, lässt sich aus ihrem eigenen narzisstischen Verhalten ableiten. Auch auf der Ebene der Theoriebildung gewinnt der Narzissmus ihr ganzes Interesse, so sehr, dass sie es einmal ihren «Spezialfimmel» nennt.

Primären Narzissmus nennt Freud eine ganzheitliche Verfassung des Seelischen jenseits oder vor aller Gesondertheit in Innen – Außen, Subjekt – Objekt, Ichtriebe – Sexualtriebe, Selbsterhaltung – Arterhaltung, egoistisch – altruistisch, libidinös – aggressiv. Ausgeprägt ist diese Verfassung zu Beginn der Entwicklung, vor der Bindung an ein «Objekt» – ein Begriff, der bei Freud auch Menschen einschließt. Bei weiterer Differenzierung des «seelischen Apparates» kann das sich formierende Ich dann wie ein Objekt behandelt werden, dem die ganze Libido zugewandt wird. Diesen Vorgang, der meist unbewusste Qualität hat, bezeichnet Freud als sekundären Narzissmus. Freud führt als Beispiel den Frauentypus an, der streng genommen nur sich selbst liebt, so wie die Katzen und die kleinen Kinder. Die Attraktivität dieses Frauentypus sieht Freud darin, dass er sich eine Form der Eigenliebe herausnimmt, welche sich die anderen «kulturgehorsam» versagen.

«Der narzißtische Zustand ist ein Muster vor dem Ödipus-Muster, ein Strukturierungsprozeß, der in Abwandlungen ‹wiederaufgerichtet wird›. Unsere Allmachtwünsche (‹daß wir allein sein und bestimmen könnten›) kehren wieder in den Idealen, denen zuliebe wir uns einem Zwang unterwerfen; das Wechselhafte des narzißtischen Zustands ruft Verwandlungen hervor. Unsere eigene Allmacht können wir auf andere, etwa einen Führer, verschieben. Unter dem Gesichtspunkt einer Massenpsychologie wird der Führer jedoch auch seinerseits in eine verwickelte Lage gebracht.

Freud erinnert sich, daß Sehnsucht, mit der ein Kind nichts anderes anzufangen weiß, in Angst verwandelt wird; er greift auf, daß die Formen der Liebe zueinander in Konkurrenz treten können und daß einer der Ausgänge dieser Konkurrenz der Wahn ist, bei dem sich das Seelische aus den Bindungen an die Welt löst.»[227]

Im Lauf der Jahre wird Freud nicht nur zum Supervisor der psychoanalytischen Arbeit Lou Andreas-Salomés, sondern er berät sie auch in Fragen ihres übrigen Alltagslebens. Während der Weltwirtschaftskrisen unterstützt er sie oftmals finanziell. Und 1921 lädt er sie ein zu einem mehrwöchigen Besuch in der Berggasse 19 (s. S. 192). Außerdem beschenkt Freud die «liebste Lou» mit einem römischen Gemmenring, wie er ihn seinen treuesten Anhängern zukommen lässt. Schließlich wird Lou Andreas-Salomé als Mitglied in die Psychoanalytische Vereinigung aufgenommen, ohne zur Abhaltung des obligatorischen Vortrags extra anreisen zu müssen.

Von Vertrautheit und Respekt zeugen ihre Briefe, bald auch von der Trauer, nicht mehr reisen zu können. Zu einer letzten persönlichen Begegnung kommt es im Herbst 1928 während Freuds Klinikaufenthalt in Berlin-Tegel. Die beiden wandern in Erinnerungen. Damals in Wien hatte Freud auf Lous «Lebensgebet», ein Gedicht, das Nietzsche in Musik gesetzt hatte, mit dem Ausruf reagiert: «Nein! Wissen Sie, da täte ich nicht mit! Mir würde geradezu schon ein gehöriger irreparabler – Stockschnupfen vollauf genügen, mich von solchen Wünschen zu kurieren.»

«Jahrtausende zu denken und zu leben
Wirf deinen Inhalt voll hinein!
Hast du kein Glück mehr übrig, mir zu geben,
Wohlan – noch hast du deine Pein ...», so lautet die letzte Strophe dieses Gedichts.

Ob er sich noch daran erinnere, fragt ihn Lou bei einem Spaziergang. «Ja er erinnere sich sehr gut, sogar dessen, wovon wir noch weitergeredet hatten. Ich weiß nicht mehr, warum ich die Frage überhaupt an ihn getan: in mir selbst wühlte das Wissen um die furchtbaren, schweren, schmerzvollen Jahre, die er seit langem durchlitt [Freud erkrankte 1923 an Krebs], – die Jahre in denen wir alle um ihn, alle, alle uns fragen mußten, was Menschenkräften noch zuzumuten sei – – . Und da geschah, was ich selbst nicht begriff, was ich mit keiner Gewalt mehr zurückhalten konnte, – was mir über die zitternden Lippen kam in Auflehnung wider sein Schicksal und Martyrium:

‹ – Das, was ich einstmals nur begeistert vor mich hingeschwafelt, – – Sie haben es getan!›

Worauf ich im ‹Schreck› über meine Offenherzigkeit meiner dran rührenden Worte, laut und unaufhaltsam losheulte. Freud hat darauf nicht geantwortet. Ich fühlte nur seinen Arm um mich.»[228]

All das schwingt mit, wenn Lou gegen Ende ihres Lebens, sie stirbt 1937 in ihrem Haus in Göttingen, formuliert, Freud sei doch immer das «Vatergesicht» gewesen – über ihrem Leben.[229] Das erinnert an «Ljoljas» kindlich-vertrauensvollen Umgang mit dem «lieben Gott».

Wie nah sie einander standen, kommt besonders darin zum Ausdruck, dass Freud Lou Andreas-Salomé seine jüngste Tochter Anna anvertraut, damit sie zum Geschöpf werde – des Meisters und der Muse.

Re-Generation
Anna «Antigone» und die Liebe zum Unmöglichen

«... kaum zu glauben, daß ich auch einmal so jung war!»

Sigmund Freud

Die Geschichte des jüngsten Freud-Kindes Anna wirkt auf den ersten Blick, als ziele sie darauf, das traditionelle Frauenbild des Vaters zu korrigieren – nicht in der Theorie, sondern durch die Gestaltung ihres Lebens. Das stimmt und stimmt doch wieder nicht ganz.

Nach der Geburt des fünften Kindes hatte Martha Freud entschieden, dass es mit dem Kinderkriegen nun reichte. Sie wollte nicht noch einmal schwanger werden. Für den 39-jährigen Freud bedeutete das sexuelle Abstinenz. Sexualität außerhalb der Ehe kam für ihn nicht in Frage. Freud schreibt, dass Martha die Entscheidung gut bekomme. Nach Sophies Geburt (1893) habe sie sich gut erholt und genieße das Leben. Doch am 3. Dezember 1895 macht Anna einen Strich durch die Rechnung. Man kann wohl sagen, dass ihr Erscheinen auf der Bühne des Freud'schen Lebens nicht gerade mit glücklicher Ungeduld erwartet wurde. Sophie spielte die Rolle des Nesthäkchens bereits zur vollen Befriedigung der Eltern.

Aber wenn schon, dann sollte es ein «Wilhelm» werden – das Phantasiekind von Sigmund Freud und Wilhelm Fließ? Nein, auch darauf lässt sich das Kind nicht ein. Mit seinem Sinn für

Symmetrie und Gleichgewicht befindet Anna, dass den drei Brüdern drei Schwestern die Waage halten sollten.

Vom Vater sieht Anna in ihren ersten Lebensjahren nicht viel. Wie die anderen Kinder auch. «Ich hoffe, mit wissenschaftlichem Interesse bis ans Lebensende versorgt zu sein. Ein Mensch daneben bin ich freilich kaum mehr. Abends 10 1/2 h. nach der Praxis bin ich zu Tode müde», schreibt Freud im Februar 1896 an Wilhelm Fließ.[230] Etwa so könnte sich auch Martha Freud über die Bewältigung des Familienalltags äußern. Bei der Geburt ihres letzten Kindes ist sie mit 35 Jahren in einem Alter, wo sich heute manche Frau überlegt, ob sie nicht doch ein Kind haben möchte. Martha Freud hat genug davon, sie fühlt sich ausgelaugt und überfordert. Keinem kann sie mehr wirklich gerecht werden. So war es eine glückliche Lösung für alle Beteiligten, dass die Besuchstante Minna Bernays bei ihnen bleibt.

Anna Freud erscheint im selben Jahr 1895 wie die «Studien über Hysterie von Dr. Jos. Breuer und Dr. Sigm. Freud». Später wird sie die Psychoanalyse als ihren «Zwilling» bezeichnen.

Für die kleine Anna «ergab sich daraus die Lage, daß sie mit zwei Müttern aufwuchs – das erleichtert die Lösung aus allzu festen Anklammerungen an eine fürsorgliche Person; das bringt aber auch Probleme von Zugehören und Verrat, Zwiespältigkeit und einen ‹doppelten Blick› mit sich. Vielleicht gerieten Anna und ihre Mutter auch aus diesem Grunde in ein gespanntes Verhältnis zueinander.»[231]

Schutz, Liebe, Wärme und Bindung findet Anna allerdings bei einer anderen Frau: Josefine Cihlatz wurde kurz nach Annas Geburt als Kindermädchen für die drei Kleinen eingestellt und erwählte Anna als ihren Liebling. «Josefine blieb bis zum Ende von Annas erstem Schuljahr. [...] Für Anna aber blieb sie ‹meine alte Kinderfrau, meine älteste Beziehung und die allerwirklichste aus meiner Kinderzeit.›»[232]

Als Kleinste hat Anna es nicht leicht, ihren eigenen Platz neben den fünf Großen zu erobern, die alles schon viel besser wissen und können. Sie tut, was sie kann; sobald das Sprechen gelingt, gibt Anna ihre Kommentare ab. Die Geschwister halten das zumeist für unpassend und ein bisschen blöd, aber der Vater, das findet die Kleine schnell heraus, der kann die Beobachtungen und Anmerkungen vom «Annerl» würdigen: «Eine kleine römische Statuette, die ich in Innsbruck gekauft, hat Annerl nicht unpassend, ein ‹altes Kind› genannt.»[233]

Ganz ähnlich wie Mathilde ihre Entthronung durch die jüngeren Brüder eine Zeit lang mit Dreistigkeit abzuwehren suchte, greift Anna in den ersten Jahren zu Ungehorsam, um im Wettkampf mit den Großen nicht unterzugehen. Anlässlich des Geburtstags von Tante Minna gelingt ihr das Bonmot, an Geburtstagen sei sie meistens ein bisschen brav – mit Bemerkungen dieser Art kann die Dreijährige ihrem Vater imponieren.

Die «Erfahrung des Ausgeschlossenseins durch die Großen», die sich mit ihr langweilen und damit auch bei ihr ein «Gefühl der Langeweile» und darüber hinaus des «Verlassenseins» hervorrufen, überschattet Annas Kindheit. Nur gut, dass manchmal der Vater erreichbar ist. «Die [...] Begebenheit erfolgte [...] während des Sommerurlaubs, als die ‹anderen› alle mit einem Boot wegfuhren und mich zu Hause ließen, entweder weil das Boot zu voll war oder weil ich noch zu ‹klein› war. Dieses Mal beklagte ich mich nicht, und mein Vater, der die Szene beobachtet hatte, lobte mich und tröstete mich. Das machte mich so glücklich, daß nichts anderes mehr zählte.»[234]

Anna erfährt in dieser Situation etwas Grundlegendes: Wenn die anderen abwesend sind, hat sie die Chance, vom Vater wahrgenommen zu werden. Wenn es dazu noch gelingt, auf ihr Lamento zu verzichten, öffnen sich die Arme des Vaters für sie. Anna übt sich in Selbstüberwindung und verspricht sich Großes vom Großwerden.

Oft hadert sie mit sich selbst. Noch mit achtzehn Jahren schreibt sie dem Vater: «Ich möchte so gerne vernünftig sein wie Mathilde, und ich weiß nicht, warum bei mir alles so lange dauert. [...] denn ich will ein vernünftiger Mensch sein oder wenigstens werden. [...] Ich schicke Dir noch viele Grüße und einen Kuß und wenn Du kannst, dann bitte schreib mir bald wieder, dann werde ich auch vernünftig sein, wenn Du mir ein bischen hilfst.»[235]

Zwölf Jahre später schreibt Anna Freud dem befreundeten Analytiker Max Eitingon: «Ich weiß schon, Herr Doktor, warum ich immer gleich ein schlechtes Gewissen habe, wenn ich unvernünftig bin. Weil Papa immer zeigt, daß er mich so gerne vernünftig und klarer wissen möchte als die Mädchen und Frauen, die er in seinen Analysen mit allen ihren Stimmungen, Unzufriedenheiten und leidenschaftlichen Eigenheiten kennen lernt. So möchte ich also auch wirklich sein wie er es meint, erstens ihm zuliebe und zweitens, weil ich selber weiß, daß es die einzige Chance ist, die man hat, einigermaßen brauchbar zu sein und keine Last und Sorge für die anderen.»[236]

Doch Freud dressiert seine Jüngste nicht. Eher scheint er sich mit ihren «Unartigkeiten» in einer Art Komplizenschaft zu verbinden, nennt sie seinen «schwarzen Teufel» und findet sie «köstlich frech». An Fließ schreibt er: «Annerl wird geradezu schön vor Schlimmheit.»

Anna bleibt ein unternehmungslustiges Kind. Wenn die großen Brüder sie nicht zappeln lassen, sondern in ihre Unternehmungen einbeziehen, ist sie selig. Martin berichtet, dass es ihm Spaß machte, mit der zehnjährigen Anna im Südtiroler Molvenosee schwimmen zu gehen, wobei er seine kleine Schwester Anna auf dem Rücken trug.

Außerdem beschreibt Martin eine Szene auf dem Gardasee, die Annas Vertrauen in ihre großen Brüder zeigt. «Vollkommen überzeugt von unserer Seetüchtigkeit, luden wir eines Tages unsere kleine Schwester Anna ein, mitzukommen, vielleicht um sie mit unserer Tüchtigkeit als Matrosen zu beeindrucken. Sie kam vertrauensvoll und, ich kann sagen, sie erinnert sich an diese Episode besser als ich. Der Südwind war stärker geworden und das Meer im Steigen begriffen, aber das bedeutete nichts für Matrosen wie Ernst und mich, bis wir allerdings die Erfahrung machten, daß unser kleines Boot uns nicht mehr gehorchte und tat, was es wollte. [...] Meine Schwester Anna erinnert sich, daß ihre Brüder sie baten, sich flach auf den Boden des Bootes hinzulegen, anscheinend um ihren Kopf davor zu bewahren, daß er vom Mastbaum getroffen würde, der von einer Seite zur anderen flog. [...] Sie erinnert sich, daß sie diesem Befehl gern Folge leistete, da sie das Abenteuer enorm genoß und kein bißchen Angst hatte.»[237]

Annas Unternehmungslust beschränkt sich nicht auf körperliche Aktivität. Ebenso sehr liebt sie die literarische Steigerung der Wirklichkeit. Wilde Tagträumereien, in denen «heroische Gestalten» agieren, schreibt sie in Geschichten nieder. Dieses Interesse teilt sie mit ihrem Bruder Martin, der sich als «Dichter» der Familie entwirft. Unter den Schwestern steht ihr die große, kluge, beschützende Mathilde nahe. Sophie, die ihre Sonderstellung durch Annas Nachrücken bedroht sieht, steht mit Anna auf Kriegsfuß. Nur zwei Jahre älter als Anna, lässt sie die Kleinere ständig spüren, dass sie selbst viel besser ist, dass sie besser strickt und auch die Schönere ist. Sogar einen schöneren Namen hätten die Eltern der Sophie gegeben, findet Anna. Außerdem ist Sophie die Lieblingstochter der Mutter. Es gelingt Anna einfach nicht, dazwischenzukommen.

So entwickelt Anna Groll gegen ihre Mutter. Später klagt sie darüber, dass die Mutter ihr oftmals etwas vorenthalten habe. Dass es Liebe ist, sagt sie nicht. Annas Vorwürfe machen sich an anderem fest. Als Anna mit zwölf Jahren am Blinddarm operiert werden soll, lässt die Mutter sie darüber im Unklaren. Unter dem Vorwand, es würde nur eine Untersuchung durchgeführt, beglei-

Anna und Sophie Freud

tet sie Anna ins Krankenhaus, wo das Mädchen mit der Tatsache überrascht wird, dass es aufgeschnitten werden soll. Auch die Hinweise auf den Termin schriftlicher Arbeiten, die die Mutter von der Lehrerin erhält, gibt sie der Tochter nicht weiter. Offiziell tut sie das, um Anna die Aufregung zu ersparen. Aber Anna erlebt etwas anderes: mangelndes Verständnis, Desinteresse und Verrat. Die Mutter habe keine Regeln befolgt, sondern stets ihre eigenen aufgestellt, wird sie später Manna Friedman mitteilen.

Dass Sophie auch die Lieblingstochter des Vaters ist, verbirgt sich Anna ihr Leben lang.

Alle weiblichen Mitglieder der Familie Freud haben wie die Besessenen Handarbeiten angefertigt, genäht und gestrickt. Da Anna unbedingt dabei sein will, lässt sie sich das Stricken vom Kindermädchen Josefine beibringen. Anna wird dieses Hobby ihr Leben lang beibehalten. Sogar des Vaters Einspruch, der im Stricken eine Symbolisierung des Onanierens sieht, kann nur bewirken, dass sich Anna vom Stricken auf das Weben verlegt.

Obwohl Anna wie ihr Bruder Oliver Ausgezeichnetes in der Schule leistet, wird sie nach der Grundschulzeit wie Mathilde und Sophie auf das Cottage-Lyzeum geschickt. Das bedeutet, dass ihr die alten Sprachen fremd und der Zugang zur Universität verwehrt bleiben. Seit 1897 können sich in Österreich auch Frauen an der Universität immatrikulieren, nicht nur für ein Philosophie- oder Medizinstudium.

Die Schule erlebt Anna als langweilig. Sie ist unterfordert. Es geht ihr nicht schnell genug voran. Der Klassenkameradin Gertrud Baderle, die mehr Mühe mit dem Lernen hat, diktiert sie kurzerhand die Hausaufgaben. Anna sei «eine Leuchte» gewesen, die allerdings in einer Art Eigenwelt oder Phantasiewelt lebte, abgesondert von den anderen Schülerinnen, erinnert sich Gertrud in späteren Jahren.[238] Hübsch sei sie gekleidet gewesen. Die Mädchen bewunderten besonders ihren Samtmantel mit blauem Seidenfutter.

Ihre Eigenwelt belebt Anna mit Schreiben und Lesen. «Realistische» Abenteuer, wie sie Karl May bietet, zieht sie märchenhaften Erzählungen vor. Es sind die Bücher, die auch ihre Brüder lieben. Außerdem schreibt sie in schwarzen Heften ihre Tagträume von Familiendramen nieder und spinnt auch an einem Roman.

Mit dem Schulabschluss 1912 stürzt Anna in unlösbar scheinende Probleme. Was soll aus ihr werden? Wird auch für sie das Heiraten eine Lösung sein wie für Mathilde und nun auch für Sophie, die kurz vor der Hochzeit steht? Sie findet kein rechtes Bild für ihr Leben, leidet unter ihrem Körper, den sie nicht schön finden kann: Füße so groß, als wäre sie ein Mann, keine Wespentaille wie Sophie, kein Junge wie ihre Brüder, ein gebeugter Rücken, der wehtut. Was tun? Anna kränkelt.

Eigentlich war ihr als Belohnung für die mit «Sehr gut» in allen Fächern bestandene Matura eine neunmonatige Reise zusammen mit Tante Minna durch Italien bis nach Sizilien in Aussicht gestellt worden. Doch wieder kommt ihr Sophie dazwischen. Sie heiratet. Tante Minna muss den Wiener Haushalt führen, während die Mutter in Hamburg Sophies Hausstand einrichtet. Fünf Monate Meran als Ersatz machen Anna nicht glücklich. Denn das heißt auch Trennung vom Vater und keine Teilnahme an den Hochzeitsfeierlichkeiten. Wieder fühlt sich Anna ausgeschlossen.

Der Vater tröstet in Briefen, verspricht einen neuen Teppich und einen neuen Schreibtisch für ihr eigenes Zimmer. Glücklich ist sie erst, als der Vater sie im Frühjahr persönlich abholt und mit ihr eine Kurzreise nach Verona, Venedig und Triest unternimmt.

Das Familienleben in der Berggasse 19 verliert seine vertraute Gestalt. Ernst und Oliver studieren inzwischen in München und Berlin, Martin besucht die Universität in Wien, und die Schwestern sind fort. Freud durchlebt eine Krise, die sein anhänglicher Kollege, Sándor Ferénczi, unter dem Stichwort «Sophie-Komplex» anspricht. Es bleibt ihm nur noch Anna. Aber sie ist keine Stütze während der Rebellion von C. G. Jung und Wilhelm Stekel im Psychoanalytikerkreis. Sie braucht selbst Unterstützung bei der Suche nach ihrem eigenen Weg.

Anna ist es unbehaglich zumute. Zwar hatte sie oft davon geträumt, die Einzige sein zu können. Aber jetzt fragt sie voller Angst: «Wie werde ich nächstes Jahr allein für sechs Kinder ‹ausgeben› können.»[239] Weihnachten 1913 verbringt sie erstmals allein mit Vater, Mutter und Tante. «Wir sind keine Familie mehr, nur noch drei alte Leute», schreibt Freud an Karl Abraham. «Selbst meine kleine Tochter will heuer allein nach England.»[240]

Von seinen Kindern verlassen, wird Freud vom Alter bedrängt. Er behandelt das unvermeidliche Problem «in einer Arbeit über ‹Das Motiv der Kästchenwahl›: hinter den manifesten Gestalten dreier Frauen tritt die Gestalt des Schicksals, das uns an den Tod heranführt zutage. Wir tun so, als könnten wir auch da noch wählen, wo über uns entschieden wird.»[241]

Wenn wenigstens Anna bliebe – aber das dürfen nur flüchtige Gedanken sein. Anna hat wie die anderen Töchter zuerst ihr Schicksal als «Frauenzimmer» zu erfüllen, das versteht Freud in dieser Zeit als «vernünftig». Anna hatte sich nach Meran ein paar Bücher des Autors Sigmund Freud mitgenommen. Als müsste sie sich rechtfertigen, schreibt sie an den Vater: «Ich habe hier auch einige von Deinen Büchern gelesen, aber Du darfst nicht entsetzt darüber sein, ich bin doch jetzt schon groß und da ist es doch kein Wunder, wenn ich mich dafür interessiere.»[242]

Der Vater antwortet ihr: «Dann wirst Du aber aus den Büchern, die Du liest, verstanden haben, daß Du darum so übereifrig unruhig und unzufrieden warst, weil Du wie ein Kind vor manchen Dingen davongelaufen bist, vor denen sich das erwachsene Mädchen nicht schrecken darf. Wir werden die Veränderung daran erkennen, daß Du Dich nicht mehr asketisch von den Zerstreuungen Deines Alters zurückziehst, sondern das gerne thun willst, was anderen Mädchen Vergnügen macht. Es bleibt daneben kaum genug für ernste Interessen, wenn man aber zu ehrgeizig, zu empfindlich ist und einem Stück des Lebens und seiner eigenen Natur fremd bleiben will, findet man sich auch in dem gestört, worauf man sich werfen möchte.»[243]

Gleichzeitig, und das spürt die sensible Anna auch, geht etwas anderes in dem Vater vor. Hat Anna nicht schon mit vierzehn Jahren Interesse an seiner Arbeit gezeigt? Unbedingt wollte sie ihn auf seiner Vortragsreise nach Amerika begleiten, nachdem sie an manchem Mittwoch auf der kleinen Bücherleiter hockte, um zu hören, was der Vater mit all den klugen Männern zu besprechen hatte.

Anna trifft selbst die Entscheidung, wie es mit ihrem Leben weitergehen soll. Sie wählt eine Ausbildung zur Lehrerin. Das Leid ihrer frühen Kinderjahre hat sie zur Spezialistin für Kinder-Angelegenheiten gemacht. Sie weiß inzwischen, dass ihr Leben sich nicht verändern kann, wenn sie sich weiter in traurigen Erinnerungen verschließt. Durch tagträumerische Umdichtung lässt sich nichts wenden. Sie muss aktiv werden. Vor dem Hintergrund ihrer eigenen Geschichte versteht Anna Freud, was Kinder brauchen. Als Lehrerin kann sie, gleichsam symbolisch, «ihren» Schul-«Kindern» das Gefühl vermitteln, dass sie zwar noch klein, aber doch wichtig sind und vieles schon sehr gut machen und verstehen können. Annas Mutter war nicht in der Lage, solches Interesse und Verständnis für das Dilemma ihrer Jüngsten aufzubringen.

So verbindet sich mit Annas Berufswahl der Nachweis, wie wichtig es ist, dass man von den Kleinen mehr versteht, als ihre Mutter es tat. Hierin liegt – neben aller Gebundenheit an den Vater – das persönliche Motiv der Anna Freud für ihr Interesse an der Psychoanalyse des Kindes.

Nach der Aufnahmeprüfung zur Lehrerausbildung reist Anna im Sommer 1914 nach England. Der Psychoanalytiker Ernest Jones «erwartet Anna bei der Ankunft ihres Schiffes aus Frankreich am Pier mit einem Blumenbouquet»[244]. Als sie dem Vater vorschwärmt von einer Landpartie mit dem Analytiker, vergisst er offenbar, dass er seiner Jüngsten geraten hatte, vor diesen Dingen nicht davonzulaufen. «Ich weiß aus den besten Quellen, daß Dr. Jones ernsthafte Absichten hat, um Dich zu werben. Es ist wohl der erste Fall in Deinem jungen Leben, und ich denke nicht daran, Dir die Freiheit zu rauben, welche Deine beiden älteren Schwestern genossen haben. Aber es hat sich so gefügt, daß Du noch intimer mit uns gelebt hast als sie, und ich wiege mich in der Hoffnung, daß es Dir schwerer werden wird als ihnen, die Entscheidung über Dein Leben zu treffen, ohne unserer (in diesem Fall: meiner) Zustimmung vorher sicher zu sein.»[245]

«Aus besten Quellen»: Dahinter verbirgt sich das psychoanalytische Netzwerk. Die Situation kann für viele stehen. Anna reist nicht unbehütet in die Fremde. Freuds Halbbruder, Annas Onkel Emanuel Freud in Manchester, hat sie mit Informationen über Wege und Reiseetappen versorgt – so weit das Netz der «ersten» Familie. Ebenso steht die psychoanalytische Familie bereit. Über deren Mitglieder ist Freud genauestens unterrichtet durch die Couch-Erzählungen seiner Analysanden. Alle sind mehr oder weniger eng miteinander verbandelt. Allein Freud hält die Fäden in der Hand. So war Loe Kann, eine wohlhabende holländische Patientin, die Freud als «Juwel» bezeichnet, «hoch intelligent, tief neurotisch», sieben Jahre lang mit Ernest Jones liiert. Unter dem Einfluss Freuds hat sie sich für einen anderen Ehemann gleichen

Namens entschieden, Jones den Zweiten. Freud befürchtet, dass Ernest Jones sich rächen will, indem er ihm seine Tochter nimmt.

Anna gegenüber gibt Freud zu bedenken, dass Jones ein erfahrener Mann Mitte dreißig sei; sie solle also unbedingt vermeiden, mit ihm allein zu sein. Jones war Freud als Schürzenjäger bekannt, und der Vater will sein Töchterchen vor einer Enttäuschung bewahren. Außerdem lässt er Anna wissen, dass Jones' Interesse an der Tochter vielleicht ihrem Vater gilt. Wenige Jahre vor ihrem Tod erinnert sich Anna Freud: «Natürlich war ich geschmeichelt und beeindruckt, wenn auch nicht ganz frei von dem Verdacht, sein Interesse gelte mehr meinem Vater als mir – ein Umstand, an den ich mich gewöhnt hatte. Jedenfalls ließ er es an Aufmerksamkeit nicht fehlen und gab sich beträchtliche Mühe, mir die Schönheiten Englands zu zeigen. Eine Fahrt im Boot Themse-aufwärts ist mir unvergeßlich.»[246]

Damals muss Anna gespürt haben, dass Freud mit doppelter Zunge spricht. Er gerät in das Dilemma, Anna ein eigenes Glück zuzugestehen und sie zugleich behalten zu wollen. Anna bleibt artig. Sie wird auch späteren Zuneigungen nicht nachgeben – zu Martins Freund Hans Lampl, zu Siegfried Bernfeld oder zu Max Eitingon.

Annas gespanntes Verhältnis zur Mutter wie auch die mühsam errungene Zuneigung des Vaters tragen dazu bei, dass sie einen besonderen Blick auf Frauen hat. Loe Kann Jones «war die erste einer Reihe von gutaussehenden kinderlosen Frauen, von denen Anna Freud gleichsam adoptiert wurde und die großzügig ihr Weltwissen und ihre Kultiviertheit mit ihr teilten», merkt Anna Freuds Biographin an.[247] Anna ist fasziniert von Loe, stärker als von Jones, und schreibt dem Vater, dass sie häufig von Loe träumen würde.

Wie rasch sich die politische Lage in Europa zu einem Weltkrieg zuspitzen würde, hat Freud offenbar nicht geahnt. Im Juli 1914 schreibt er mit einer verhaltenen Andeutung von Patriotismus an Karl Abraham: «Ich fühle mich aber vielleicht zum ersten Mal seit dreißig Jahren als Österreicher und möchte es noch einmal mit diesem wenig hoffnungsvollen Reich versuchen. Die Stimmung ist überall eine ausgezeichnete.»[248] Aber sie währt nur einen kurzen Augenblick. «Als Österreich offiziell Englands Kriegsgegner wurde, besuchte Anna Freud gerade in Begleitung ihrer Kusine Rosi Winternitz das Mädcheninternat in St. Leonards an der Südostküste Englands.» Unter diesen Umständen scheint es unmöglich, nach Wien zurückzukehren. Doch der Familie Loe Kanns gelingt es, Annas Rückweg zu ebnen. «Mit dem österreichischen Botschafter und seiner Begleitung fuhr sie mit dem Schiff nach Gibraltar, dann nach Malta, und schließlich nach Genua, von wo sie den Zug nach Wien nehmen konnte.»[249]

Auf dieser abenteuerlichen Reise schreibt Anna ein Prosastück mit dem Titel «Am Schiff»: «Ein tiefblaues, kaum bewegtes Meer, ein dunstblauer Himmel und ein kleines weißes Schiff, das vorsichtig seinen Weg sucht. Eine bunte, seltsam zusammengewürfelte Gesellschaft [...]. Hinter ihnen liegt die eben verlassene Insel voll von kriegerischer Stimmung und unverbürgten, wilden Gerüchten, liegen Tage voller Spannung, Aufregungen und Strapazen; vor ihnen liegt das eigene Land, von dem sie seit Wochen so gut wie nichts gehört haben, die lähmende Ungewißheit über das Schicksal der Ihrigen und der Krieg mit all seinen Schrecken und Furchtbarkeiten.»[250] Schreibend sucht Anna nicht nur ihre Vergangenheit, sondern auch ihr aktuelles Leben zu bewältigen.

Am 1. August 1914 beginnt der Große Krieg, der erst 1918 endet. Man wird ihn den «Ersten Weltkrieg» nennen; den «Urknall des 20. Jahrhunderts»; den «Auftakt zum Jahrhundert der Massaker»; eine «wunderbare Katastrophe»; die «Urkatastrophe»; die «Hebamme der Revolution»; den ersten «industriellen Krieg» mit Panzer, Flugzeug, U-Boot, Maschinengewehr, Giftgas; «Materialschlacht»; «Untat des letzten deutschen Kaisers»; einen «Epochenumbruch»; einen «Unfall der Geschichte»; ein «Debakel der Diplomatie»; «das große Massensterben»; «das Ende dreier Monarchien». Mindestens sechzehn Länder sind militärisch beteiligt, fast 10 Millionen Menschen sterben.

Exkurs: Zur Psychoanalyse der Kultur

In der Katastrophe des Krieges greift Freud zum Mittel des Schreibens. Mit dem Werkzeug psychoanalytischer Rekonstruktion versucht er das unbegreifliche Ereignis fassbar zu machen. Ergebnis ist der Essay «Zeitgemäßes über Krieg und Tod» (1915) – ein erster Umriss einer psychoanalytischen Kulturtheorie, die später den Akzent des «Unbehagens in der Kultur» (1930) erhält, da die Kultivierung des Seelischen nur auf Kosten des Glücks ungebremster Triebbefriedigung gelingt.

Ganz unbegreiflich wirkt für Freud der Sachverhalt, dass Gesellschaft, Staat und Regierung, die den Einzelnen mittels Erziehung nötigen, seine primitive Eigensucht dem Ganzen zuliebe aufzugeben, in der Inszenierung des Kriegs nicht davor zurückschrecken, all das Verpönte wieder freizusetzen und zu mobilisieren. Wie ist das seelisch möglich? «Zweierlei in diesem Kriege hat unsere Enttäuschung rege gemacht: die geringe Sittlichkeit der Staaten nach außen, die sich nach innen als die Wächter der sittlichen Normen gebärden, und die Brutalität im Benehmen der Einzelnen, denen man als Teilnehmer an der höchsten menschlichen Kultur ähnliches nicht zugetraut hat.»[251]

Als Leitfaden für das Verständnis des Geschehens wählt Freud die seelischen Umgestaltungsprozesse der infantilen Triebbefriedigung. «Die Umbildung der ‹bösen› Triebe [damit sind die sozial schädlichen gemeint] ist das Werk zweier im gleichen Sinne wirkenden Faktoren, eines inneren und eines äußeren. Der innere Faktor besteht in der Beeinflussung der bösen – sagen wir: eigensüchtigen – Triebe durch die Erotik, das Liebesbedürfnis des Menschen im weitesten Sinne genommen. Durch die Zumischung der *erotischen* Komponenten werden die eigensüchtigen in *soziale* umgewandelt. Man lernt das Geliebtwerden als einen Vorteil schätzen, wegen dessen man auf andere Vorteile verzichten darf. Der äußere Faktor ist der Zwang der Erziehung, welche die Ansprüche der kulturellen Umgebung vertritt, und die dann durch die direkte Einwirkung des Kulturmilieus fortgesetzt wird. Kultur ist durch Verzicht auf Triebbefriedigung gewonnen worden und fordert von jedem neu Ankommenden, daß er denselben Triebverzicht leiste.»[252]

Die Fähigkeit zur «Umbildung der egoistischen Triebe unter dem Einflusse der Erotik» nennt Freud die «Kultureignung» des Menschen. Forciert die Kultur jedoch die Unterdrückung der Triebe allzu heftig, dann bilden sich merkwürdige Ersatzformen, auf dem Gebiet der Sexualität zum Beispiel die Neurose. Deren Pendant auf dem Gebiet der egoistischen Triebe sieht Freud in der «Kulturheuchelei». In der Verführungssituation des Kriegs gerät das Seelische in eine Situation, die verspricht, dass man sich «für eine Weile dem bestehenden Drucke der Kultur» entziehen könne, um den «zurückgehaltenen Trieben vorübergehend Befriedigung zu gönnen».[253]

Freud spricht von der «außerordentlichen Plastizität der seelischen Entwicklungen», dergestalt, dass es zu temporären Rückentwicklungen kommen kann, zur «Regression». Die frühen, «primitiven Zustände können immer wieder hergestellt werden; das primitive Seelische ist im vollsten Sinn unvergänglich»[254].

Der ‹Enttäuschung› darüber, dass sich Menschen zum Krieg und zu entfesselter Grausamkeit bereit finden, liegt also eine ‹Täuschung›, eine «Illusion» über die Stabilität seelischer Errungenschaften zugrunde. Zudem meint Freud, kann die psychoanalytische Erfahrung «alle Tage zeigen, daß sich die scharfsinnigsten Menschen plötzlich einsichtslos wie Schwachsinnige benehmen, sobald die verlangte Einsicht einem Gefühlswiderstand bei ihnen begegnet, aber auch alles Verständnis wieder erlangen, wenn dieser Widerstand überwunden ist. Die logische Verblendung, die dieser Krieg gerade bei den besten unserer Mitbürger hervorgezaubert hat, ist also ein sekundäres Phänomen, eine Folge der Gefühlserregung, und hoffentlich dazu bestimmt, mit ihr zu verschwinden.»[255] Das gelte für «die Großindividuen der Menschheit, die Völker», wie auch für den Einzelnen.

Analog zur geheuchelten Kultiviertheit sieht Freud auch im Umgang der Menschen mit dem Tod Strategien der Täuschung am Werk. Sie neigen dazu, die Tatsache des eigenen Todes zu verleugnen und halten es lieber mit der Unsterblichkeit. «Anderseits anerkennen wir den Tod für Fremde und Feinde und verhängen ihn über sie so bereitwillig und unbedenklich wie der Urmensch. [...] Unser Unbewußtes führt die Tötung nicht aus, es denkt und wünscht sie bloß. Aber es wäre unrecht, diese *psychische* Realität im Vergleiche zur *faktischen* so ganz zu unterschätzen. Sie ist bedeutsam und folgenschwer genug. [...] So sind wir auch selbst, wenn man uns nach unseren unbewußten Wunschregungen beurteilt, wie die Urmenschen eine Rotte von Mördern.»[256]

Freud resümiert: Wäre es also nicht besser, «dem Tode den Platz in der Wirklichkeit und in unseren Gedanken einzuräumen, der ihm gebührt, und unsere unbewußte Einstellung zum Tode, die wir bisher so sorgfältig unterdrückt haben, ein wenig mehr hervorzukehren? [...] es hat den Vorteil, der Wahrhaftigkeit mehr Rechnung zu tragen und uns das Leben wieder erträglicher zu machen.»[257]

Die Kultivierung des Menschen steht nach Freud in Gefahr, wenn sie erkauft wird mit Verleugnung, Idealisierung, Illusion, denn dadurch wird für die sonst in der Ambivalenz gebundenen Egoismen und Aggressionen der unkontrollierbare Ausbruch vorbereitet. Selbst den uns lieben Menschen gegenüber empfinden wir Fremdes und Feindliches, das wir nicht leiden können. Förderlich wäre also ein Wissen um die eigenen Ambivalenzen. «Wir erinnern uns des alten Spruches: [...] Wenn du den Frieden erhalten willst, so rüste zum Kriege. Es wäre zeitgemäß, ihn abzuändern: [...] Wenn du das Leben aushalten willst, richte dich auf den Tod ein.»[258]

«Der Tod ist für Freud nicht mehr ein abergläubischer, gespenstischer Zwangsgedanke; er beginnt ihn zu verstehen als einen, der mitwirkt und mitgestaltet in der menschlichen Welt. Er bezieht ihn in sein System ein, ändert dadurch noch einmal sein Konzept.»[259]

In der Zeit des Ersten Weltkriegs verändert sich Freuds Umgang mit der Tochter. Annas Geschwister haben das Haus verlassen: Mathilde und Sophie leben mit ihren Männern; die Brüder sind im Krieg. Auch die Zahl der Analysanden verringert sich drastisch. Durch den Krieg wird Freuds Wirkungskreis eingeengt. Hoffnungen, das Leben der Menschen durch die Einsichten der Psychoanalyse entlasten und bereichern zu können, erscheinen nun noch begrenzter, als der «Realist» Freud ohnehin befürchtet.

Neben dem Bangen um Söhne und Freunde bedrängt Freud die Frage, ob und wie die psychoanalytische Bewegung unter diesen Umständen weiterleben kann. Es beschleicht ihn die Angst, dass alle Lebendigkeit für ihn verschwinden könne. In dieser Situation entdeckt der Vater seine jüngste Tochter, und die ergreift ihre Chance. Sie habe ihren Vater niemals zuvor in einer so deprimierten Seelenlage gesehen, teilt sie einer Freundin mit. Wenn sie ihr eigenes Leben als Zukunft für den Vater entwirft, kann es vielleicht gelingen, ihn aus seiner Niedergeschlagenheit zu erlösen. Anna Freud wird ihren «Zwilling», die Psychoanalyse, regenerieren.

Darin steckt ein Versprechen von andauernder Verbundenheit mit dem Vater. Aus kindlicher Perspektive heißt das: Dieser «Große» wird sie immer mitspielen lassen. Was macht es demgegenüber schon aus, dass die großen Geschwister sie nicht gut genug fanden. Sie braucht sie nicht mehr. Aber neben der Verbundenheit gewinnt Anna auch Freiheit. Sie kann sich aus dem schematisierten Frauenbild ihrer Zeit lösen. In Anlehnung an den Großen entdeckt und entwickelt Anna Freud ihre eigene Stärke, bis sich schließlich der Große an sie lehnen kann.

Freud spürt das alles. In seinen Briefen findet sich eine Fülle liebevoller Aussagen über Anna: «Annerl ist wie immer emsig und erfreulich», oder: «Sie entwickelt sich übrigens reizend, erfreulicher als irgend ein anderes der Kinder», oder: «Die Kleine ist aber auch ein besonders liebes und interessantes Geschöpf.»[260]

Später, zwei Jahre nach Sophies Tod (1920), der Freud besonders nahe ging, kann Freud vor Lou Andreas-Salomé in aller Offenheit über seine Bindung an Anna schreiben: «Meine Annatochter fehlt mir auch sehr; sie ist am 2. d. M. nach Berlin und Hamburg gegangen. Ich bedauere sie längst, daß sie noch im Hause bei den Alten sitzt [...], aber andererseits, wenn sie wirklich fortginge, würde ich mich so verarmt fühlen wie z. B. jetzt, wie wenn ich das Rauchen aufgeben müßte.» Zwei gleichermaßen verbotene Genüsse; jedenfalls nennt Freud sein Vergnügen an guten Zigarren «sein Laster». «Man sagt es sich gar nicht so deutlich, solange man zusammen ist, oder wenigstens wir üben dieses Unrecht. Und darum bei all diesen unlösbaren Konflikten ist es gut, daß das Leben irgendwann ein Ende nimmt.»[261]

Kein Zweifel, nicht nur jeder und jede, sondern ganz besonders dieser Vater Sigmund Freud und diese Tochter Anna sind in dem so genannten ödipalen Muster miteinander verstrickt. Als Psychoanalytiker sieht Freud das so: Die Zuwendung zum Vater ist ein Versuch des kleinen Mädchens, sich aus der archaischen Bindung an die Mutter zu lösen. Für die kleine Anna war diese Lösung jedoch erschwert, da der Vater zumeist besetzt war – von den fünf größeren Geschwistern, von der Arbeit, von allem Möglichen eben, das wichtiger für ihn war.

Anna Freud hat viel gelesen: Balladen, Krimis, Gedichte, am liebsten aber abenteuerliche Heldengeschichten. Zu ihren Lieblingsnovellen gehörte «Gustav Adolfs Page» (1882) von Conrad Ferdinand Meyer. Als Befreier des Protestantismus im Dreißigjährigen Krieg ist der Schwedenkönig Gustav Adolf, der einen Heldentod starb, oftmals von den Dichtern dargestellt worden. Im Fokus der Novelle von C. F. Meyer steht jedoch das Schicksal eines jungen Mädchens, das sich als Page Leubelfing ausgibt, um an der Seite des geliebten Königs zu kämpfen. Als Mann verkleidet, zieht es mit ihm ins Feld, ängstlich alles Weibliche verbergend, denn der König duldete keine Frauen in seinem Heer. Stets kämpft es in seiner Nähe, um ihn zu beschützen. Schließlich ereilt beide der Tod. Nun sind sie vereint.

Während ihrer Ausbildung zur Lehrerin, die Anna 1917 mit dem zweiten Lehrerexamen abschließt, und auch während ihrer Berufstätigkeit als Lehrerin an ihrer alten Schule, dem Cottage-Lyzeum (1917–1920), lebt sie weiterhin mit Vater, Mutter und Tante in der Berggasse 19. Nimmt man ihre Unterrichtstätigkeit als Lehramtskandidatin hinzu, so war Anna Freud sechs ganze Jahre in ihrem ersten Beruf tätig. Aber schon in dieser Zeit übersetzt sie psychoanalytische Texte vom Englischen ins Deutsche, zum Beispiel einen Artikel des an pädagogischen Fragen interessierten James Putnam, der seinerseits eine Arbeit von Hermine Hug-Hellmut über «Spieltherapie» ins Englische übertragen hatte.[262] Anna besucht auch die Vorlesungen ihres Vaters an der Wiener Universität, 1916 über den Traum und 1917 über die Neurosen.

Annas intensives Arbeitsleben vollzieht sich unter härtesten Bedingungen. Der Krieg dauert an. Es fehlt an Nahrungsmitteln und an Heizmaterial. Mit ihrem Jahresgehalt von 2000 Kronen und dem in ihrer freien Zeit zusätzlich Verdienten trägt Anna zum Unterhalt der Familie bei. Freud lässt sich einmal einen Vortrag mit einem Sack Kartoffeln bezahlen, der einen stabileren Wert hat als Geld. Die Arbeitszimmer können nicht geheizt werden. Anna erkrankt wie viele Menschen in dieser Zeit an «einer Infektion, die später als Tuberkulose diagnostiziert wurde»[263]. Die Krankheit schleppt sich über Jahre hin und trägt mit dazu bei, dass Anna 1920 den Schuldienst aufgibt.

Anna Freud als Lehrerin

In den Jahren 1918 bis 1921 und dann noch einmal 1924 wird der Vater für sie zum Lehranalytiker, worüber sich Freuds Mitarbeiter und in der Folge viele Generationen von Psychoanalytikern den Kopf zerbrochen und das Maul zerrissen haben. Mancher macht seinen Frieden damit, indem er zu der Wendung greift: «Der Rabbi darf.» Freud war vermutlich der am wenigsten orthodoxe unter den Psychoanalytikern.

Gemeinsam mit dem Vater reist Anna zu den Psychoanalytischen Kongressen. Bald schon nimmt sie teil an den Sitzungen der Wiener Psychoanalytischen Vereinigung. Ab 1920 arbeitet sie in der Auslandsabteilung des Psychoanalytischen Verlags. 1922 erscheint ihre Teilübersetzung des 360 Seiten starken Buches von Julien Varendonck «The Psychology of Day-Dreams» unter dem

Titel «Über das vorbewußte phantasierende Denken». Das Tagträumen ist ihr spezielles Thema, von klein auf ist sie mit dieser seelischen Verfassung bestens vertraut. Jetzt sucht sie es theoretisch zu begreifen. Auch mit dem Übersetzen tritt Anna in des Vaters Fußstapfen.

Als sich Annas Analyse dem vorläufigen Ende zuneigt, lädt Freud Lou Andreas-Salomé nach Wien ein – auch weil er sich von Lous Anwesenheit eine günstige Wirkung auf Anna verspricht. Tatsächlich verstehen sich Anna und Lou von Anfang an. Auch Lou Andreas-Salomé ist keine Schema-Frau. Das von ihr verkörperte Frauenbild entspricht nicht dem der Mutter oder der Tante Minna, obwohl sie, 1861 geboren, zur selben Generation gehört. Lou Andreas-Salomé, die es verstanden hat, ihre schriftstellerische Tätigkeit mit der psychoanalytischen Arbeit zu verknüpfen, wirkt auf Anna wie ein Entwicklungsversprechen für ihre eigene Karriere. Außerdem sieht Anna in Lou einen leibhaftigen Beweis dafür, dass sich Weiblichkeit mit Autonomie und Intellektualität verbinden lässt. Anna folgt der eigenwilligen Lebensmaxime dieser schönen, klugen und liebevollen Frau: Es ist nicht wichtig, welche Art von Leben man führt, es kommt nur darauf an, das jeweilige Leben mit voller Hingabe zu verwirklichen. In Wien nimmt Lou Andreas-Salomé ihre psychoanalytische Tochter Anna überallhin mit, zu ihren alten Wiener Freunden Richard Beer-Hofmann, Felix Salten, Arthur Schnitzler, ins Theater, zu Konzerten.

Im Übrigen kreisen ihre Gespräche um die Psychoanalyse. Wann immer Freud Zeit erübrigen kann, ist er dabei. Ein besonderes Thema hat mit Annas selbst erfahrenen Problemen zu tun: «Schlagephantasie und Tagtraum». Im Gewand dieser allgemeinen psychoanalytischen Fragestellung entblößt Anna Freud in einem Vortrag am 31. Mai 1922 insgeheim ihr eigenes Seelenleben vor der Wiener Psychoanalytischen Vereinigung – ganz ähnlich wie Freud es mit der Analyse seiner Träume gehalten hat.

In ihrer Darstellung arbeitet Anna Freud die sich wandelnden

Lösungen heraus, auf die eine junge Analysandin verfällt, die ihre ödipale Liebe zum Vater und die damit verbundene Geschwisterrivalität bewältigen muss. «In dieser aus der frühen Kindheit stammenden inzestuösen Wunschphantasie [des Geschlagenwerdens] hatte es sich um eine Vereinigung aller Sexualtriebe auf ein erstes Liebesobjekt, den Vater, gehandelt.»[264]

In der Kindheit wünschte sich das Mädchen, dass der Vater seine Geschwister schlägt. Dann wäre klar, dass es als Einzige von ihm geliebt wird. Aber so etwas darf man nicht wünschen. Zur Minderung seiner Schuldgefühle entwickelt das Mädchen die Phantasie, es selbst würde, verwandelt in einen Jungen, vom Vater geschlagen. Diese Phantasie, die aus der Zeit vor dem Schuleintritt stammt, erregt das Mädchen und mündet im Akt der Selbstbefriedigung. Doch das ist verboten, und das Mädchen muss es aus dem Blick rücken.

Im Alter zwischen dem achten und zehnten Lebensjahr erfindet es «schöne Geschichten». Dass die in einem Zusammenhang stehen mit den früheren Schlagephantasien, bleibt dem Mädchen verborgen. In den schönen Geschichten läßt sich ein schwacher junger Mann etwas zuschulden kommen. Dadurch liefert er sich einem starken älteren Mann aus, der ihn womöglich bestrafen wird. Eine aufregende, spannungsgeladene Situation. Doch der Kelch geht an ihm vorüber; er wird nicht bestraft. Stattdessen folgt eine rührende Versöhnung: Die Spannung löst sich, es kommt zur Harmonie.

In der analytischen Behandlung begreift das Mädchen, dass ein Zusammenhang zwischen seiner Schlagephantasie und den Tagtraumgeschichten besteht. In beiden Gebilden geht es um stark und schwach, um kindlich und erwachsen, um Spannung und Angst. Doch während in der Schlagephantasie das Geschehen seine Kontur durch Züchtigung erhält, kommt es in der Tagtraumversion zur Versöhnung.

In der Tagtraumlösung sieht die Referentin Anna Freud einen

Fortschritt mittels Sublimierung: «In der Schlagephantasie finden die direkten Sexualtriebe ihre Befriedigung, in der schönen Geschichte diejenigen, die Freud als ‹zielgehemmte› bezeichnet. Wie in der Entwicklung des Verhältnisses des Kindes zu seinen Eltern teilt sich die ursprüngliche Vollströmung der Liebe in eine verdrängte sinnliche Strebung (hier die Schlagephantasie) und eine sublimierte zärtliche (die schöne Geschichte).»

Schließlich findet das Mädchen in der Pubertät eine weitere Lösungsform: Es schreibt Kurzgeschichten. «Ihre Absicht sei dabei gewesen, seinen [des Rittertagtraums] allzu lebendig gewordenen Gestalten eine Art selbständiger Existenz zu schaffen, damit sie keine Ansprüche mehr an ihre Phantasietätigkeit zu stellen brauchten.» Das heißt, indem die Heranwachsende die Figuren aus ihrem eigenen Seelenleben in eine literarische Existenz entlässt, scheint sie diese endgültig loswerden zu können. Außerdem gelingt es der Analysandin, nach Anna Freuds Darstellung, mit den Kurzgeschichten schließlich eine «für andere bestimmte Mitteilung» zu produzieren. «Bei dieser Umwandlung werden alle Rücksichten auf die persönlichen Bedürfnisse der Träumerin durch Rücksichten auf die erhofften Leser ersetzt. Der direkte Lustbezug aus dem Inhalt der Niederschrift kann ausbleiben, weil die Niederschrift als solche der ehrgeizigen Strebung Befriedigung und dadurch der Verfasserin [der Kurzgeschichten] indirekt Lust verschafft. [...] Denn je besser die Darstellung gelingt, desto größer ist die Wirkung auf andere und damit der indirekte Lustbezug. Die Verfasserin verzichtet also, dieser Wirkung zuliebe, auf die persönliche Lust und vollbringt damit eine Wendung vom Autismus zum Sozialen.»[265]

Mit ihrer differenzierten Fallanalyse zeigt Anna Freud, dass bestimmte Verhaltens- und Erlebensfiguren verständlich werden, wenn man sie als sich wandelnde Bewältigungsversuche eines Kernkonflikts begreift – in diesem Fall des Ödipus-Konflikts.

Es scheint, dass Anna Freud vor der Analyse bei ihrem Vater im

Schreiben eine Form gefunden hat, ihr Seelenleben selbst zu behandeln. Aber auf diese Weise ans Licht gezerrt und seziert, schreibt Anna später während ihrer Arbeit an dem Roman «Heinrich Mühsam» an die Schriftstellerin Lou Andreas-Salomé, würde ihr armer Tagtraum nichts mehr hergeben. Annas Entwicklung wird in eine andere Richtung gehen. Bereits als Lehrerin war es ihr Ziel, «ihre Kinder» so zu kultivieren, dass sie «sozial brauchbar» würden. Dieses Ziel behält sie in ihrer Tätigkeit als Analytikerin bei. Durch die psychoanalytische Ausbildung gewinnt sie das geeignete Rüstzeug, und 1923 eröffnet sie ihre eigene Praxis in der Berggasse 19.

Helene Deutsch erinnert sich an Annas Vortrag vor der Psychoanalytischen Vereinigung: «Schon damals war ihre Begabung offenkundig. Als ich Freud sagte, wie gut ich ihren Vortrag fand, überzog das typische Lächeln eines stolzen Vaters sein Gesicht. Was mich an diesem Referat besonders beeindruckte, war die Tatsache, daß sie ohne Notizen aus dem Gedächtnis sprach. Dasselbe galt von allen ihren späteren Vorträgen, die so eindeutig vom Geist ihres großen Vaters geprägt waren.»[266] Auch mit ihrem Vortragsstil folgt Anna Freud also dem Vorbild des Vaters, der stets frei gesprochen hat.

Anna Freuds persönliche und nun auch professionelle Nähe zum Vater als potenzielle Thronfolgerin wird von den männlichen Analytikern mit einer Mischung aus Eifersucht, gönnerischer Herablassung und manchmal auch Bewunderung beäugt. Dass Freud seine Tochter selbst analysiert, erleben manche als anstößig. Tatsächlich ist es schwer vorstellbar, wie sich der ödipale Konflikt zwischen Vater und Tochter in dieser Konstellation analytisch lösen lässt. Aber auch in diesem Punkt verhält sich Freud unorthodox. Wenn die Identifizierung mit dem Vater im Lebensentwurf einer Tochter nicht hinderlich ist, sondern produktiv wird, muss der Analytiker sie nicht um jeden Preis aufzulösen suchen.

Annas Position wird im Kampf um die Durchsetzung der ‹rei-

Anna und Sigmund Freud

nen Lehre› mit den Jahren immer stärker. Sie wird eine Stütze für den Vater im Kreis der weltweit verzweigten Psychoanalytiker-Familie. Auf sie kann er sich stets verlassen. Sie fällt ihm, anders als die Mitglieder der «Brüderhorde», niemals in den Rücken.

1923 muss sich Freud einer Operation im Gaumenbereich unterziehen. «Völlig unvorbereitet erhält seine Familie die Nachricht, jemand solle ihn im Wartezimmer eines Kieferchirurgen abholen; da sitzt er blutend auf einem Stuhl. Freud hat oft geklagt; jetzt handelt er still für sich, er kann mit einem Gegner, den er lokalisieren kann, kämpfen. Er hält 31 Operationen durch.»[267]

Freuds Hausarzt Felix Deutsch diskutiert die Frage, ob man Freud die Diagnose Krebs mitteilen solle oder nicht, mit dem engsten Kreis von Freuds Mitarbeitern im Komitee. Sie kommen überein, dass man sie ihm verheimlicht. Als Freud davon erfährt, fühlt er sich verraten und entmündigt. Er trennt sich von seinem

Hausarzt, während Anna die Beziehung nicht abbricht. Etwa zwei Monate nach der Operation stirbt Freuds Lieblingsenkel Heinele, Sophies zweiter Sohn. Bei diesem Ereignis ist Freud einem seelischen Zusammenbruch nah. Er hat das Gefühl, dass er nie wieder ein Kind werde lieb haben können. Das Leben im Ganzen droht seinen Reiz und seinen Sinn für ihn zu verlieren. Freud resigniert in Endzeitstimmung.

Für den Sommer hatte Anna mit dem Vater eine Romreise geplant. Als Anna dem Arzt mitteilt, sie würden vielleicht längere Zeit dort bleiben, errät sie an Felix Deutschs ablehnender Reaktion, dass er Freud nicht die Wahrheit gesagt hat. Später begründet Deutsch das Täuschungsmanöver mit seiner Angst, Freud hätte Suizid begehen können, hätte er vom wahren Ausmaß der Krebserkrankung erfahren.

Obwohl niemand vor der Romreise aufrichtig sprach, «wußten Vater und Tochter, daß nach ihrer Rückkehr nach Wien eine schwere Prüfung ihrer harrte: ‹Wir warfen Münzen in den [Trevi-]Brunnen, in der Hoffnung auf eine Rückkehr, die wegen seiner bevorstehenden Operation eine sehr ungewisse Sache war.› ‹Wir wollten allerdings sehr viel sehen›, schrieb Anna Freud später an Eitingon, ‹oder vielmehr Papa mir zeigen und ich ihn wiedersehen lassen, und genügsam waren wir gar nicht; dann war noch die viele Angst und Unruhe dabei, das Gefühl von Nichtsollen und Fortmüssen und ein Gemisch von Abschied und Wiedersehen. Trotzdem wird eine wunderbarere Reise nicht leicht jemand machen.›»

Anna Freud erweist sich als großartige Reisegefährtin und als ausgezeichnete «Krankenschwester». Als es plötzlich zu einer starken Blutung aus Freuds Mund kommt, kann sie trotz des Erschreckens beherzt helfen. Freud fordert Anna auf, mit ihm «direkt und unsentimental zu sein, und sie erfüllte ihm diesen Wunsch. Freud schrieb an Lou Andreas-Salomé aus Rom: ‹Was für eine gute Gesellschaft meine kleine Tochter ist, merke ich erst hier.›»[268]

Annas Erwägungen, unterstützt von Max Eitingon und Lou Andreas-Salomé, eventuell in Berlin eine eigene Praxis zu eröffnen, spielen nun keine Rolle mehr. Für sie ist es selbstverständlich, dass sie beim Vater bleibt. Bis zu seinem Lebensende übernimmt sie die Pflege der Wunde und entwickelt den Sachverstand einer Krankenschwester. Schon die zweite Operation, die Freud über sich ergehen lassen muss, «war radikal: Sie entfernte den größeren Teil des rechten Oberkiefers, einen beträchtlichen Teil des Unterkiefers, des rechten weichen Gaumens, der Backen- und Zungenschleimhaut, der Unterkiefer- und Jagulardrüsen. Für diese Wunde gab es keine ideale Prothese; das ‹Resultat war ein Leben endloser Qual›. ‹Essen, Rauchen und Reden war nur mit großer Anstrengung und unter Schmerzen möglich.›»[269]

In seinem Aufsatz «Das Motiv der Kästchenwahl» hatte Freud geschrieben: «Dieser dem Tode Verfallene will aber auf die Liebe des Weibes nicht verzichten, er will hören, wie sehr er geliebt wird [...]. Der alte Mann aber hascht vergebens nach der Liebe des Weibes, wie er sie zuerst von der Mutter empfangen.»[270] Anna Freud schiebt in den nächsten Jahren ihre eigene Mutter mehr und mehr zur Seite und lässt dem erkrankten alten Vater die mütterliche Liebe zuteil werden, nach der sich nicht nur ein König Lear sehnt.

Auf der Ebene der psychoanalytischen Theorie schätzt Freud «Liebe und Tod als universale Gewalten» ein.[271] Von jetzt an weiß er genau, was das in seinem ganz privaten Leben bedeutet. Am 13. Mai 1924, ein halbes Jahr nach der ersten Operation, schreibt Freud an Lou Andreas-Salomé: [...] «mit der Existenz auf Kündigung komme ich nicht zurecht»[272].

Von Anna und selbstverständlich auch von seiner Frau Martha und der Schwägerin Minna unterstützt, gewinnt Freud dennoch einen Teil seiner Arbeitskraft und manchmal auch seiner Lebenslust wieder. Bald kann er sogar wieder kürzere Reisen zu seinen anderen Kindern selbständig unternehmen. Dann fühlt sich Anna für Momente vernachlässigt und beklagt sich darüber bei ihrer Freundin Lou Andreas-Salomé.

Freuds Aussprache wird durch das Tragen einer Prothese, die er «das Ungeheuer» nennt, behindert. So wird Anna oftmals zu seiner Sprecherin. Sie vertritt ihn auf Kongressen und vermittelt zwischen den konkurrierenden Mitgliedern der psychoanalytischen Bewegung. 1930 hält sie anlässlich der Verleihung des Goethe-Preises an Sigmund Freud stellvertretend seine Rede in Frankfurt. Sie fungiert auch als Privatsekretärin, die in Freuds Auftrag Briefe beantwortet. 1934 schreibt Freud an Arnold Zweig, dass «das Schicksal mir zur Entschädigung für manches Versagte den Besitz einer Tochter gewährt hat, die unter tragischen Verhältnissen hinter einer Antigone nicht zurückgestanden wäre»[273].

Nach 1923 führen alle Wege zu Freud gleichsam durch Annas Zoll. Neue Aufgaben kamen auf Anna-Tochter zu, als der bislang so getreue Otto Rank mit seiner Theorie vom «Trauma der Geburt» gegen Freuds Lehre opponiert und Mitte der zwanziger Jahre Wien und der klassischen Psychoanalyse den Rücken kehrt. Anna Freud wird an Ranks Stelle Mitglied des psychoanalytischen Komitees, das die Richtlinien der Psychoanalyse festlegt.

Um auch dem medizinischen Wissen ihrer Kollegen gewachsen zu sein, nimmt Anna Freud 1924 an den Visiten in Julius Wagner-Jaureggs psychiatrischer Abteilung des Wiener Allgemeinen Krankenhauses teil. 1925 wird sie Sekretärin am neu gegründeten Wiener Lehrinstitut, das anfangs von Helene Deutsch und Siegfried Bernfeld geleitet wird.

Zukünftig umgibt sich Anna Freud mit Frauen ihres Alters, die wie sie selbst dem Schöpfer der Psychoanalyse das Leben erleichtern und seine Lehre in die Zukunft führen wollen. Eine exklusive Bedeutung in diesem Kreis wird die Amerikanerin Dorothy Tiffany Burlingham für Anna erhalten – und dadurch auch für Sigmund Freud.

Dorothy Tiffany Burlingham: Nebentochter mit Kindern

«[...] aber alles überragte seine Fähigkeit, das Leben ehrlich anzuschauen.»
Dorothy Tiffany Burlingham

In großer Bedrängnis verlässt Dorothy Tiffany Burlingham 1925 ihren geistesgestörten Mann in New York, um bei Freud in Wien Hilfe zu suchen – für ihre Kinder, für sich selbst, und wenn irgend möglich auch für ihren Mann. Der zehnjährige Bob leidet unter Asthma, Allergien und anderen seelischen Beeinträchtigungen. Schon vier Jahre lang hatte Dorothy Burlingham mit Ortswechseln in Amerika experimentiert. Während der Wintermonate in Tucson, Arizona, schien sich das trockene Wüstenklima positiv auf Bobs Gesundheit auszuwirken. Aber dann kam das Leiden der Kinder unter der Trennung vom Vater hinzu.

In Wien fügt es sich so, dass Anna Freud mit diesem amerikanischen Jungen eine ihrer ersten Kinderanalysen durchführt. Ebenso mit dessen Schwester Mabbie (Mary) und schließlich auch mit Tinky (Katrina) und Mikey (Michael).

Die Mutter beginnt mit einer Analyse bei Theodor Reik, sie ist zu schüchtern, Freud selbst zu bitten. Erst drei Jahre später wird sie bei ihm mit einer Lehranalyse beginnen, von der Reik abgeraten hatte. Der Vater der Kinder, der Chirurg Robert Burlingham, kommt ebenfalls, konsultiert Sándor Ferénczi, lehnt jedoch die Psychoanalyse ab und findet auch anderweitig keine Hilfe für sein manisch-depressives Leiden. Phasenweise muss er sich in die geschlossene Abteilung einer psychiatrischen Klinik begeben, wo man ihn nicht heilen kann. 1938 stürzt er sich aus seiner New Yorker Wohnung im vierzehnten Stockwerk.

Dorothy Burlingham (in der hinteren Reihe Erste von rechts) mit ihren Kindern Tinky, Mikey und Bob (untereinander in der Mitte), Dritter von oben Ernstl Halberstadt, dazu Sigmund Freud und Anna Freud (links neben Dorothy Burlingham)

Dorothy Burlingham fürchtet in der Anwesenheit ihres Mannes um die Kinder und ist bemüht, sie von ihm fern zu halten. «Sie mußte dabei immer wieder mit seiner Hoffnung nach einer Wiedervereinigung der Familie ringen sowie mit den Anstrengungen, die sein Vater, der prominente New Yorker Anwalt und Politiker Charles Cult Burlingham unternahm, um die Kinder von Dorothy, der Psychoanalyse und den jüdischen Freuds zu entfremden.»[274]

Gleichzeitig leidet sie darunter, dass sie ihrem Mann nicht helfen kann. Wenn es ihm gut geht, ist er der liebste Vater, den Kinder nur haben können. Aber wenn ihn seine Wahnvorstellungen überkommen, wird sein Verhalten unberechenbar und gefährlich.

Ein dramatisches Geschehen – Sigmund und besonders Anna Freud geraten mitten hinein. So ist es kein Wunder, dass Annas Mitgefühl von Anfang an stärker ist als bei ‹normalen›, weniger spektakulären ‹Fällen›. Gleich spürt sie, dass hier ein rettender Engel gefragt ist, den sie nur allzu gerne spielen möchte – aber das verträgt sich nicht mit der psychoanalytisch gebotenen Distanz.

Dorothy wurde am 11. Oktober 1891 in New York als «die letzte Tiffany»[275] geboren, als jüngstes Kind des berühmten Jugendstil-Künstlers Louis Comfort Tiffany und seiner zweiten Frau Louise, geborene Wakeman Knox. Sie wächst auf in einer Welt von Reichtum, Kunst und Schönheit. Charles Lewis Tiffany, Dorothys Großvater, hatte nach seinen Anfängen mit einem Kramladen das berühmteste Juweliergeschäft der Welt, «Tiffany & Company», gegründet und hinterließ 1902 eines der größten Vermögen in Amerika. Dorothys Vater, der zunächst auf die Malerei setzte, hatte mit der Gestaltung seiner berühmten Tiffany-Glasobjekte – Fenster, Lampen, Vasen und andere Dinge – das Vermögen vermehrt und war nicht ohne Einfluss auf die europäische Kunst des Jugendstils gewesen. Das «Musée des Arts Décoratifs» in Paris erwarb 1894 einige Objekte und die oberen zehntausend ließen ihre Häuser von den «Tiffany Studios» einrichten.

1913 veranstaltete Dorothys Vater ein großes Maskenfest zum Thema Ägypten. Geladen waren alle, die Rang, Namen, Geld und Kultur besaßen, unter ihnen die Rockefellers. Die Einladung bestand aus einer Schriftrolle mit ägyptischen Hieroglyphen, samt englischer Übersetzung:

> «Heil euch, ihr Großen dieser Welt,
> glückliche Freunde, ihr Männer und Frauen,
> es spricht der Herr des Throns der Welt,
> kommt her zu mir und freuet euch,
> die Schönheit, meine Königin zu schauen.»[276]

«Mit seinem ägyptischen Fest wollte Tiffany seiner Umwelt sicher auch durch ‹Erlebniserziehung› vermitteln, daß Kunst und Kultur nicht nur in Museumsstücken bestehen, die in Schaukästen verstauben und von ferne bewundert werden, sondern auch das Ohr und die Geschmacksnerven, ja den ganzen Menschen ansprechen können. Er wollte beweisen, daß ein Künstler, der seine eigenen

Normen und Werte zu setzen versteht, auch Räume, Farben, Menschen, Stoffe, erlesene Speisen und Weine, Töne, Bewegungen, Lichteffekte und Zeitabläufe als Medien zur Gestaltung eines Gesamtkunstwerkes verwenden kann.»[277] Die 22-jährige Dorothy trat als «Schauspielerin» im ägyptischen Kostüm zusammen mit ihrer Schwester Julia bei dem Fest auf.

Auf Long Island besitzt die Familie das Anwesen «Laurelton Hall» mit ausgedehnten Gebäudekomplexen, mit Ländereien und einer eigenen Bucht am Meer, «Oyster Bay». Zur Hochzeit beschenkt der Vater jede seiner Töchter mit einem Haus, das er eigens für sie entwirft. Welch schöner Start, könnte man denken. Doch Dorothy, die mit dreizehn Jahren ihre Mutter verlor, scheint in all der Großartigkeit nicht glücklich gewesen zu sein. Offenbar kann ein Mensch bei allem äußeren Glanz und Reichtum einsam und seelisch hungrig bleiben. Eine dunkle Kehrseite scheint mit dieser durchgestalteten und anspruchsvollen Lebensform verbunden gewesen zu sein. Nach Young-Bruehl hat der Vater gern zu viel getrunken und seine Kinder zudem «streng und fordernd» behandelt. Appignanesi schreibt von unberechenbarer Tyrannei und Alkoholismus. Und der Urenkel Michael Burlingham bezeichnet Louis Comfort Tiffany als «kultivierten Despoten».

Dorothys Mutter engagierte sich im sozialen Bereich. Sie war Kuratoriumsmitglied der «New York Infirmary for Women and Children», einer Klinik, die ausschließlich weibliches Personal beschäftigte und bahnbrechende Arbeit in der Ausbildung leistete; Abhandlungen über Geisteskrankheiten gehörten zu ihrer bevorzugten Lektüre. Julia de Forest, eine enge Freundin der Mutter, habe ihr aus Freuds «Traumdeutung» vorgelesen, erinnert sich Dorothy.[278]

Als jüngstes Kind hat sich Dorothy, ganz ähnlich wie Anna Freud, «als ungeliebtes Anhängsel in ihrer Familie gefühlt»[279]. Ihre beiden vier Jahre älteren Schwestern, Comfort und Julia, haben sie nicht in ihre Zwillings-Gemeinsamkeit einbezogen. Dorothys ständiger Ausruf war: «Me too!» – «Ich auch!» Die drei Jahre ältere Annie starb, als Dorothy erst ein Jahr alt war. So wächst sie mit einer trauernden Mutter auf. Die älteren Stiefgeschwister aus der ersten Ehe des Vaters waren ihr fern; sie lebten schon in einer ganz anderen Welt. Im Übrigen hatte sie, wie Anna Freud, ein Sohn werden sollen. Wie Anna ist auch sie eine gute Schülerin, besonders in Mathematik.

Während Dorothys Mutter moderne Gedanken über die Ausbildung ihrer Töchter hegt, ist es für den Vater unvorstellbar, dass sie etwa einmal Ärztinnen sein könnten. Er unterbindet diesen «Unsinn»[280]. Nach dem Tod der Mutter, an deren wochenlanges qualvolles Stöhnen sich Dorothy ihr Leben lang mit Schauder erinnert, sorgt deren Freundin Julia de Forest dafür, dass Dorothy «fünf schreckliche Jahre» in einem Internat in Maryland unterrichtet wird. Das junge Mädchen leidet unter der Trennung von der Familie, wiewohl es weiß, dass es auch dort nicht glücklich wäre.

Anna Freud fühlt sich hingezogen zu dieser zarten, zurückhaltenden und etwas scheuen Frauengestalt, deren märchenhafte Herkunft sie fasziniert. Mit ihrem Vater wagt Anna nicht darüber zu sprechen, auch nicht mit Lou Andreas-Salomé. So vertraut sie sich, wie schon oft, Max Eitingon an. «Ich glaube manchmal, ich will sie [die Burlingham-Kinder] gar nicht nur gesundmachen, ich will sie gleichzeitig auch haben, wenigstens etwas von ihnen für mich haben. Das kommt zwar vorläufig der Arbeit zugute, aber irgendeinmal muß es sie eigentlich stören und im Ganzen kann man es wirklich nicht gut anders als ‹dumm› nennen. Auch der Mutter der Kinder gegenüber geht es mir nicht viel anders. Merkwürdiger Weise aber schäme ich mich für alle diese Dinge sehr und besonders vor Papa und erzähle ihm deshalb auch gar nichts davon. – Das ist nur ein kleines Beispiel, aber eigentlich habe ich diese Abhängigkeit, dieses Etwas-Haben-Wollen, vom Beruflichen abgesehen, ja an allen Ecken und Enden.»[281]

Anna Freud behandelt ihre Wünsche nach eigenem Leben und

Lieben sowie nach Geliebtwerden mit äußerster Strenge. Sie spürt, dass sie mehr braucht als die Verbundenheit mit dem Vater – aber davor wird ihr bang, als wäre es etwas Verbotenes. Glücklich, dass Eitingon sie versteht, schreibt Anna Freud: «Das Zusammensein mit Mrs. Burlingham ist mir eine sehr große Freude und ich bin sehr froh darüber, daß Sie auch so einen guten Eindruck von ihr haben.»[282]

So deutet sich der Beginn einer Paargemeinschaft zwischen den beiden Frauen an. Sie werden zukünftig ihr Leben nach dem Muster einer Zwillingsphantasie gemeinsam gestalten. 1928 zieht Dorothy Burlingham mit ihren Kindern in der Berggasse 19 ein, eine Etage über der Freud-Familie. «Unsere Symbiose», schreibt Freud 1929 an Binswanger, «mit einer amerikanischen Familie (ohne Mann), deren Kinder meine Tochter mit fester Hand analytisch großzieht, befestigt sich immer mehr, so daß auch unsere Bedürfnisse für den Sommer gemeinsam sind.»[283]

Annas Partnerwahl erweist sich als glücklich. Ihr gelingt das Unmögliche: Sie ‹bekommt› sogar ‹Kinder›, also eine komplette eigene Familie, in der sie von Fall zu Fall die Rolle eines Vaters, einer Mutter und auch eines Kindes spielen kann, ohne sich von ihrem geliebten Vater trennen zu müssen. Freud hat sich bis dahin oftmals gefragt, wie er es würde verkraften können, wenn Anna eines Tages doch einen Mann fände. Als Dorothy Burlingham in Annas Leben tritt, löst sich dieses Problem. Freud ist Annas Freundin dankbar zugetan, von Eifersüchteleien einmal abgesehen, da sie zu einer Stabilisierung seiner Lebensform beiträgt. Dorothy ihrerseits findet in dem «Professor» eine Vatergestalt, durch deren wohlwollenden Blick sie ihr neues Leben beschützt und gerechtfertigt weiß. Was Freud «Symbiose» nennt, bedeutet, dass die erweiterte Familie einen Schutzwall um die Erfordernisse seines Lebens baut.

Einen weiteren Wall bilden Annas Freundinnen Eva Rosenfeld, die Holländerin Jeanne Lampl-de Groot und Marianne Kris, geborene Rie. Sie alle lassen sich zu Psychoanalytikerinnen ausbilden und werden zum Kern der zweiten Psychoanalytiker-Generation. Sie stärken Anna den Rücken und arbeiten unter ihrer Regie am Ausbau der Psychoanalyse in Richtung Kinderanalyse, psychoanalytische Pädagogik und Ich-Psychologie mit.

«Anna vertritt den Vater wie ein Sohn – übernimmt Pflichten, organisiert; sie sorgt für Ausgleich in der psychoanalytischen Großfamilie; sie kümmert sich um Erholung, ärztliche Betreuung genauso wie um die Finanzen [...]. Anna Freud ist Teil des Vaters und Tochter, sie ist Mutter und Pflegerin, sie ist Mitarbeiter und Stellvertreter, sie beschafft neue Geschwister – und sie macht diese Anverwandlungen leibhaft sichtbar in den Kindern, die sie in ‹ihre› Familie zieht, die ihre Rolle spiegeln und die dabei ein ‹großes Ganzes› darstellen.»[284] Dass sie all das sein und bewältigen kann, verdankt sie nicht zuletzt der liebevollen Zuneigung und tatkräftigen Unterstützung von Dorothy Burlingham.

Im Alter von 69 Jahren schreibt Freud an Oskar Pfister, er sei müde, «wie nach einem mühseligen Lebensweg begreiflich», und glaube, sich die Ruhe ehrlich verdient zu haben. «Die organischen Elemente, die es solange mitsammen ausgehalten haben, streben auseinander, wer wollte sie länger in den Verband zwingen?» In dieser Situation der Hinfälligkeit, der Zuspitzung in seinem Verhältnis zu männlichen Mitarbeitern, der finanziellen Engpässe sowie Einschränkungen seines Spielraums fängt ihn die neue Generation der Psychoanalytikerinnen um Anna Freud gleichsam auf.

Zusammen mit Eva Rosenfeld und dem Lehrer Peter Blos gründen die beiden jungen Frauen ein psychoanalytisch orientiertes Schulprojekt für Kinder, deren Eltern wie sie selbst in psychoanalytischer Behandlung und/oder Ausbildung sind. Zu den Kindern gehören in erster Linie die vier Burlingham-Kinder, auch die der mit Dorothy befreundeten Familie Sweetser, die sie 1925 von Amerika nach Wien begleitet hatte. Schließlich sind es zwischen fünfzehn und zwanzig Kinder, die die «Schule» besuchen, ein umgebautes Bauernhaus auf dem Grundstück der Rosenfelds in Hietzing, finanziert durch Dorothy Burlingham. Peter Blos mobilisiert seinen Schulkameraden aus Karlsruhe, Erik Homburger, und warnt Anna Freud zugleich: «Er ist ein Künstler, er weiß nichts von Erziehen und Unterrichten.» Warum er ihn dann empfehle, fragt Anna Freud. Blos gibt zur Antwort: Weil er mehr von begabten als von ausgebildeten Leuten halte.[285] Die Anreise des begabten Künstlers, der Zeichnungen und Stiche anfertigt, oftmals von Kindern, wird von Dorothy Burlingham vorfinanziert. Wenn er an Ort und Stelle sei, könne er ja ihre Kinder porträtieren.

Ausgesprochene Absicht der Hietzinger Schule ist es, Neugier und Gestaltungskräfte der Kinder freizusetzen und zu stärken, wie es auch das Ziel jeder psychoanalytischen Behandlung ist. Im Zentrum steht der Gedanke, durch das künstlerische Gestalten eine Art seelischer Selbstregulation (Wachsenlassen) zu beleben sowie die Kinder bei der Realisierung ihrer Wünsche und bei der Lösung der damit verbundenen seelischen Konflikte zu unterstützen. Erik Homburger gerät in den Bann der Psychoanalyse, unterzieht sich einer Analyse bei Anna Freud, wird Montessori-Lehrer und entwirft später unter dem Namen Erik H. Erikson, von der Psychoanalyse ausgehend, eine eigene Entwicklungspsychologie, in deren Zentrum die Ausbildung der Ich-Identität steht.

In den Sommermonaten mietet der Kreis um Anna Freud und Dorothy Burlingham Häuser, «Tür an Tür mit den Freuds; Dorothy nahm alle in ihrem Auto mit; die Kinder spielten mit den Freud Enkelkindern, besonders mit Ernstl Halberstadt, der einen Großteil seiner Jugend bei den Freuds verbrachte und Bob Burlinghams bester Freund wurde. Von 1927 an unternahmen Dorothy Burlingham und Anna Freud gemeinsame Urlaubsreisen und ließen ihre Familien in der gegenseitigen Gesellschaft zurück, und 1930 kauften sie gemeinsam ein Haus am Semmering, damit alle Mitglieder der beiden Familien, die es wollten, das Wochenende auf dem Land verbringen konnten.»[286] Das Haus lag nur 45 Autominuten von der Berggasse entfernt.

«Hochrotherd», ein Bauernhaus, das sie restaurieren, wird zum Symbol einer Lebensform, die Anna wie Dorothy lieben. «Ich mag am Landleben», sagt Anna einmal, «daß es alles auf eine einfache Formel bringt, sogar das Psychische.» Das Einfache umschließt das Kindliche. Anna Freud und Dorothy Burlingham erlauben der Natur ihrer eigenen Kindlichkeit neuen Spielraum. Bei der Kultivierung des Gartens spüren sie, dass neben aller Arbeit Wichtiges von selbst geschieht – man muss auch wachsen lassen können. Anna gelingt es, ihre Strenge ein wenig zu mäßigen. Zusammen mit Dorothy genießt sie Literatur, Musik und andere Künste. Aus dem Zusammenleben mit den Kindern wie aus der psychoanalytischen Arbeit mit ihnen gewinnt Anna Freud ihr Konzept der Kinderanalyse. 1927 erscheint ihre «Einführung in die Technik der Kinderanalyse», in der sie besonders die Unterschiede zur Analyse Erwachsener herausarbeitet.

Das in ihrer eigenen Biographie begründete Verständnis des Kindlichen stellt Anna Freud auf die solide Basis der psychoanalytischen Auffassung vom Kräftespiel des Seelischen. Das Kind ist keine uniforme Größe, es organisiert und wandelt sich in so genannten Entwicklungsphasen mit je eigenen Standards seelischer Gesundheit. Lange Zeit bleibt es angewiesen auf die erwachsenen Liebesobjekte, eingebunden und ergänzungsbedürftig. Die Kinderanalytikerin tritt, ob sie will oder nicht, in Konkurrenz zu den ersten Liebesobjekten des Kindes. Daher braucht die Kinderanalyse eine Vorbereitungsphase, in der sich die Analytikerin darum bemüht, das Kind für sich zu gewinnen. Schließlich kommt es nicht wie die Erwachsenen aus eigenem Antrieb, sondern wird von den Eltern geschickt. Nur wenn es der Analytikerin gelingt, für das Kind wichtig zu werden, ein Bündnis mit ihm einzugehen, wird es sich öffnen.

Auch leistet die Sprache noch nicht den Dienst eines Mediums

Dorothy Burlingham, Alfred de Forest
und Anna Freud in «Hochrotherd»

für Behandlung und Verständnis kindlichen Tuns und kindlicher Befangenheiten. Die «Sprache», in der sich das Seelenleben des Kindes ausdrückt, liegt im Gestalten (Spielen und Malen) seines Alltags, seiner Konflikte, Träume und Tagträume. Material der Analyse sind wiederum – anders als beim Erwachsenen – nicht seine Erinnerungen, sondern seine Konflikte, die aktuell sichtbar werden. Darüber hinaus sind Bewusstes und Unbewusstes sowie die Instanzen von Es, Ich und Über-Ich weniger klar gesondert und ausgeprägt als bei den Erwachsenen.

In der «Laienanalyse» (1927) erwähnt Freud «die Anpassung an die Realität» als Ziel psychoanalytischer Therapie. Das verstünden die theoretisch versierten Kollegen nicht, berichtet Anna brieflich ihrer ‹großen Schwester› Lou Andreas-Salomé. «Mir kommen viele neue Gedanken dabei, wie man das auf die Erziehung übersetzen könnte, teils aus meiner Arbeit mit den Burlingham- und Sweetserkindern, teils aus Eva Rosenfelds Art, ihre Kinder zu erziehen. Es scheint mir so ein schönes Ziel: das Kind angstlos zu machen und heimisch in allem. Denn ich erinnere mich so gut daran, wieviel Angst ich vor allem Unbekannten hatte und wie sie beim Kennenlernen vergangen ist.»[287]

Anna Freud bricht eine Lanze für «das Einfache». Später, in ihrem eigenen Lehrinstitut für Kinderanalytiker in London, wird sie in theoretischen Diskussionen über Analyseverläufe immer wieder betonen, der Kern des Problems müsse etwas Einfaches sein; darauf solle man das Augenmerk richten.

1928 schreibt Anna noch etwas verunsichert an Lou Andreas-Salomé: «Aber wenn ich den andern in der Vereinigung zuhöre, dann kommt mir vieles sehr schwierig und kompliziert vor, so als ob ich die Einfachheit selber nur hineinsehen wollte, sie gar nicht da wäre. Das liegt wohl daran, daß so viele der andern die Dinge besser verstehen, wenn sie sie vom Menschlichen entfernen und theoretisch kaltstellen. Und bei mir hört so leicht das Verständnis auf, wenn es sich zu weit weg vom Menschlichen begibt. Das fühle ich auch sehr bei den Kontrollstunden, die ja jetzt bei uns einen großen Teil der Lehrtätigkeit am Institut ausmachen. Frau Dr. Deutsch z. B. gibt ihren Schülern, wenn sie ihr berichten, immer den ganzen Ausblick auf das Gesamtbild der betreffenden Neurose. Und ich bleibe – weil ich es mir gar nicht anders vorstellen kann – immer in der momentanen Situation zwischen Patient und Analytiker mit all den daraus sich ergebenden Komplikationen für das Verhalten. Das ist ganz praktisch, aber [...].»[288]

Dorothy Burlingham nimmt teil an Anna Freuds Seminaren am Wiener Ausbildungsinstitut. So ist sie von Anfang an beteiligt an der Weiterentwicklung der Psychoanalyse zur Kinderanalyse. 1932 wird sie mit ihrem Vortrag «Die Kinderanalyse aus der Sicht der Mutter» selbständiges Mitglied der Wiener Vereinigung. Ihr Leben wandelt sich in vielfacher Weise. Neben der Zuneigung zu den Freuds, neben der Fürsorge für ihre Kinder und Freunde gewinnt sie mit dem Beruf der Analytikerin neuen Halt.

Kind einer bekannten und vornehmen Familie zu sein, hatte bei Dorothy Burlingham als Nebenwirkung das bange Gefühl entstehen lassen, als wäre damit bereits alles erledigt, als wäre die Entfaltung eines persönlichen Könnens eigentlich überflüssig, als wäre sie selbst vielleicht überflüssig, als bestünde die Aufgabe ihres Lebens darin, sich über andere zu definieren. Die Bedrohung ihrer Kinder durch einen kranken Vater, die Trennung von dem Mann, den sie liebt, die Zweifel, ob sie nicht vielleicht doch mit ihm leben könnte, seine Besuche und ‹Verführungen›, mit den Kindern zu ihm zurückzukehren, ihre Bindung an Anna und Sigmund Freud, die Schwierigkeiten der Kinder – all diese Probleme haben sie in eine Krise mit schweren psychosomatischen Beeinträchtigungen und tiefer Traurigkeit gestürzt. Aber das mit dem Dilemma verbundene Leid hat ihr auch einen Weg gewiesen, ihr Leben selbst in die Hand zu nehmen. Freud hat diesen Vorgang als sehr schwierig eingeschätzt, weil Dorothy Burlingham die Lösung ihrer Probleme in der Hinwendung zu anderen suchte, statt eine Art narzisstischer Selbstgenügsamkeit zu entwickeln. Mit dem Studium der Psychoanalyse als Theorie und der Ausbildung zur Analytikerin verfügt sie nun über ein Rüstzeug, um jenseits familiärer Aufgaben in der Welt tätig werden zu können.

Dorothy Burlingham, «die letzte Tiffany», kommt wie «die letzte Bonaparte», Prinzessin Marie Bonaparte, in einer Zeit zur Psychoanalyse, als Freud, «Die Frage der Laienanalyse» beantwortend, einen neuen Akzent setzt. In aller Deutlichkeit rückt er für die Öffentlichkeit in den Blick, dass die Psychoanalyse mehr und anderes beabsichtigt als eine Fortsetzung medizinischer Forschung mit neuen Methoden. Für die Nicht-Medizinerin Dorothy Burlingham wie auch für Anna Freud, Lou Andreas-Salomé, auch viele männliche Analytiker, unter ihnen Theodor Reik, bedeutet das eine neue Wertschätzung. Freud macht deutlich, dass die Denkweise der Mediziner nicht geeignet ist, seelische Zusammenhänge zu verstehen. Die Kenntnis der einzelnen Teile des Körpers wie Nervenbahnen oder Fußknöchel verhilft nicht dazu, die umfassenderen unbewussten Prozesse zu sehen, die sich zwischen Es, Ich, Über-Ich abspielen, zugespitzt etwa im Seelendrama des Ödipuskonflikts.

Anders als das Medizinstudium richtet ein Studium von Mythologie, Kunst und Literatur den Blick auf die seelischen Existenzgrundlagen des Menschen in der Kultur. Erst vor dem Hintergrund der Kultur erschließt sich die symbolische Bedeutung von Symptomen und Verhaltensproblemen. 1930 zeigt Freud in «Das Unbehagen in der Kultur», dass die Menschen seiner Kultur unter seelischer Überforderung leiden. Zugunsten der Sicherung ihres Überlebens durch die kulturspezifische Organisation des Zusammenlebens haben sie ein hohes Maß an Triebverzicht zu leisten. Sexuelle Befriedigung bleibt offiziell der ehelichen Gemeinschaft vorbehalten, was zu Doppelmoral und Heuchelei führt. Und die Befriedigung aggressiver Triebe soll gänzlich unterbunden werden: Daraus folgt der Aufbau eines überstrengen Über-Ich, das die Aggression gleichsam nach innen richtet – gegen die Triebansprüche. Nun könnte man meinen, Freud würde das Ausleben der Triebe empfehlen. Das tut er nicht, denn damit würde er der Verwahrlosung das Wort reden. Kultur ist nach Freuds Einschätzung ein konstitutionell ambivalentes Phänomen. Das Leben, so wie es den Menschen auferlegt ist, sei zu schwer für sie, konstatiert Freud. Das Unbehagen, das den Kulturmenschen überkommt, lässt sich jedoch auch durch psychoanalytische Behandlung nicht aufheben.

Daraus leitet sich eine neue Einschätzung dessen ab, was eine psychoanalytische Behandlung leisten kann. Ihr Ergebnis kann nicht ein glücklicher, konfliktfreier Gipfelstürmer oder ein selbstloser Engel sein. Allenfalls kann es gelingen, dass der Mensch, durch die Analyse vertraut gemacht mit seiner kindlichen Besessenheit vom Ausleben der Triebe, die Begrenztheit seiner Glücksbegabung akzeptiert. Ungefähr das steckt in der verwunderlichen Formulierung Freuds, Ziel der Analyse sei die Umwandlung neurotischen Leids in normales Leid. Es ist allerdings etwas erreicht, wenn man unterscheiden lernt, was zu verändern und was hinzunehmen ist.

Ganz aktuell erlebt Dorothy Burlingham dieses Problem, als 1929 ihr Mann Robert mit seinen Eltern zu einem Treffen in Berchtesgaden aus der Neuen Welt angereist kommt. Er will seine Frau davon überzeugen, dass es für alle Beteiligten am besten sei, wenn sie mit den Kindern wieder bei ihm in Amerika lebt. «Es kam zu schwierigen, sorgsam protokollierten Gesprächen zwischen Robert Burlingham, seinem Vater, Sigmund Freud und Anna Freud über die Analysen mit den Kindern und mit Dorothy. Während der ganzen Zeit ihres Aufenthaltes war die Atmosphäre angespannt, obwohl Dorothy sich bemühte, ihren Besuch mit Ausflügen bei guter Laune zu halten. [...] Dorothy Burlingham blieb mit ihren Kindern in Wien. Ihre Ehe scheiterte, trotzdem kam es zu keiner offiziellen Scheidung.»[289]

Den Schlüssel zu den Müttern hätte Breuer in der Hand gehalten, schrieb Freud 1895, in den Gründerjahren der Psychoanalyse. 1931 kommt er noch einmal auf die Mütter zurück, auf die real existierenden: «Alles auf dem Gebiet dieser ersten Mutterbindung erschien mir so schwer analytisch zu erfassen, so altersgrau, schattenhaft, kaum wiederbelebbar, als ob es einer besonders unerbittlichen Verdrängung erlegen wäre. Vielleicht kam dieser Eindruck aber davon, daß die Frauen in der Analyse bei mir an der nämlichen Vaterbindung festhalten konnten, zu der sie sich aus der in Rede stehenden [präödipalen] Vorzeit geflüchtet hatten. Es scheint wirklich, daß weibliche Analytiker, wie Jeanne Lampl-de Groot und Helene Deutsch, diese Tatbestände leichter und deutlicher wahrnehmen konnten, weil ihnen bei ihren Gewährspersonen die Übertragung auf einen geeigneten Mutterersatz zu Hilfe kam.»[290]

Freud verspricht sich neue Einsichten von den Analytikerinnen, besonders hinsichtlich der «präödipalen Phase des Weibes», in der die Mutter als primäres Liebesobjekt figuriert. Er ist sogar bereit, die «Allgemeinheit des Satzes, der Ödipuskonflikt sei der Kern der Neurose, zurückzunehmen»[291]. Insgesamt rückt die Bedeutung der Mutter für die Entwicklung des Kindes auf neue und umfassende Weise in den Blick der Analytiker.

Dorothy Burlingham steigt mit ihrem ersten psychoanalytischen Beitrag gleichsam quer ein. Sehr konkret fragt sie, von Selbsterfahrenem ausgehend, wie eine Mutter mit der Situation umgeht, dass ihre Kinder von einem Analytiker behandelt werden. Was geschieht eigentlich mit ihr, wenn eine Anna Freud daherkommt und ihre Kinder fortnimmt – in die Analyse? Wie ist ihr zumute, wenn man ihr sagt, sie müsse anders mit ihren Problemen umgehen, wenn etwa nahe gelegt wird, sie wüsste nicht, was gut und richtig für ihre eigenen Kinder ist? «Sie fühlt, wie ihre eigene Person mit in die Analyse hineingezogen wird. Was sie für ihr Kind fühlt, wie sie es behandelt, was sie zu ihm sagt, wie sie es sagt, ihre Stimmungen und Launen, all das wird von psychoanalytischen Gesichtspunkten aus studiert und untersucht. Schon das ist schwer genug zu ertragen; es wird unerträglich, wenn sie merkt, daß die Analyse auch vor ihrem intimsten Privatleben und ihren eigenen Beziehungen zu den ihr Nahestehenden nicht haltmacht. Sie kann verstehen, daß der Analytiker alles, was das Kind betrifft, als Material für seine Arbeit braucht, aber wenn er an ihr Privatleben rührt, scheint es ihr doch, daß er zu weit geht. Sie sieht nicht ein, warum sie sich solche Eingriffe gefallen lassen muß und beginnt sich zu wehren. Es ist nur natürlich, daß sie sich verletzt, kritisiert und mißverstanden fühlt. Dazu kommt noch ihre Eifersucht auf all das Interesse, das der Analytiker dem Kind zuwendet. Sie war es ja, die am schwersten unter der Abnormität des Kindes zu leiden gehabt hat, jetzt ist es aber das Kind, dem alle Hilfe und alles Mitgefühl zuströmt. Sie wird beiseite geschoben, ihre Lage wird erschwert statt erleichtert. Und außerdem fühlt sie, wie ihr Kind ihr entgleitet, wie es beginnt einen Fremden mehr zu lieben als sie, die bisher seine einzige Zuflucht war. Daß dieser Fremde wirklich mehr von ihrem Kind versteht als sie selbst, kann ihr kaum ein tröstlicher Gedanke sein, verstärkt nur ihre Demütigung. Das Ärgste ist für sie dann, daß das Kind beginnt, seine Mutter mit neuen Augen anzusehen, ihre Person, ihre Handlungen, ja sogar ihre Gedanken gemeinsam mit seinem neuen Vertrauten, dem Analytiker zu kritisieren.»[292]

Dorothy Burlingham ist in der Lage, erlebte Zusammenhänge wahrzunehmen, zu beobachten und zu beschreiben, ohne bereits psychoanalytische Kategorien anzuwenden. In der redlichen Beobachtung liegt eine besondere Stärke der Analytikerin Dorothy Burlingham. Das erweist sich auch in ihren späteren Arbeiten – über Zwillinge und Zwillingsphantasien, über das Seelenproblem blinder Kinder, die sich in einer Welt für Sehende zu orientieren versuchen, über die Bedeutung des prä-ödipalen Vaters und besonders in den Berichten über das Verhalten elternloser Kriegskinder.

Für Freud geht es im Umgang mit den Frauen, die von den 1920er Jahren an zu ihm kommen, um eine gänzlich neue Auflage des Verhältnisses zwischen dem «großen Bruder» und seinen «jungen Schwestern». Sie sind füreinander da, aber beide Lager gehen weniger angstvoll und streng miteinander um. Besonders für die Zeit nach Freuds Krebserkrankung gilt, dass Frauen seine Seele in Schwung bringen. Der Analytiker lernt eine neue Qualität an der Spezies Frau kennen und schätzen. Und nicht nur das, er lernt sich auch selbst neu kennen, ja man kann sagen, er verändert sich. Freud findet jetzt mehr Gefallen an den aktiven und beweglichen jungen Frauen, die allesamt auf der Suche sind, auf der Suche nach ihrer eigenen Aufgabe jenseits der Gestaltung des Familienlebens.

Freud hat es immer außerordentlich genossen, auf seinen Reisen in fremde Welten einzudringen. Die Reise mit Anna nach Rom im September 1923 sollte seine letzte große Reise sein. Nach der Krebsdiagnose und den vielen operativen Eingriffen sind es die Analysandinnen, die ihren Analytiker auf eine neue Art Reise mitnehmen. Das meint mehr als die innere Reise, als welche man die Analyse manchmal bezeichnet hat. Die Analyse hat für den Analytiker etwas von einer filmischen Reise. Er sieht und hat Teil an anschaulich montierten Geschichten mit zahlreichen Zeit- und Ortswechseln in durchaus fremden Welten.

Lou Andreas-Salomé nimmt ihn mit an den Hof des Zaren in Russland. Plötzlich steht er zwischen Generälen in Uniform. Schnitt: Dann verbringt er mit Rilke ein orthodoxes Osterfest auf dem Land, besucht Tolstoj, sieht ihn verkleidet als russischen Muschik mit hohen Lederstiefeln. Schnitt: Unversehens begleitet er seine Erzählerin zu einem Treffen mit Knut Hamsun in Paris, und schon wird er zurückgeführt in einen Garten mit blühenden Apfelbäumen in Göttingen; ein Hündchen springt herum.

Kurze Pause. Mit Dorothy Burlingham ist er nun unterwegs auf der Fifth Avenue in New York. Es schneit, als wäre er in Russland, aber die Latifundien liegen dieses Mal auf Long Island mit Pferdeställen, Tennisplatz, unzähligen Gästen, einem strengen Herrn, der einen Bart trägt. Schon ist wieder Sommer: Endlose Gärten werden von über dreißig Gärtnern gestaltet, und inmitten der blühenden Rosen steht ein kleines, traurig-verlorenes Mädchen, das sich nur danach sehnt, auf den Arm genommen zu werden und zu erfahren, dass es für einen Menschen das wichtigste Kind auf der ganzen Welt ist. Er begleitet es auf dem Ozeandampfer aus der Neuen in die Alte Welt, um sich in Paris die ganze Welt anzusehen, die dort im Jahr 1900 ausgestellt wird.

Kurze Pause. Jetzt geht er mit der ambitionierten hübschen jungen Jeanne de Groot, die gerade ihren Doktor gemacht hat, an den Grachten entlang. Zeitreisen vor und zurück. Die Berggasse ist verschwunden. Die Prothese drückt nicht mehr. Die Analysandinnen nehmen ihn überallhin mit. Nicht nur in das Schlafgemach ihrer Eltern, wo es so unbegreiflich gefährlich zuzugehen scheint. Ein andermal landet er mit Helene Deutsch in einem polnischen Dorf mit einer dünkelhaft hassenswerten Mutter und einem geliebten Vater, in dem er sich gespiegelt fühlen darf. Kurz darauf begleitet er die sonst so glücklich lachende Ruth Mack Brunswick bei ihren traurigen Fluchten in künstliche Paradiese der Selbsttröstung und -beruhigung mit Opiaten und landet in der Gesellschaft der oberen zehntausend, die großen Aufwand treiben, um der Langeweile ihres in Routine erstarrten Lebens zu entkommen.

Manchmal ist der Analytiker auch ganz zufrieden, dass die Stunde ein Ende hat, wie wenn heute jemand den Fernsehapparat ausschaltet und sich freut, dass der Spuk endlich vorbei ist. Freud sieht Serien, jeden Tag eine Episode mit Geburten, Trennungen, Wiedervereinigungen, Fluchten, begleitet von dem Wunsch, endlich einmal anzukommen. Doch anders als für den Fernsehzuschauer bleibt das Geschehen für Freud nicht virtuell. Aktiv hat er Anteil. Oftmals spielt er sogar die Hauptrolle. Und manchmal und nicht zuletzt kann er der Beteiligten sagen, worin die Botschaft des Films liegt.

Nach Abschluss der kürzeren oder längeren Analysen, manchmal war es ein Behandlungsblock, dem nach einer Zwischenzeit weitere folgten, kann es geschehen, dass die Analysandinnen nicht nur Mitglieder der Psychoanalytischen Vereinigung werden, sondern auch Mitglieder der Großfamilie Freud – mit allen Begleiterscheinungen des Familiären wie Geborgenheit, Fürsorglichkeit, Geschenken, aber auch Eifersucht und Konkurrenz. In einer Großfamilie ist Freud aufgewachsen. Dann hatte er als Vater seine eigene große Familie. Die hat sich nun zerstreut. Aber die Analyse-Kinder, besonders die jungen Frauen, scheinen manche wiederzubringen, die kleinen Schwestern zumal.

Anders als damals muss er sie nicht mehr mit Strenge erziehen. Er kann sie freilassen – einmal abgesehen von seinen Versuchen, Schicksal zu spielen beim Ratgeben, wer zu heiraten und wer zu verlassen sei. Es bereitet Freud sichtlich Vergnügen, dass er im Alltagsleben seiner Analysanden als Autorität gefragt bleibt. Auch scheint es, dass es ihm manchmal gelingt, sich als Muse für sie zu bewähren. Er legt ihnen nahe zu schreiben – über Psychoanalyse, versteht sich. Er weckt und beflügelt ihre schriftstellerischen Möglichkeiten. Und wenn er einmal aus der Rolle fällt, indem er heftig kritisiert, wie einmal bei Jeanne Lampl-de Groot, dann gibt er sich große Mühe, mit Entschuldigungen alles wieder gutzumachen.

Außer Konkurrenz: Paula Fichtl

Von 1926 an war Paula Fichtl Kindermädchen bei den Burlinghams. 1929 wurde sie Haushälterin bei Familie Freud und blieb es bis zum Tod Anna Freuds im Jahr 1982. Paula spielt eine ganz eigene Rolle für Sigmund Freud, den sie als «ihren» Professor an Vaters statt liebevoll verehrte. Paula leistet sich ihr Leben lang den Luxus kindhafter Tollpatschigkeit. Wie den geliebten Chow-Hunden sieht Freud ihr manche Eigenwilligkeit nach. Paula Fichtl findet das sehr schnell heraus und gibt bei jeder Gelegenheit ihre scheinbar naiven Kommentare ab, am liebsten über die Patienten, denen stets Paula die Tür öffnet.

Wenn sie davon als alte Frau in London erzählte, blitzten ihre Augen mit schelmischem Lächeln. Das Händchen mit den Fingerspitzen über dem Mund, gab sie zu erkennen, wie gern sie sich ‹Ungehöriges› herausnahm. Über die Patienten sei sie sich mit dem Professor immer einig gewesen.

Wenn ihr ein Missgeschick passiert, einmal zerbricht sie beim Staubwischen eine der von Freud geliebten wertvollen Tanagrafiguren, macht Freud davon kein Aufhebens, sondern tröstet sie später sogar noch mit der Bemerkung, nach der Restaurierung sehe die Figur doch viel schöner aus.

Paula, die als kleines Kind ihre Mutter verlor, schließt sich mit besonderer Dankbarkeit der «Frau Professor» an. Oft hat sie das Gefühl, dass diese nicht hinreichend gewürdigt wird – eben weil sie sich nicht in den Vordergrund drängt. Als nach der Emigration in Freuds Londoner Arbeitszimmer Fotografien mit Widmungen von der Schauspielerin Yvette Guilbert, der griechischen Prinzessin Marie Bonaparte und von Lou Andreas-Salomé aufgehängt werden, fügt Paula aus eigener Initiative ein Foto der «Frau Professor» hinzu. Paula Fichtl mag die großen Damen nicht, die sich selbst so wichtig nehmen in ihrer Bedeutung für den «Herrn Professor».

Dorothy Tiffany Burlingham gehört seit Mitte der 1920er Jahre zur Freud-Familie. Sie ist es, die Freud mit seinem ersten «animal-companion» beschenkt, einem kleinen schwarzen Chow-Hund mit Namen Lyn Yu. Und sie erhält von Freud, wie es einer Tiffany gebührt, eine Opalbrosche und um 1929, vor Abschluss ihrer analytischen Ausbildung, einen goldenen Ring mit griechischer Gemme, die einen Wagenlenker zeigt. Als die Gemme eines Tages zerbricht, ersetzt Freud sie durch einen schwarzen Jaspis, in den ein großes Schiff eingeschnitten ist, anspielend auf Dorothys «lange Reise, die sie aus ihrer amerikanischen Vergangenheit herausgeführt hat»[293]. Freud selbst trug einen Gemmenring mit dem ernsten Antlitz des Zeus.

Trotz aller «Symbiose» mit den Freuds führt Dorothy Burlingham ihr eigenes Leben im eigenen Stil. Den Freunden der Kinder wie auch dem Lehrer «Herr Erik» imponiert sie mit ihrer umfassenden Bildung. Sie fördert die künstlerische Betätigung ihrer Kinder, die Musikunterricht erhalten, ein Filmvorführgerät bedienen können, Spaß an Comics haben und ihre mit einer Leica geschossenen Fotos auch selbst entwickeln und vergrößern können. Festlichkeiten wie Weihnachten werden stilvoll in englischer Manier inszeniert. Manchmal reist sie nach Amerika – in familiären Angelegenheiten und gleichzeitig aus Sehnsucht nach ihrer Heimat.

Von 1936 bis 1938 hat Anna Freud den Amerikaner Walter Langer, einen klinischen Psychologen mit Doktortitel von der Harvard Universität, in Analyse. Dorothy Burlingham verliebt sich in den acht Jahre jüngeren Mann. Langer «hatte sich durch seine Hilfsbereitschaft während der Emigration die Dankbarkeit der Familie Freud erworben, und viele andere Wiener Psychoanalytiker verdankten ihm ebenfalls ihre Sicherheit, weil er sich so aktiv darum bemüht hatte, die amerikanischen eidesstattlichen Erklärungen zu beschaffen, die ihnen die Ausreise ermöglichten»[294].

Die Monate zwischen August 1939 und März 1940 verbringt Dorothy Burlingham nicht an Anna Freuds Seite, die das Sterben ihres Vaters begleitet und in London Fuß zu fassen sucht. Dorothy Burlingham reist in die Vereinigten Staaten – wegen ihrer Kinder, die sie gut untergebracht wissen will, um bei der Geburt des ersten Enkelkindes dabei zu sein und nicht zuletzt, um sich über ihre Zuneigung zu Walter Langer klar zu werden und damit über die Gestalt ihres zukünftigen Lebens. Langer «wahrte seine Distanz. Es war Dorothy gewesen, die seine Aufmerksamkeit auf sich ziehen wollte. ‹Geschah es wirklich nur, um mir diese Trennung zu erleichtern?› fragt sie Anna Freud, ‹Um Schwierigkeiten und Komplikationen herbeizuführen? Einmal mehr Amerika mit Europa in Wettstreit treten zu lassen? War es nur Einbildung? Wollte ich ihn von Berta Bornstein abbringen? – aber in Wirklichkeit gab es keine solche Beziehung.› Als am 1. Januar 1940 das erwartete Telegramm mit Anna Freuds Neujahrswünschen ausblieb, nahm Dorothy in ihrem Schuldgefühl und ihrer Verwirrung an, daß ihre Aufrichtigkeit sie Anna Freuds Freundschaft gekostet hatte.»[295]

Anfang Januar 1940 schreibt sie an Anna: «Jemand anderer betrat mein Leben, aber diese Tatsache verdrängte Dich nicht – Du warst immer da in meinen Gedanken und dort versuchtest Du auch, mir zu helfen. Du weißt aus meinen Briefen, daß ich Angst hatte – Angst vor Komplikationen, Angst vor einer erzwungenen Trennung – aber erst jetzt wurde mir durch einen Schock klar, daß ich Dich wirklich verlieren könnte – und daß die Folgen davon mein Leben und unser gemeinsames Leben zerstören könnten.»[296] Dorothy Burlingham entscheidet sich definitiv für die Fortsetzung ihres Lebens an Anna Freuds Seite. Am 10. April 1940 trifft sie in London ein. Bis zum Tod der pflegebedürftigen Minna Bernays im Jahr 1941 wohnt Dorothy in 2 Maresfield Gardens. Danach bezieht sie eine eigene Etage im Haus Nr. 20, dem heutigen Freud-Museum. Erst 1946 können ihre Kinder sie wieder besuchen.

«In Amerika hatte Dorothy wichtige Kontakte geknüpft. [...] Der wichtigste Kontakt für die Zukunft der Zusammenarbeit zwischen Anna Freud und Dorothy Burlingham war [...] eine Organisation der Kriegswohlfahrt, der ‹Foster Parents' Plan for War Children, Inc.› New York.» Der Plan wurde «die wichtigste Finanzierungsquelle für die ‹Hampstead War Nurseries›», von 1940 bis 1945 geleitet von Anna Freud und Dorothy Burlingham, unterstützt von zahlreichen Mitarbeitern, die ebenfalls aus Wien fliehen mussten.[297]

Ihre Monatsberichte veröffentlichten sie zusammengefasst unter dem Titel «Kriegskinder». Bald darauf erschien auch das Buch «Anstaltskinder», ein psychoanalytischer Bericht über die seelischen Überlebensstrategien von Kindern, die aus den KZs gerettet werden konnten. Der Irrsinn des Kriegs hatte eine Situation geschaffen, die Beobachtungen der kindlichen Entwicklung unter gleichsam experimentellen Bedingungen zuließ: «[...] die Wirkung einer Trennung des Kindes auf dem Höhepunkt der Mutter-Kind-Einheit; das Verhältnis zwischen den Entwicklungsfortschritten unter Familien- und Anstaltsbedingungen; die Reaktion von Kleinkindern auf das Gemeinschaftsleben, wo die Beziehung zu Altersgenossen an die Stelle der normalen Bindungen an Eltern

Dorothy Burlingham und Anna Freud in Maresfield Gardens, 1979

oder ihre Vertreter tritt; die ödipale Entwicklung bei Abwesenheit ödipaler Objekte, besonders des Vaters»[298]. Diese beiden Bücher sind auch eine Anklageschrift gegen den Krieg und gegen den Faschismus. Nebenher kümmert sich Anna Freud um die Herausgabe der «Gesammelten Schriften» Sigmund Freuds, die in England in deutscher Sprache erscheinen. 1945 gründet sie eine neue

Zeitschrift: «The Psychoanalytic Study of the Child», die heute noch existiert – eine wahre Fundgrube für alle, die mit Kindern arbeiten.

Die Psychoanalyse erweist sich für Dorothy Burlingham und Anna Freud als Überlebenshilfe. Sie zerbrechen nicht am Leid über den Zusammenbruch der vertrauten Lebensform, sondern verbinden sogar ihr fürsorgliches soziales Engagement mit theoretisch wichtigen Fragestellungen der Psychoanalyse.

Überarbeitung und Unterernährung führen bei beiden Frauen zu schweren Lungenerkrankungen. Dorothy Burlinghams Tuberkulose, die nie ganz ausgeheilt war, wird wieder virulent. Sie muss ein ganzes Jahr lang von der Krankenschwester Sophie Dann gepflegt werden. Im Malerort Walberswick, Suffolk, wo Annas Bruder Ernst Freud ein Wochenendhaus gekauft hatte, das sein Haus auf der Ostseeinsel Hiddensee ersetzte, finden Anna und Dorothy ihren Ersatz für «Hochrotherd» – ein Haus zwischen Feldern mit weitem Blick über den Schilfgürtel, der dem Meer vorgelagert ist. Dort können sie sich erholen und in Ruhe arbeiten. Eine weitere Variante von «Hochrotherd» entdecken sie in Irland, im County Cork. Die Sommermonate werden auf beide Häuser verteilt. In Walberswick verbringen sie das Wochenende, häufig in Gesellschaft der engeren Familie und der psychoanalytischen «Verwandten».

Für die Autorin war es ein eigenartiger Anblick, wenn die beiden distinguierten Ladys im Alter von über achtzig Jahren, Anna Freud mit einem Haarnetz, in ihren Austin Mini Cooper stiegen und losbrausten. «Wir wechseln einander ab», sagte Anna Freud, «mal fährt die eine, und die andere passt auf, und umgekehrt.» Wie zwei Kinder, die «Wir gehen auf große Fahrt» spielen. Als Betrachterin konnte man die Phantasie entwickeln, sie würden das kleine Spielauto mit den Füßen vorwärts bewegen.

1947 gründen Anna Freud, Dorothy Burlingham, Kate Friedlaender und andere die «Hampstead Child Therapy Courses», ein Lehr- und Ausbildungsinstitut für Kinderpsychoanalyse. Im Lauf der Zeit kommen hinzu eine Beratungsstelle für Mütter, eine psychoanalytische Kinderklinik, ein Kindergarten. Dorothy Burlingham, die das Systematisieren und Ordnen schätzt, arbeitet neben anderem an der Erstellung eines so genannten Index, der unter verschiedenen Stichworten das reiche Material von Behandlungsverläufen den Kollegen und Studenten zugänglich macht.

Am 19. November 1979 stirbt Dorothy Burlingham im Alter von achtundachtzig Jahren. Der «Observer» berichtet am 2. Dezember unter der Überschrift «The Lady from Tiffany's»: «The death last week of Mrs Dorothy Burlingham brought to an end one of the great creative partnerships in research psychology and psycho-analysis.»

Musterung

Helene Deutsch: Eine praktische Assistentin

> «[…] ich saß bei den Konferenzen der Wiener Psychoanalytischen Vereinigung am gleichen Tisch mit Freud.»
>
> Helene Deutsch

Niemand kann bezweifeln, dass sich Helene Deutsch um die Psychoanalyse verdient gemacht hat mit ihrem unermüdlichen Einsatz und ihrem organisatorischen Talent. Aber dass sie Freuds «Liebling» war, wie ihr Biograph Paul Roazen behauptet, das stimmt nicht; das kann gar nicht stimmen. Wenigstens ihre psychoanalytischen Schriften versetzen den Leser – trotz spannender, geradezu brisanter Themen – in einen Zustand der Langeweile, der bis zu Verärgerung führen kann. Anna Freud hat das auch empfunden: «[…] was mir die Lektüre schwer macht, ist das psychoanalytisch-formelhafte der Darstellung. Warum trifft keiner, es so wie Papa zu machen, daß bei jeder Darstellung Alles wieder neu nachgeschaffen wird, in allgemein menschlicher Sprache auch? Es fehlt sonst alles Lebendige, meine ich […].»[299]

Kaum vorstellbar, dass Helene Deutsch im beruflichen Umgang anders gewirkt hat. Gewiss sind Analysanden nicht dazu da, ihre Analytiker spannend zu unterhalten. Aber vielleicht ist der Verdacht nicht unberechtigt, dass Sigmund Freud seine Analysandin Helene Deutsch nach einer Lehranalyse von einem Jahr mit der Bemerkung, sie sei nicht neurotisch, entlassen hat, weil ihn die Gespräche nicht beflügelten. Jedenfalls wird berichtet, er sei während der analytischen Sitzungen mit Helene Deutsch gelegentlich eingeschlafen.[300]

Lou Andreas-Salomé, Antipodin von Helene Deutsch, schrieb einmal, «daß alle Neurose ein Wertzeichen ist, daß sie bedeutet: hier wollte jemand bis an sein Äußerstes, – darum entgleiste er eher als Andere, – sie, die Gesundgebliebenen, waren gegen ihn einfach die Vorliebnehmenden [...]. Jetzt frage ich mich nicht nur beim Kranken: wodurch erkrankte er? sondern auch, nicht minder argwöhnisch, beim Gesunden: wodurch blieb er gesund? Und seitdem giebt es [...] in den ‹Lehranalysen› an Ärzten etc. [...] Augenblicke, wo die Betreffenden sich ihrer vorsichtig, umsichtig eng-erhaltenen Gesundheit ein bißchen schämen oder wenigstens eine neue Ehrfurcht lernen.»[301]

So weit ist Freud vermutlich nicht gegangen. Aber während er die Behandlung anderer Analysandinnen ausdehnte oder nach geraumer Zeit noch einmal aufnahm, tat er das bei Helene Deutsch nicht.

Helene Deutsch ist beeindruckt vom Bild des sachlich die Geschicke lenkenden Vater-Mannes. Wie er wollte sie werden, dann könnte es auch ihr selbst als Frau in der Gesellschaft um die Jahrhundertwende gelingen, ihren eigenen Weg zu gehen und groß herauszukommen. Sie muss sich nur von Sehnsucht, Tagtraum, Poesie – von aller Vagheit befreien und beherzt voranschreiten. Ihre Unternehmungen laufen auf den Beweis hinaus, dass sie nicht, abhängig und dünkelhaft wie ihre Mutter, dem Ungefähr des Schicksals unterworfen bleibt. Es ist nicht so sehr die Unruhe der Neugier, die sie zum Studium führte, sondern mehr ein Drang zum ‹Bescheidwissen›. Es mag diese Haltung gewesen sein, die Freud bewogen hat, ihren Analysetermin für einen interessanteren Patienten, den so genannten Wolfsmann, freizumachen.

Dabei hat Helene Deutsch ein aufregendes Leben geführt, schon bevor sie 1907 zum Studium der Medizin mit der Fachrichtung Psychiatrie und der folgenden psychoanalytischen Ausbildung nach Wien geht. In ihrer Autobiographie mit dem zu viel versprechenden Titel «Selbstkonfrontation» beschreibt sie sich selbst als «Rebellin». Als psychologisch interessierter Leser ist man verblüfft über die Diskrepanz zwischen ihrem waghalsigen Mut zum selbstbestimmten Leben und der Geradlinigkeit ihres trockenen Intellektualisierens.

Am 9. Oktober 1884 wird Helene Deutsch als Helena Rosenbach im galizischen Przemyśl als viertes Kind des jüdischen Anwalts Wilhelm Rosenbach und seiner Frau Regina geboren. Fast hundert Jahre alt, stirbt sie am 29. März 1982 in Boston, USA. In ihrer Autobiographie beschreibt sie die Mutter als verhasste, boshafte, engstirnige Despotin, die in Anfällen von Wut ihre Kinder schlägt. Helene war eine Enttäuschung für die Mutter, die sich einen Jungen gewünscht hatte. Mit Strenge achtete sie auf das «Ansehen ihrer Töchter in den Augen der Welt»[302].

«Interessanter Weise trifft die Wahl des Vaters oft die dritte Tochter als Objekt der Erfüllung seiner sublimierten Sehnsucht. Die dritte beherbergt sichtlich weniger Inzestgefahr als ihre zwei älteren Schwestern. Cinderella – die jüngste – ist in ihrer Unscheinbarkeit und Hilflosigkeit mehr als die anderen der väterlichen Liebe bedürftig sowie seines Schutzes vor den Aggressionen der Mutter und der älteren Schwestern.» So hebt Helene Deutsch in ihrem Hauptwerk «Die Psychologie der Frau»[303] ihre eigene Geschichte ins Allgemeine. Weiter berichtet sie, dass die aktive Gemeinsamkeit zumeist vom Vater aufgelöst werde, wenn er bemerkt, dass das pubertierende Kind zu einer Frau heranwächst. «Ich [...] sollte nun unter den Fittichen meiner Mutter bis zur Verehelichung das müßige Leben einer Debütantin führen.»[304]

Aber Helene fügt sich nicht. Zweimal läuft die Vierzehnjährige von zu Hause fort. Nur unter der Bedingung, dass der Vater ihre schulische Weiterbildung und berufliche Ausbildung unterstützt, kehrt sie zurück. Für ein paar Monate darf sie eine Privatschule für Mädchen in Lemberg und ein weiteres halbes Jahr eine Schule in Zürich besuchen. Gerade vierzehn Jahre alt, verliebt sich Helene in den vierzehn Jahre älteren Strafverteidiger und späteren polnischen Sozialistenführer Hermann Lieberman. 1904 wird aus der Schwärmerei ein sieben Jahre währendes Liebesverhältnis, das allerdings verheimlicht werden muss, da Lieberman verheiratet ist. Mit Liebermans Rückendeckung setzt sie alles daran, das Abitur zu machen. Außerdem engagiert sie sich für die Arbeiterbewegung und die soziale Revolution. «Sie nahm an Demonstrationen teil, warf sich vor die Pferde der Polizei, ließ sich festnehmen und schrieb Artikel für die Przemyśler Zeitung.»[305] Spektakulär und allen sichtbar kämpft sie auf diesem Weg gegen das Bild der höheren Tochter, wie es der Mutter gefiele.

Schon bald verlässt sie die Eltern und den geliebten Ort ihrer Kindheit. Oftmals begleitet sie Lieberman zu internationalen Sozialistenkongressen, zuletzt nach Skandinavien; dann trennen sich ihre Wege. Die seelische Verbundenheit wird ein Leben lang bestehen.

1907 zählt Helene Rosenbach zu den sieben Frauen, die eine Zulassung zum Medizinstudium in Wien erhalten. Sie gehört zu den dreien, die den Abschluss machen – 1912 mit der Promotion. Dies geschieht in einer Zeit, als Professoren sich nicht damit abfinden konnten, dass Frauen in ihre Domäne eindrangen. Einer der Professoren hält es eine ganze Prüfung lang durch, Helene ausschließlich als «Herr Rosenbach» anzusprechen. Damit kann sie umgehen, so kann man sie nicht aus dem seelischen Gleichgewicht bringen.

Im selben Jahr heiratet Helene den Arzt für innere Medizin, Felix Deutsch, der später für einige Jahre zum Hausarzt Sigmund Freuds wird. Bis 1918 arbeitet Dr. Helene Deutsch an der psychiatrischen Klinik in Wien, in den letzten Jahren als Assistentin von Julius Wagner-Jauregg. Aber sie hat stets das Gefühl, dort nicht genug lernen zu können. Sie will besser werden. Auf der Suche nach anderen Möglichkeiten der beruflichen Weiterbildung erwägt sie, zu Eugen Bleuler nach Zürich oder zu Emil Kraepelin nach München zu gehen. Kraepelin war damals der maßgebliche Psychiater in Deutschland. In seinem 1883 erschienenen «Compendium der Psychiatrie», das zum Standardwerk wurde, legte er ein Klassifikationssystem vor, das eine schnelle diagnostische Einordnung der Patienten ermöglichte.

Felix Deutsch ist das fleißige Vorwärtsdrängen seiner Frau nicht ganz geheuer. Jedenfalls scherzt (?) er einmal: «[...] jemand sagte, daß die Ehe in die Brüche geht, wenn die Frau mehr erreicht als der Mann. Also erschrecke mich nicht!»[306] Aber er lässt sie ziehen, wohl wissend, dass ihre Verbundenheit Schaden nehmen könnte, wenn er sie in ihrer beruflichen Entwicklung behindern wollte. Professor Kraepelin fördert Frau Dr. Helene Deutsch nicht, betraut sie aber nolens volens mit einer Aufgabe; sie könne den «Einfluß der Gefühle auf die Erinnerungsfähigkeit» im Rahmen der Bewußtseinspsychologie untersuchen.

Der Psychoanalyse begegnet Helene bereits 1907, als sie den zeitgenössischen Roman «Gradiva» von Wilhelm Jensen liest und wenig später Freuds Psychoanalyse des romanhaften Geschehens unter dem Titel: «Der Wahn und die Träume in W. Jensens ‹Gradiva›» stößt. Wenige Jahre später schickt ihr der gute, gelehrte Freund Joseph Reinhold, Neurologe und Assistent des Philosophen Friedrich Jodl, Freuds «Traumdeutung» und «Die Psychopathologie des Alltagslebens».[307]

Von München aus beschreibt sie 1914 ihrem Mann die Situation bei Kraepelin: «Ich soll über Erinnerungen sprechen, Complexe heraussuchen mit vollständiger Vernachlässigung meiner psychoanalytischen Überzeugung – ich soll mich so verhalten, als wenn ich garnicht wüßte, daß es ein Unterbewußtsein gibt und am Ende noch Beweise gegen Freud bringen!!»[308]

Felix Deutsch hatte die «Kadimah» mitbegründet, eine schlagende Verbindung von zionistisch gesinnten jüdischen Studenten, der auch Freuds Sohn Martin angehörte. Sie suchten sich gegen die Geringschätzung der Juden an den Universitäten und in der Gesellschaft überhaupt zur Wehr zu setzen. Durch Martin kennt Felix Deutsch den Privatmann Sigmund Freud. Während sich Helene Deutsch in München abmüht, den Forderungen ihres Dienstherrn gerecht zu werden, besucht Felix Deutsch 1914 in Wien Freuds Vorlesung am Samstagabend im Hörsaal der Klinik des Psychiaters Wagner-Jauregg und berichtet seiner Frau: «Gestern bei Freud, so schön und erhebend wie immer, Kindererziehung und Psychoanalyse. Das Thema schien ihm zwar nicht so zu liegen, denn er wurde während des Vortrags nicht so recht warm, aber geistreich wie gewöhnlich. Quintessenz: Die Eltern haben bei der Erziehung drei große Verzichte zu leisten. 1) Auf die Verheimlichung: Nicht nur des Sexuellen, überhaupt des Wunschbegehrten. Die sexuelle Aufklärung erfolge allmählich; entsprechend dem Intellekt. 2) Verzicht auf Drohung und Strafe. 3) Keine Übertragung des Narzißmus-Liebesegoismus auf das Kind. Ich glaube, Du wirst Dir aus dieser Skizze das übrige selbst ergänzen können.»[309]

Ihre gerade Bahn, der zielstrebige Versuch, ihrem Vater zu beweisen, dass sie das schönste und intelligenteste seiner Kinder ist, das auch den Bruder auf dem Feld des Berufs schlagen wird, hindert sie zunächst, sich auch beruflich der Psychoanalyse zuzuwenden. Für sie ist das eine schwierige Entscheidung. Sie steht unter dem Druck, Karriere zu machen. Eine klar umrissene Ausbildung und ein ebenso klar definiertes Berufsbild, vor allem aber die allgemeine gesellschaftliche Anerkennung einer Psychoanalytikerin, die von dieser Arbeit auch ihren Lebensunterhalt bestreiten kann, gibt es in der Zeit des Ersten Weltkrieges noch nicht.

«Als ich Freuds erste analytische Schriften las, spürte ich bereits, was die Zukunft bestätigen sollte, aber ich hatte damals weder das Bedürfnis, ihn persönlich kennenzulernen, noch interessierte ich mich für das Gerede über ihn, obwohl man diesem kaum noch entgehen konnte. Zu seinen Gegnern gehörte der Kin-

Helene Deutsch in den frühen 1920er Jahren

derarzt Albert Moll, dessen abwertende Angriffe mir bekannt waren, ebenso wie der Satiriker Karl Kraus, der giftete, die Psychoanalyse sei ‹die Krankheit, für deren Therapie sie sich hält›. In den Wiener Intellektuellenkreisen trat schließlich auch der begabte, schizophrene Otto Weininger mit seiner Theorie von der ‹Bisexualität jeder Zelle des menschlichen Körpers› hervor und erweckte damit den Eindruck, als seien Freuds Entdeckungen in Bezug auf die menschliche Bisexualität nichts Neues. Wie bereits erwähnt, fielen auch in der Klinik ab und zu sarkastische Kommentare über Freud. Aber in meinem ärztlichen Freundeskreis wurde auch mit großem Respekt, ja sogar mit einer gewissen Faszination über ihn gesprochen.

Damals, als ich Freuds Lehre vom Unbewußten aufnahm, an kindliche Sexualität zu glauben begann und die Bedeutung dieser Kräfte für die Entstehung der Neurosen voll erfassen lernte, wurde ich allmählich zu seiner ergebenen Schülerin. Durch meine Stellung in der Klinik hatte ich Zugang zu Freuds Vorlesungen. In meinem weißen Laborkittel trat ich als eine Art Gastgeberin in Erscheinung, obwohl ich an den Vorgängen selbst nicht mitwirkte. Schon damals war mir bewußt, daß ich Zeuge ‹großer Dinge› war, aber ich identifizierte sie noch nicht mit Freuds Genie.»[310]

Am 14. November 1917 nimmt Helene Deutsch erstmals und noch als Gast an den Diskussionen der Wiener Psychoanalytischen Vereinigung teil. Schon am 13. Februar 1918 wird sie zum Vereinsmitglied gewählt, nachdem sie über einen «Assoziationsversuch bei Melancholie» referiert hat.[311] Sie selbst berichtet, dass sie die undankbare Aufgabe erhielt, Lou Andreas-Salomés Artikel «Vaginal und Anal» kritisch zu betrachten.[312] Helene Deutsch konstatiert: «Dieser Artikel war überflüssig, spekulativ, schwer verständlich und meinen eigenen psychologischen Auffassungen völlig fremd.»[313]

Sigmund Freud ist ihr Interesse an der Psychoanalyse besonders willkommen, weil Helene Deutsch Psychiaterin ist, neben

Herman Nunberg lange Zeit die Einzige dieser Fachrichtung unter den Psychoanalytikern. Helene Deutsch erarbeitet sich mit großem Eifer das psychoanalytische Begriffssystem. Als Psychiaterin ist sie geübt in der Zuordnung von Symptomen zu bestimmten Krankheitsbildern. Vergleicht man ihren Gebrauch der Psychoanalyse mit dem von Lou Andreas-Salomé, so gewinnt man den Eindruck, dass sie die Psychoanalyse ambitioniert bezwingt, während Lou Andreas-Salomé die psychoanalytischen Einsichten eher zu empfangen scheint.

Hin- und hergerissen zwischen ehelichem Zusammenleben, Mutterrolle (1917 wird ihr Sohn Martin geboren) und beruflichem Vorankommen, zwischen der Arbeit unter Wagner-Jauregg und den Denkformen der Psychoanalyse, wird ihr Leben schwierig.

«Meine persönliche Beziehung zu Freud begann im August 1918. [...] als ich von einer Kollegin [Elisabeth Revesz] erfuhr, daß Freud sie zur Analyse angenommen hatte, meldete ich mich bei ihm an, um mich nach der Möglichkeit einer Lehranalyse bei ihm zu erkundigen.»[314] Während der Unterhaltung mit der Angestellten, die ihr in der Berggasse die Tür öffnet, erfährt sie, «daß Freuds Frau an Lungenentzündung erkrankt war und unter jener Milchknappheit litt, die damals in Wien noch herrschte». Felix Deutsch hatte zwei Ziegen angeschafft, die im Garten der Klinik grasten; «mein Sohn und die Frau des Professors teilten sich von da ab ihre Milch.

Etwa um die gleiche Zeit wurde Freud von einem seiner Analysanden, einem Engländer, gebeten, einen guten Internisten für die Offiziere der englischen Besatzungstruppen zu empfehlen. Freud nannte ihm den Namen meines Mannes, dessen ärztlichem Können er höchsten Respekt zollte.»[315]

Freud soll sie in ihrem ersten Gespräch gefragt haben, was sie tun würde, wenn er sie zu jemand anderem schicken würde. Sie würde nicht gehen, entgegnet sie – also akzeptiert er Helene

Deutsch als Analysandin. Damit habe sich ihr Schicksal gewendet, schreibt Helene Deutsch. «Ich lebte weiterhin innerhalb des starken emotionalen Verbandes, den mein Mann, mein Kind und ich bildeten. Aber Freud wurde zum Mittelpunkt meiner geistigen Existenz.»[316]

1920 eröffnet die Berliner Gruppe der Analytiker um Karl Abraham unter Max Eitingons Leitung und Finanzierung eine Poliklinik und entwickelt ein Curriculum für die Ausbildung künftiger Analytiker. «Dies erweckte in mir», schreibt Helene Deutsch, «natürlich den Wunsch, auch in Wien eine psychiatrische Klinik als Vorläufer unseres eigenen Ausbildungsinstituts ins Leben zu rufen. Dieser Wunsch ging 1922 in Erfüllung.»[317]

Jetzt werden auch in Wien Themen durchgemustert, Ausbildungsschritte festgelegt und ein Ambulatorium gegründet unter Leitung von Eduard Hitschmann und Wilhelm Reich. «Wenn man, was heute noch phantastisch klingen mag, eine psychoanalytische Hochschule zu gründen hätte», schreibt Freud 1927 in der «Laienanalyse», «so müßte an dieser vieles gelehrt werden, was auch die medizinische Fakultät lehrt: neben der Tiefenpsychologie, die immer das Hauptstück bleiben würde, eine Einführung in die Biologie, in möglichst großem Umfang die Kunde vom Sexualleben, eine Bekanntheit mit den Krankheitsbildern der Psychiatrie. Anderseits würde der analytische Unterricht auch Fächer umfassen, die dem Arzt ferne liegen und mit denen er in seiner Tätigkeit nicht zusammenkommt: Kulturgeschichte, Mythologie, Religionspsychologie und Literaturwissenschaft. Ohne eine gute Orientierung auf diesen Gebieten steht der Analytiker einem großen Teil seines Materials verständnislos gegenüber. Dafür kann er die Hauptmasse dessen, was die medizinische Schule lehrt, für seine Zwecke nicht gebrauchen.»[318]

Um sich kundig zu machen, wie ein Ausbildungsinstitut funktioniert, und wegen einer ergänzenden Analyse bei Karl Abraham, geht Helene Deutsch 1924 nach Berlin. Nach ihrer Analyse bei

Freud konnte sie die mit dem Abbruch verbundene Kränkung nicht verwinden. Freud hatte die Ansicht vertreten, dass ihre Bindung an den Vater keiner weitergehenden Analyse bedürfe, da sie die stabile Basis für die Erlangung ihrer beruflichen Selbständigkeit sei. Freud muss aus ihrem Verhalten in den analytischen Sitzungen geschlossen haben, dass sie das Leben vernünftig nahm, sodass er wagte, ihr in aller Offenheit mitzuteilen, er brauche ihren Termin für einen anderen. Dafür erhielt Helene Deutsch die Prämie, dass Freud sie zukünftig als seine Assistentin betrachten wolle. Pragmatisch ging der Meister mit ihr um. Wieder hatte sie einen ‹Vater›, der ihr etwas zutraute und den sie nicht enttäuschen wollte.

Nach wie vor arbeitete sie auf die Erfüllung ihres Wunsches hin, Leiterin eines angesehenen Ausbildungsinstituts in Wien zu werden.[319] Im Wintersemester 1926/27 ist es so weit, dass das Lehrinstitut der Wiener Psychoanalytischen Vereinigung mit neun Fach- und Ausbildungskursen seine Arbeit aufnehmen kann. Ort ist der Vortragssaal des Lehrinstituts in Wien, IX. Bezirk, Pelikangasse 18. Außerdem werden «Praktische Übungen» für Ausbildungskandidaten angeboten und drei Kurse in englischer Sprache, da die Zahl amerikanischer Interessenten immer größer wird. Ausbildungskandidaten können die «Vorsitzende» oder «Direktorin» Dr. Helene Deutsch mittwochs zwischen zwei und drei Uhr in ihrer Sprechstunde in der Wollzeile 33 aufsuchen. Stellvertretender Direktor wird Siegfried Bernfeld, Sekretärin des Instituts Anna Freud.

Dem energischen Arbeitseinsatz der Helene Deutsch ist es zu verdanken, dass die Ausbildungsbedingungen für Psychoanalytiker nun auch in Wien festgelegt werden. In den frühen Jahren war Freud über jeden interessierten Mediziner oder Intellektuellen froh, der sich der Psychoanalyse zuwandte. Nach relativ kurzen Erfahrungen als Analysanden, und manchmal auch ohne diese, konnten «die Neuen» bald selbst psychoanalytisch arbeiten. Sie suchten den Austausch zur Klärung theoretischer Fragen und Probleme, die sich im Behandlungsverlauf einstellten. Die Unverzichtbarkeit der Lehranalyse hat einen plausiblen Grund: Freuds Konstruktionen können erst dann angemessen verstanden werden, wenn sie von einem Erlebensäquivalent getragen werden. Widerstand, Zensur, Übertragung, Verdrängung, das Kräftespiel von Ich, Es und Über-Ich, Traumanalyse, Unbewusstes, Ödipuskonflikt, Penisneid, Kastrationsangst etc. sind gleichsam die begriffliche Außenhaut seelischer Prozesse. Sie kommen während der Lehranalyse nach und nach ins Spiel. Das Seelische braucht Zeit. Bliebe es beim bloßen Studium der Freud'schen Werke, dann verkürzte man die Psychoanalyse auf eine der vielen theoretischen Konstruktionen in der Geschichte von Philosophie und Psychologie. Zwar ist sie auch auf dieser Ebene interessant, aber es käme doch einer Halbierung gleich.

«Die Methodologie der Ausbildung», merkt Helene Deutsch 1973 an, «hat sich über die Jahre hinweg nach Art eines lebenden Organismus weiterentwickelt.»[320] Das konnte nicht hindern, dass unter den Analytikergruppen in den verschiedenen Ländern wie schon zuvor immer wieder Streitereien ausbrachen über die Frage der «wahren Lehre» und der Notwendigkeiten ihrer Weiterentwicklung. Auch ein guter wissenschaftlicher Ansatz bleibt von Generationenkonflikten und den geschichtlich sich wandelnden Bildern vom Seelischen nicht verschont. Nur die Theorie hält sich, die sich auch verwandelt, selbst wenn es nicht immer zu ihrem Besten geschehen mag.

In ihrer Funktion als Direktorin des Ausbildungsinstituts kommt Helene Deutsch besonders mit der jüngeren Generation der Analytiker in Kontakt. «Sie gründete eine Samstagabend-Gruppe, den ‹Kartenclub Schwarze Katz›.» Regelmäßig traf man sich einmal pro Woche bei ihr zu Hause. Zu dem Club gehörten «die Bibrings, die Hartmanns, die Hoffers, die beiden Kris und die Waelders»[321]. Sie alle sind auch mit Anna Freud befreundet. Neben Kartenspiel und gemeinsamem Abendessen geht es, wie sollte es anders sein, um die Psychoanalyse.

Das Verhältnis zu Sigmund und Anna Freud ist freundschaftlich. Gern ist das Ehepaar zu Besuch in «Hochrotherd», im Landhaus von Anna Freud und Dorothy Burlingham. Manchmal verbringen sie ihre Ferien in der Nähe von Freuds jeweiligem Urlaubsort.

Dass Helene Deutsch 1934 Wien, ihre Arbeit am Ausbildungsinstitut und ihn selbst verließ, soll Freud ihr verübelt haben. Es dauert noch einige Jahre, ehe er selbst die Gefährlichkeit der politischen Lage begreift (s. S. 298). Helene Deutsch erkundet schon 1933, wie es mit einem Leben in Amerika wäre. Wie so oft ist sie es, die die Initiative ergreift und die Entscheidung fällt. Ihr Mann zögert. Er möchte seine Heimat Wien nicht verlassen, folgt aber dennoch seiner Frau.

«Auf die letzten Jahre von Freuds Leben und Wirken in Wien fielen schon die Schatten des Naziregimes. In der Vorkriegszeit hatte Ernest Jones den Plan gefaßt, die Wiener Psychoanalytische Vereinigung geschlossen nach England zu verlegen. Seinem Konzept zufolge sollte Richard Sterba, der kein Jude und daher durch die Nazis nicht gefährdet war, in Wien bleiben und die Vereinigung vertreten. Jones' Plan scheiterte jedoch, als die meisten Mitglieder aus persönlichen Gründen beschlossen, nach Amerika statt nach England zu emigrieren.» Amerika findet Helene Deutsch aufregend, schon die Ankunft: Sobald das Schiff am Pier anlegt, schwärmen Reporter an Bord: «Ich wurde interviewt wie eine Primadonna. Am nächsten Tag erschien mein Bild auf der Titelseite der ‹New York Herald Tribune› mit der Unterschrift: ‹Eine Hofdame Freuds, Dr. Helene Deutsch, auf Besuch in Amerika – der erste akkreditierte Botschafter ihres Geschlechts, der vom König der Psychoanalyse hierher entsandt wurde.›»[322] Amerika macht es möglich, dass Helene Deutsch ins Rampenlicht tritt.

Das tut ihr gut. Sie fühlt sich wohl. In Boston, wo es bereits

Sigmund Freud

eine etablierte Psychoanalytische Gesellschaft unter Leitung von Hanns Sachs gibt, lässt sie sich nieder. Begeistert schreibt sie ihrem Mann nach Wien: «Wir hier ziehen das unruhige Leben der herrlichen Kontemplation unseres Wiener Kreises vor. Ich persönlich habe immer mehr das Gefühl, aus einem langjährigen Gefängnis, aus einem Dämmerzustand befreit zu sein. Wie ich auch Amerika und Amerikaner einschätzen mag, eines weiß ich: *hier ist Leben*, dort dumpfes narzißtisches Brüten um den eigenen, intellektuellen Nabel herum. Was für Freuds Genie und Alter und Annas Hingabe an die väterliche Idee gut ist, wird für die übrigen zu einer schweren Massenneurose.»[323]

In einem Anflug von Traurigkeit schreibt sie Freud einmal von ihrem schlechten Gewissen, weil sie sich von ihm und der Wiener Gruppe getrennt habe. Etwas knapp antwortet der Meister, sie solle das alles ruhig abstreifen. Er vertraue darauf, dass sie der Psychoanalyse treu bleiben werde.[324]

In Boston kommt Helene Deutsch in den Genuss, etwas Besonderes zu sein. Ihre Nähe zu Freud zeichnet sie im neuen Kreis aus. Mit der Aura der klassischen Analyse versehen, wird sie zu einer gefragten Lehranalytikerin. Sosehr Helene Deutsch Anna Freud in Wien auch bewundert haben mag, sosehr war die Jüngere doch auch eine ärgerliche Konkurrenz für sie. Schließlich war sie die zur Psychiaterin ausgebildete Ärztin.

Neben vielen anderen Interessen und psychoanalytischen Themen greift Helene Deutsch in der Neuen Welt ein altes Thema auf, die Frage nach den seelischen Eigentümlichkeiten der Frau. Damals in Wien war sie von ihren eigenen Problemen und von Freud auf die Spur gesetzt worden, der auch sie um einen Beitrag zur Frage der weiblichen Psyche bat. Helene Deutsch hatte ihm den Wunsch erfüllt mit der Arbeit «Psychoanalyse der weiblichen Sexualfunktionen» (1925).

In Amerika erscheint dann 1944/45 ihr umfangreiches Werk «Psychology of Women». Es ist einer jener waghalsigen Versuche, die Menschen in zwei Sorten oder Typen aufzuteilen: diejenigen mit Penis ohne Brüste und diejenigen mit Brüsten ohne Penis. Kurz, es ist der Versuch, an den körperlichen Verschiedenheiten entlang, gleichsam parallel, seelische Verschiedenheiten aufzuspüren. Freud selbst hatte mit diesem Unternehmen seine Probleme.

Der Text von Helene Deutsch ist wissenschaftstheoretisch naiv, ohne Sonderung von Struktur- und Beschreibungsebene. Unbewusst gerät sie in einen Kategorien-Mix, wenn sie «den passiv-masochistischen Tendenzen [...] die Rolle eines zentralen Kernes im psychischen Gefüge des Weibes» zuerkennt und fortsetzt: «Dieser Kern ergibt sich aus dem Aufeinanderwirken von biologischen, physiologischen, anatomischen und psychologischen Faktoren. Die ersten drei, die organischen, sind relativ konstant; die psychologischen Faktoren sind individuell wechselnd und hängen teils von Innenvorgängen ab, teils entstehen sie unter dem Einfluß der Umwelt.»[325] Was sind das für «Teile» und wovon? Der Satz hört sich an, als kämen Psychisches und Umweltliches von Fall zu Fall gleichsam additiv zusammen. Unberücksichtigt bleibt, dass sich kein seelischer Prozess jenseits des kulturell-geschichtlich gewordenen Bildes von Mann oder Frau ausformt – von Anfang an.

Als «weiblich» gilt im Text der Helene Deutsch zunächst alles, was beim weiblichen Geschlecht geschieht. Aber, so erfährt man dann, es gibt auch weibliche Männer. Wie soll das zu verstehen sein, wenn die Züge des Passiv-Weiblichen hergeleitet werden aus der Kränkung durch den Penismangel, der Aufgabe der Erhaltung der Art, aus dem «blutigen Trauma» von Menstruation, Defloration, Geburtsakt und Klimakterium? «Männlich» wird gleichgesetzt mit «aktiv» und «geistig» («Kopf»), abgeleitet aus phallisch-erobernder, aggressiver Aktivität. Auch Frauen können «männlich» sein, heißt es dann. «Die psychoanalytische Erfahrung», schreibt sie schon 1925, «drängt uns immer mehr zur Erkenntnis, daß der ‹Männlichkeitskomplex› des Weibes zum ständigen Bestandteil ihrer psychischen Struktur gehört und daß das Vorhandensein desselben nur unter bestimmten Bedingungen zu neurotischen Erscheinungen führt.»[326] So what? Warum dann all die umständlichen Herleitungen aus dem Körpergeschehen?

Freud war mit seinen Aussagen über die Eigentümlichkeiten des «Weiblichen» und des «Männlichen» im Lauf der Jahre immer vorsichtiger geworden. 1930 schreibt er im «Unbehagen in der Kultur»: «Das Individuum entspricht einer Verschmelzung zweier symmetrischer Hälften, von denen nach Ansicht mancher Forscher die eine rein männlich, die andere weiblich ist. Ebensowohl ist es möglich, daß jede Hälfte ursprünglich hermaphroditisch war. Die Geschlechtlichkeit ist eine biologische Tatsache, die, obwohl von außerordentlicher Bedeutung für das Seelenleben, psychologisch schwer zu erfassen ist. Wir sind gewohnt zu sagen: jeder Mensch zeige sowohl männliche als auch weibliche Triebregungen, Bedürfnisse, Eigenschaften, aber den Charakter des Männlichen und Weiblichen kann zwar die Anatomie, aber nicht die Psychologie aufzeigen. Für sie verblaßt der geschlechtliche Gegensatz zu dem von Aktivität und Passivität, wobei wir allzu unbedenklich die Aktivität mit der Männlichkeit, die Passivität mit der Weiblichkeit zusammenfallen lassen [...].»[327]

Rückblickend erkennt Helene Deutsch «drei entscheidende Wendepunkte» in ihrem Leben: «[...] die Befreiung von der Tyrannei meiner Mutter; die Begegnung mit dem Sozialismus; und die Sprengung der Ketten des Unbewußten durch die Psychoanalyse. Bei jeder dieser Revolutionen hatte ich die Inspiration und Hilfe eines Mannes – meines Vaters, Hermann Liebermans und zuletzt Freuds. Mein Mann nahm seinen eigenen, einzigartigen Platz in meinem Herzen und in meinem Leben ein.»

Helene Deutsch wollte mit ihrer Psychoanalyse der Frau das von Freud häufig aufgenommene Diktum von Immanuel Kant – die Frau verrate ihr Geheimnis nicht – widerlegen. Doch ihre «Psychologie der Frau» rückt eher in den Blick, dass die Frau «ihr

Geheimnis», wenn es denn ein solches geben sollte, selbst nicht kennt. Der naturwissenschaftliche Zugang nimmt dem Geheimnis allenfalls seinen Zauber, indem er durch Klassifikation die Phänomene stumm macht. Helene Deutschs Versuch bleibt in den Bahnen zeitgenössischer Vor-Urteile über Mann und Frau; darüber kann auch die vermeintlich wissenschaftliche Herleitung nicht hinwegtäuschen.

Bei Erscheinen ihrer «Psychologie der Frau» war Helene Deutsch Anfang sechzig, arbeitete als Psychoanalytikerin am Bostoner Psychoanalytischen Institut, dessen Leiterin sie mehrere Jahre war, und als psychiatrische Mitarbeiterin des Massachusetts General Hospital.

Mit ihrem Mann Felix erfüllt sie sich den Wunsch, auf ihrem eigenen Bauernhof zu leben, ganz ähnlich wie Anna Freud in «Hochrotherd». Auch der Name der Farm in New Hampshire erinnert an Vergangenes: «Babayaga» – im slawischen Sprachraum der Name einer unheimlichen Märchengestalt mit hexenhaften Zügen.

Helene Deutsch zog sich von der Ausbildung der Kandidaten zurück, als die Bostoner Psychoanalytische Gesellschaft 1963 Felix Deutsch wegen Anzeichen von Gedächtnisschwund zum Austritt zwang.[328]

Als Helene Deutsch 1934 Wien verließ, galt Freuds Zuneigung einer Frau, die die gleichen Initialen trägt: «H. D.» – aber das ist eine ganz andere Geschichte.

Komplexität

«H. D. Imagiste»: Hilda Doolittle und die weichen Bilder der Lyrik

> «Das Leben in meinem Alter [80 Jahre] ist nicht leicht, aber der Frühling ist schön und ebenso die Liebe.»
>
> Sigmund Freud

Am 1. März des Jahres 1933, Aschermittwoch, hinterlegt H. D. beim Portier des Hotel Regina in Wien, Freiheitsplatz, ihren Zimmerschlüssel und begibt sich auf den Weg zur Analyse bei Freud. Sie geht die Berggasse hinunter und öffnet die schwere Holztür des Hauses Nr. 19. Wenn der Professor nicht mehr unter uns ist, hatte der Portier zu ihr gesagt, werde man der Straße den Namen «Freudgasse» geben. Noch lebt er; aber wie lange noch. Die hoch gewachsene zarte Frauengestalt steigt die breiten Steinstufen einer geschwungenen Treppe hinauf, während sie ihre Hand ganz leicht über das Holzgeländer streichen lässt, erreicht den Absatz mit der Ordinationstür des Professors zur Rechten und der Freud'schen Familientür links. «Sichtlich hatte man die beiden Wohnungen so eingeteilt, daß es möglichst wenig Durcheinander zwischen Familie und Patienten oder Schülern gab; da war der Professor, der uns gehörte, und da war der Professor, der seiner Familie gehörte [...].»[329]

Paula lässt sie ein und bittet, einen Augenblick zu warten. «Ich weiß, daß Professor Dr. Sigmund Freud die Tür mir gegenüber öffnen wird. [...] Automatisch gehe ich durch die Tür. Sie schließt sich. Sigmund Freud sagt nichts. Er wartet darauf, daß ich etwas sage. Ich kann nicht sprechen. Ich schaue mich im Zimmer um.

Als eine Liebhaberin griechischer Kunst mache ich automatisch eine Bestandsaufnahme dessen, was das Zimmer enthält. Unschätzbar schöne Stücke sind hier rechts und links von mir in den Regalen ausgestellt. Man hat mir erzählt vom Professor [...]. Ich weiß, daß er vor etwa fünf Jahren oder so einen sehr schweren Neuausbruch einer früheren ernsten Krankheit erlebte und man ihn erneut wegen jener besonders bösartigen Form von Mund- oder Zungenkrebs operierte, und daß er durch ein Wunder (zum Erstaunen der Wiener Spezialisten) wieder genas. Es scheint mir auf irgendeine seltsame Weise, daß wir beide zu irgendeinem Zweck ‹wunderbar gerettet› wurden. Aber all das sind Anmutungen, eine Atmosphäre – etwas, das sich mir vergegenwärtigt, das ich verspüre, aber nicht wirklich in Worten und Gedanken faßbar mache. Ich hätte darüber nicht sprechen können, selbst wenn es mir in jenem Augenblick klar gewesen wäre. Ich weiß allerdings, daß es ein großes Privileg ist hier zu sein, das ist mir ganz deutlich. [...] Aber niemand hatte mir erzählt, daß dieses Zimmer ringsum voller Schätze steht. Ich dachte, den Alten Mann vom Meer zu begrüßen, aber niemand hatte mir von den Schätzen gesagt, die er aus den Tiefen des Meeres gehoben hatte. [...]

Begrüßt die Seele, wenn sie die Pforten des Lebens passiert und das Haus der Ewigkeit betritt, den Hüter der Tür? Es scheint so. Ich hätte erwartet, daß der Türhüter, der doch jenseits der Schwelle zu Hause ist, die zitternde Seele begrüßen würde. Nicht so der Professor.»

Viele Wege sind offen, über den Beginn der eigenen Analyse zu berichten. Wer ist das, die so spricht? Die Darstellung hat ihre eigene Sensibilität und Dichte. Tastend hält sich Befangenheit in der Schwebe. Die Dinge im Raum bieten nur scheinbar Halt. Sie werden sogleich verrätselt und mit mythologisierenden Anspielungen überhöht.

Dann wendet sich die Situation: «[...] als er nach langem Warten merkte, daß ich nicht sprechen wollte oder konnte, brach er das Schweigen. Was er sagte – und ich glaube etwas traurig –, war: ‹Sie sind der einzige Mensch, der je in dieses Zimmer kam und die Dinge im Zimmer ansah, bevor er mich ansah.›»[330]

Die Analysandin scheint sich zu fragen, ob der Professor womöglich befürchtet, sie könnte ihn übersehen. Ist ihre Aufmerksamkeit ihm denn wichtig? Und: Weiß er denn nicht, dass sie ihn anschaut, wenn sie die Dinge betrachtet, mit denen er lebt?

Eine weitere Wendung stellt sich ein: «Ein kleines, löwengleiches Wesen trottete auf mich zu – eine Löwin, wie sich herausstellte. Sie war aus dem Allerheiligsten aufgetaucht oder aus ihrem Versteck unter oder hinter der Couch zum Vorschein gekommen; wie auch immer, sie verfolgte unbeirrt ihren Weg über den Teppich. Verlegen, scheu, überwältigt beugte ich mich nieder, um dieses Wesen zu begrüßen. Doch der Professor sagt: ‹Rühren Sie sie nicht an – sie schnappt zu – sie ist sehr schwierig mit Fremden.› *Fremden?*» Das trifft offenbar einen wunden Punkt. Gerade als die Analysandin im Begriff ist, Nähe herzustellen, wird sie auf Abstand gebracht. «Ist die Seele, die die Schwelle überschreitet, für den Türhüter eine Fremde? Es hat den Anschein. Doch obwohl ich keine ausgewiesene Hundeliebhaberin bin, mag ich Hunde, und sie werden seltsamer- und oft unerwarteterweise schnell ‹warm› mit mir. Wenn dies eine Ausnahme ist, bin ich bereit, das Risiko einzugehen. Uneingeschüchtert, doch bekümmert durch die etwas ablehnende Art des Professors, setze ich nicht nur meine Bewegung hinab zu dem kleinen Chow fort, sondern gehe dazu noch in die Hocke, so daß die Hündin, wenn sie denn will, nun erst recht zuschnappen kann. Jofi – sie heißt Jofi – schmiegt ihre Schnauze in meine Hand und reibt ihren Kopf in zarter Zuneigung an meiner Schulter.»[331]

Das wäre jedenfalls bewiesen: Für die kleine goldgelbe Jofi ist sie keine Fremde.

Die ganze Szene erinnert an den ersten neugierig-ängstlichen Besuch eines sehr kleinen Kindes im befremdlich wirkenden Arbeitszimmer seines Vaters. Erst wenn etwas sinnlich fassbar, anfassbar wird – antike Puppen, ein lebendiges Plüschtier –, legt sich die Befangenheit ein wenig.

Als die amerikanische Schriftstellerin H. D. – Hilda Doolittle (10.9.1886–28.9.1961) – zu Freud kommt, vermittelt durch die Freundin Winifred Ellerman (bekannt unter ihrem Künstlernamen «Bryher») und unterstützt durch ein Empfehlungsschreiben des Laienanalytikers Hanns Sachs, ist sie bereits 46 Jahre alt.

In Bethlehem geboren – in Pennsylvania und nicht als Knäblein –, hat Hilda Doolittle lange Zeit darunter zu leiden, dass sie sich selbst als nicht geglückt empfindet. Zwar ist sie als einzige Tochter der Liebling ihres Vaters, aber die Mutter, so meint sie, wäre ihr unerreichbar geblieben. Deren besondere Zuneigung gilt Gilbert, dem Erstgeborenen, der Hilda um zwei Jahre voraus ist. «Er ist ein großer Junge und, wie jeder weiß, schlau und klug für sein Alter. Ich bin ein kleines Mädchen, klein für mein Alter und nicht sehr weit. Ich bin in einem gewissen Sinn immer noch ein Fremdling.»[332] So erinnert sich die erwachsene Dichterin an eine Grundsituation ihrer Kindheit. Die Familie der Mutter gehörte zur religiösen Gemeinschaft der Mährischen Brüder, die den Geist des Urchristentums erneuern wollte. H. D. führt später ihren eigenen Hang zum Mystischen darauf zurück.

Hilda wächst mit fünf Brüdern auf, zwei davon aus der ersten Ehe des Vaters. Ihn, den großen hageren Professor für Astronomie an der Universität Philadelphia, Charles Doolittle, liebt Hilda sehr. Doch dessen Aufmerksamkeit gilt einer anderen Sphäre, «selten etwas Nähergelegenem als buchstäblich dem Mond», kommentiert Hildas Jugendfreund, der amerikanische Arzt und Dichter William Carlos Williams. Professor Doolittle imponiert seiner kleinen Tochter als einer jener «puritanischen Väter», die «mit Indianern kämpften und Hexen verbrannten». Sie findet ihn großartig. Dem besessenen Forscher mit seinen den Alltag überschreitenden Interessen eifert die Tochter nach, nicht jedoch im Bereich

H. D., um 1921

der Wissenschaften. Bei aller Liebe wird sie ihm nicht den Wunsch erfüllen, Mathematik zu studieren. Sie wählt altgriechische Sprache und Literatur.

Großartig findet sie als Fünfzehnjährige auch einen jungen Mann mit Namen Ezra Pound, den sie auf einer Halloweenparty kennen lernt. Später merkt sie, dass dessen exzentrisches Auftreten nicht Halloween als Anlass braucht. Ezra liebt große Hüte, grelle Farben, die Literatur, das Schreiben, seine Gedanken darüber – und Hilda. Der Student der vergleichenden Literaturwissenschaft, der selbst Verse schreibt, zeigt Hilda einen Planeten, den der Vater mit all seinen technischen Instrumenten nicht sehen kann. Hilda gerät in Ezras Bann. 1905 verloben sich die beiden heimlich, Hilda ist neunzehn und Ezra zwanzig Jahre jung.

«Für Hilda [...] schrieb Pound seinen ersten Gedichtband, ‹Hildas Book›, 57 Seiten, teils getippt, teils liebevoll mit der Hand geschrieben und von ihm höchstselbst in Pergament gebunden

– alles in der Verkleidung gedichtet: als William Morris, Dante Gabriel Rossetti, Swinburne. Eines Tages erwischte der Professor die beiden. Außer sich vor Zorn, wies er Pound aus dem Haus: ‹Sie, SIE sind doch nur ein NOMADE!›»[333] Ein treffsicheres Urteil. Pound schreibt wenig später: «Auf der ‹Suche nach sich selber›, auf der Suche nach ‹echter Selbstverwirklichung›, tappt man umher, stößt auf scheinbare Wahrheit. Man sagt, ‹ich bin› dies oder jenes und hört auf, es zu sein, eh noch die Worte verklungen sind.»[334]

Die Haltung eines Nomaden mag einem Künstler angemessen sein, nicht jedoch einem Mann, dem der Wissenschaftler Doolittle seine Tochter anvertrauen könnte. Nach seiner Einschätzung gewinnt ein Heranwachsender an Stabilität, wenn er sich auf einen bestimmten Wirkungskreis begrenzt. Doch Ezra Pound sieht darin nur die Gefahr, dass man sich mit einer Maske versieht. In dem Gedichtband «Personae» (1909) bemüht er sich gerade darum, die «Masken des Selbst» abzulegen. Mit dem Konzept vom «Image» will er «neue Formen ins Leben» setzen.

Ezra Pound wird Hilda Doolittle auf den Namen «H. D. Imagiste» taufen, später in London, als sie nicht mehr miteinander, sondern mit der Dichtkunst intim sind. Hilda spürt gleich, dass Ezra im Grunde ein Revolutionär ist. Es tut ihr wohl, dass Pounds Lebensbild ihre vagen Träume vom Anders-Sein, die im Rahmen der Familie nicht geschätzt werden, berechtigt erscheinen lässt.

Während Pound zunächst an der Universität Karriere macht, verlässt Hilda 1906, nach zwei Jahren, das Bryn Mawr College – aus gesundheitlichen Gründen, weil sie frei studieren und ihren schriftstellerischen Ambitionen folgen möchte. Später erscheinen drei Bände mit ihren Übersetzungen griechischer Tragödien.

William Carlos Williams beschreibt die Zwanzigjährige: «Hilda, groß, blond und mit langem Unterkiefer, aber lebhaften blauen Augen, [...] hatte das, was man manchmal in wilden Tieren findet, eine atemlose Ungeduld, eine fast verrückte Weigerung, zur Sache zu kommen.»[335] Das könnte man auch ihren beharrlichen Aufenthalt in Tagtraum-Verfassungen nennen oder auch ihre Vorschule der Dichtkunst. Anders als Anna Freud wird sie diese Zustände nicht dem Vater zuliebe aufgeben. Auch Freud wird das bei ihr nicht erreichen. Sie braucht diese entrückten Zustände. Mit dem Eigenwillen ihrer Sprache sucht sie gerade den ungreifbaren Qualitäten der Wirklichkeit nahe zu kommen.

1911 reist Hilda mit der Freundin Frances Gregg, die sie liebt, nach Europa. Bei einem Treffen in New York hatte sie sich von Ezra Pound, der schon in London lebte und arbeitete, von den Vorzügen eines Künstlerlebens in Europa überzeugen lassen. Er meinte, es wäre «einfacher für sie auszuwandern, als es für Amerika wäre, seine Zivilisation zu verändern»[336]. Als Hilda am Ende ihrer Europareise entscheidet, in London zu bleiben, wünscht sie, aus ihrer Geschichte auszusteigen, die in den Augen der Familie als Geschichte des Scheiterns gilt. Unbegabt für die Mathematik, zu fahrig für konsequentes Studieren und für Prüfungen, dem Alltag nicht gewachsen, sich genauso in Frauen wie in Männer verliebend: Sie fällt aus dem Rahmen. Dennoch ist der Vater bereit, für ihren Lebensunterhalt in Europa finanziell aufzukommen.

Pound ist von der Qualität ihrer literarischen Probeschritte überzeugt: «Aber das ist ja Dichtung!» Er schickt sie zusammen mit Versen von Richard Aldington und aus seiner Feder an die Chicagoer Zeitschrift «Poetry». Von seinen Gedichten sollte die Zeitschrift erst Gebrauch machen, nachdem die von H. D. und Aldington gedruckt sind.[337]

H. D., im Familienrahmen ein «hässliches Entlein», findet in London ihren Kreis, der sie als «Schwan» erkennt. Wie die Modernen in Frankreich wollen Richard Aldington, F. S. Flint, Brigit Patmore, T. E. Hulme – und natürlich Ezra Pound – die Dichtkunst im englischen Sprachraum erneuern. Die Dinge und die Bilder sollen federführend werden.

Pound formuliert die Grundgedanken des «Imagismus», die auch H. D.s Lebensansicht entsprechen. Etwas unmittelbar Erlebtes wird als «Image» sprachlich zu fassen gesucht; die Sprache schmiegt sich, dem Rhythmus des Satzes folgend, in Gestalt des «vers libre» einem flüchtigen Augenblick an, gerade so, wie er wahrgenommen wird. Das «Bild» ist, in Pounds Worten, «ein ausstrahlendes Schwingungszentrum, eine Ballung; es ist das, was ich nicht umhin kann, einen ‹Vortex› zu nennen, aus dem und durch den und in den immerfort Ideen dringen»[338].

Vor dem Hintergrund des «Vortex» oder Wirbels als bedeutsamem «Komplex» oder «Muster» wird H. D. später auch die bildhafte Darstellungsweise der Psychoanalyse verstehen. Während ihrer Analyse bei Freud fördert eine Kindheitserinnerung ein Bild zutage, das zu ihrem Erlebnis der psychoanalytischen Arbeit passt. Unter einem weggewälzten Holzblock entdeckte das kleine Mädchen «eine reichhaltige, unterhaltsame Ausstellung: kleine Dinger, Ameisen gleich, wimmelten hastig durcheinander; sie rasten wild umher, kehrten aber immer wieder zum selben feuchten Erdhäufchen, zum selben winzigen Lehmklumpen zurück. In sauber durchschnittenen Rinnen lagen zusammengerollt einige weiße flügellose Wesen. Der Boden des Klotzes war das Dach einer Reihe kleiner Höhlen oder sauberer offener Gräber gewesen, ganz ähnlich den atztekischen oder ägyptischen Grabkammern, aber das wußte ich nicht. Diese zusammengerollten, weißen Maden waren noch ungeborene Dinger. Sie waren widerlich genug, wie unaufgestochene Furunkel. Oder vielleicht waren sie im Grunde auch gar nicht widerlich – es konnten kokonlose Larven sein, sie konnten eines Tages ‹ausschlüpfen›. Doch ich sah sie nur, ich wußte nicht, was sie waren oder worauf sie vorausdeuten konnten. Mein Bruder und ich standen gebannt vor dieser Enthüllung. [...] Es gab Dinge unter den Dingen und Dinge in den Dingen.»[339]

Als Dichterin bringt es Hilda Doolittle in der Kunst des Imagismus so weit, dass Aldington ein halbes Jahrhundert später schreibt: «Die imagistische Bewegung war H. D. und H. D. war die imagistische Bewegung.»[340]

Ihr Gedicht «Oread» aus dem Jahr 1915 lässt verschiedene Ebenen ineinander laufen. Der Titel «Oread» enthält die Aufforderung «O lies!» und ist der Name der Bergnymphe im altgriechischen Volksglauben. «Oread» zeigt auch, dass sich die Imagisten an der japanischen Gedichtform des Haiku orientieren: mit minimalen Sprachmitteln einen bestimmten Augenblick dergestalt durchlässig machen, dass im Wirklichen untrennbar ein ‹Etwas›, ein Zweites aufscheint – mit ausstrahlender Kraft.

Oread
Whirl up, sea –
whirl your pointed pines,
splash your great pines
on our rocks,
hurl your green over us,
cover us with your pools of fir.

Wörtlich übersetzt: Oreade: Wirble auf, Meer – / wirble deine spitzen Fichten, / spritze deine großen Fichten / auf unsere Felsen, / wirf dein Grün über uns, / bedecke uns mit deinen Föhrenteichen.

H. D. sucht die intensive Erfahrung einer Art Zwischenwelt. Ihre Gedichte vergegenwärtigen Übergangsverfassungen. Sie nennt das «twilight of the spirit»[341]. Mit Richard Aldington, den sie 1913 heiratet, gibt sie Anthologien und Zeitschriften heraus, die sich der neuen Dichtkunst verschreiben.

Der Erste Weltkrieg wird für H. D. zu einer Zeit von Angst, Gefahr und umstürzenden Veränderungen. In den Ekstasen von Krieg, Liebe, Tod, Zerstörung und Trennung droht sich alles aufzulösen. 1915, sie ist schwanger, gerät H. D. außer sich, als sie vom Untergang der «Lusitania» erfährt; ihr Kind kommt tot zur Welt. Richard Aldington wird eingezogen. Das Erscheinen ihres ersten Gedichtbandes «Sea Garden» (1916) – unter normalen Umständen ein beglückendes Ereignis – wird von seelischen Erschütterungen überschattet.

Ende 1917 nimmt H. D. vorübergehend den englischen Dichter D. H. Lawrence mit seiner Frau Frieda in ihrer Londoner Wohnung am Mecklenburgh Square 4 auf. Lawrence war unter Verdacht der Spionage für Deutschland aus Cornwall ausgewiesen worden. Kurz darauf reist H. D. im Frühjahr 1918 mit dem

Musiker und Komponisten Cecil Gray nach Cornwall. Ihr Mann Richard Aldington lebt seit 1917 mit Dorothy Yorke zusammen.

Wer wann mit wem in dieser Zeit in eine Affäre verstrickt ist, lässt sich kaum klären. Liebe und Liebestod scheinen blitzschnell zu wechseln. Alle Beteiligten werden viel Papier brauchen, um in Romanform zu bewältigen, wie ihr privates Leben gleichsam parallel zum Kriegsgeschehen aus den Fugen geriet. Gegen Ende des Krieges fällt H. D.s Bruder Gilbert in Frankreich. 1919 stirbt ihr Vater, der das Ereignis nicht verkraften kann, «buchstäblich an dem Schock»[342]. Als Aldington 1918 von H. D.s erneuter Schwangerschaft erfährt, trennt er sich endgültig von seiner Frau. Er erträgt ihre Verbindung mit Lawrence nicht und muss erkennen, dass ihr Experiment einer offenen Ehe gescheitert ist. H. D. leidet unter der Zerrüttung ihres Lebens. Zwanzig Jahre später lässt sie sich von Aldington scheiden. H. D.s bürgerlicher Name wird weiter Hilda Aldington lauten. Auch D. H. Lawrence wendet sich von H. D. ab, als sie ihm von ihrer Schwangerschaft erzählt.[343] Während der Schwangerschaft im Nachkriegswinter 1918/19 erkrankt H. D. wie so viele an der gefährlichen spanischen Grippe und berührt selbst die Grenze zum Tod. Die Ärzte sagen, dass sie oder das Kind sterben werde.

Begeistert von dem Gedichtband «Sea Garden», wendet sich die werdende Schriftstellerin Winifred Ellerman (1894–1983), die zu Beginn des Krieges ihr Archäologiestudium abbrach, mit der Bitte um eine Begegnung an H. D. Im Sommer 1918 lernen sie einander in Cornwall kennen. Kaum ein Jahr danach reisen sie zusammen auf die Scilly-Inseln. Winifred übernimmt den Inselnamen «Bryher». H. D. arbeitet an einer Theorie der Dichtung, «Notes on Thought and Vision», in der sie «Erinnerung» und «Liebe» als Kern und Ursprung des Kunstwerks vorstellt. Bryher schenkt der Dichterin H. D. Liebe und tatkräftige Fürsorge. So wird H. D. wider Erwarten «wunderbar gerettet».

Ende März 1919 kommt H. D.s Tochter Frances Perdita ganz

lebendig auf die Welt. Der Vater des Kindes bleibt unbenannt; Vermutungen gehen in Richtung D. H. Lawrence oder Cecil Gray. Bryher wird das Kind Perdita adoptieren und mit Mutter und Kind in familienähnlichen Verhältnissen zusammenleben. Sie wird H. D. ihr Leben lang lieben und an ihrem Reichtum teilhaben lassen. Bryhers Vater, der Finanzier und Schiffseigner Sir John Ellerman, war einer der reichsten Männer Englands. Nach seinem Tod im Jahr 1933 erbt Bryher ein riesiges Vermögen.

Auf dem Höhepunkt ihrer Krise während Krankheit und Schwangerschaft hatte H. D. ihr zugeflüstert: «Wenn ich nach Delphi hinaufgehen könnte, dann würde ich wieder gesund.»[344] Ein Jahr nach der Genesung erfüllt ihr Bryher den Wunsch. Das Land der antiken Mythologie, das H. D. bislang «mit der Seele suchte», vergegenwärtigt sich nun für sie. Die beiden Frauen reisen gern in ferne Länder und vergangene Zeiten. Als 1923 das Grab des Tut-ench-Amun entdeckt wird, fahren sie nach Ägypten – auf einem Luxusdampfer der Ellerman-Linie.

So weit, so schön, doch H. D. leidet unter Halluzinationen, und Bryher ist eine fordernde und strapazierende Liebhaberin. Bryhers Ehemann McAlmon meint, dass sie mit ihren Vorwürfen und Forderungen jeden reif fürs Irrenhaus machen konnte.[345] Im Übrigen ist Bryher eifersüchtig auf jeden Mann, zu dem H. D. in ein freundschaftliches Verhältnis tritt. Mit D. H. Lawrence fühlt sich H. D. auf nahezu mystische Weise verbunden. Die Erfahrung des Verlustes, eine Neigung zum Schwärmerischen und die Liebe zum Rätselhaften begründet ihre Wahlverwandtschaft. In ihren Gedichten spiegelt sich das wider. Vorbehaltlos lieben sie die Verse des anderen. Außerdem erlebt H. D. das disziplinierte Arbeiten von D. H. als vorbildlich. Vor Bryher meint sie ihre Zuneigung zu Lawrence verbergen zu müssen. Als Lawrence sich allerdings negativ auslässt über das Unternehmen der Psychoanalyse, die nach seiner Auffassung die mystische Urkraft der sexuellen Liebe wissenschaftlich seziert, wendet sie sich abrupt von ihm ab.

In den 1920er Jahren schlägt H. D. zusammen mit Bryher und der Tochter Perdita ihre Zelte im Kanton Waadt in der Schweiz auf. Von dort aus reisen sie regelmäßig nach London und Paris. Sie gehören zur Künstlerszene der Avantgarde, treffen Ezra Pound, den Kreis um Sylvia Beach, James Joyce, T. S. Eliot und all die anderen, die heute Rang und Namen haben. In der Schweiz aber sind sie zu Hause. Perdita erinnert sich an die gemeinsamen frühen Jahre: «Ich weiß [...], im nachhinein, daß ich zu einem äußerst bizarren Haushalt gehörte. Wir lebten sehr zurückgezogen am Ufer des Genfer Sees. Ich hatte zwei Mütter. Meine wirkliche Mutter, H. D., deren Leben auf einer außerordentlich elitären Ebene verlief. Und ihre Stellvertreterin Bryher, die sich um die Realität kümmerte.»

Perdita beschreibt die Atmosphäre: «Pssst, pssst, sprechen verboten. ‹Deine Mutter arbeitet.› In ihrem Zimmer, hinter verschlossener Tür. Seltsamer Arbeitsstil: endlose Stille, gefolgt von einem Schreibmaschinensperrfeuer. [...] H. D. war sehr schön, eine beinahe magische Erscheinung – groß, schlank, graziös, herrlich gebaut, mit forschenden grauen Augen. Außerdem war sie sehr leicht reizbar. Wenn sie in die Niederungen des Alltags stieg, war es die Hölle. Sie über-reagierte. Die kleinste Störung machte sie völlig rasend. Ich vergötterte sie. Ich fürchtete mich vor ihr. Sie liebte mich zwar wie eine Mutter, aber diese Liebe offenbarte sie mir nur sporadisch, in plötzlichen impulsiven Ausbrüchen. [...] Bryhers Maßstäbe schwankten zwischen hemmungslosem Experimentieren und vorsintflutlicher Disziplin. ‹Hippo, hippo›, schrie sie und verfolgte mich mit einer Peitsche aus Nilpferdhaut. Ich wurde in die Ecke gestellt und wie jedes ungezogene viktorianische Kind meines Desserts beraubt. Und mit Recht, daran zweifle ich nicht. Ich habe oft randaliert [...].»[346]

Besuchsweise gehören auch Männer zu der Familie, Robert McAlmon zum Beispiel, Bryhers Ehemann. Perdita erinnert sich an ihre und beider Mütter Traurigkeit, wenn er wieder abreiste.

Nach Bryhers Scheidung von McAlmon, dem Schriftsteller der «Lost Generation», heiratet sie H. D.s Liebhaber Kenneth Macpherson; sie leben zu dritt – in unkonventionellen und verwickelten Verhältnissen. H. D. wird schwanger, trägt das Kind von Macpherson aber nicht aus. Sie gründen das Film-Magazin «Close Up». 1930 spielen Bryher und H. D. in dem gemeinsam konzipierten Film «Borderline» mit, in dem extreme seelische Zustände in Szene gesetzt werden. H. D. verfasst ein Begleitheft zum Film.

Die Kunstaktionen, eine Form seelischer Selbstbehandlung, wirken jedoch nicht so weit, dass H. D. ihr Gefühl, lebendig begraben zu sein, das sie oftmals überfällt, überwinden könnte. Häufig gerät sie in einen desolaten seelischen Zustand. Ihre Krise während des Ersten Weltkriegs belebt sich wieder in der Angst vor einem neuen Krieg. Am 30. Januar 1933 wird Hitler zum Reichskanzler des Deutschen Reiches ernannt, für H. D. ein alarmierendes Zeichen.

In den Jahren 1928 bis 1933 sucht Bryher den Analytiker Hanns Sachs in Berlin als Patientin auf und beginnt sich für die Psychoanalyse zu begeistern. Sie gehört zu den wohlhabenden Frauen, die die psychoanalytische Bewegung mit großen Geldspenden unterstützen. Auch H. D. wendet sich auf der Suche nach Hilfe zunächst an Hanns Sachs. «Ich hatte mit Dr. Hanns Sachs in Berlin einige faszinierende Vorgespräche geführt und wollte mit ihm weiterarbeiten, doch stand er vor seiner Abreise nach Amerika. Dr. Sachs fragte mich, ob ich es in Erwägung ziehen würde, mit dem Professor zu arbeiten, wenn er mich nehmen würde. Wenn er mich nehmen würde? Es schien ein absolut phantastischer Vorschlag zu sein, und es kam mir höchst unwahrscheinlich vor, daß Freud persönlich mich als Analysandin oder Studentin in Erwägung ziehen würde. Doch *wenn* der Professor mich akzeptieren würde, bliebe mir in der Sache nicht die geringste Wahl. Ich würde natürlich zu ihm gehen.»[347]

In der Analyse bei Freud möchte H. D. auch die «Technik» des

«Magiers» näher erforschen. Von Anfang an gehört zu ihrem eigenen poetischen Stil das Springenlassen der Bilder und Gedanken, das tagtraumähnliche Ineinanderschieben unterschiedlicher Realitätsebenen, die Überlagerung der Bedeutungen im Sinne der Überdetermination. Als «halluziniertes Schreiben» hat man ihren Stil bezeichnet.[348]

Ende 1932, als H. D. sich um einen Termin bei Freud bemüht, sind ihre «Collected Poems» (1925) in vier Bänden erschienen, ebenso ihre ersten Romane «Palimpsest» (1926) und «Hedylus» (1928). 1931 folgt der Gedichtband «Red Roses for Bronze», doch dann wird für sie das Schreiben schwierig. H. D. beginnt, unter einer regelrechten Schreibhemmung zu leiden, die sich erst 1944 lösen wird – mit ihrem «Rückblick auf eine Analyse», ihre Analyse bei Freud.[349]

Ein Zeitraum von etwa vier Monaten mit fünf Sitzungen pro Woche steht im Jahr 1933 für die Analyse zur Verfügung; im Jahr darauf kommen noch einmal fünf Wochen hinzu. Eine Kurzanalyse also, deren Ablauf durch das Wissen um die begrenzte Zeit intensiviert wird – spürbar in H. D.s Angst vor Trennung und Abschied. Bereits zu Anfang hat sie «diese ständige Zwangsidee, daß die Analyse durch den Tod abgebrochen werden wird» und befürchtet, «das mit dem Professor nicht besprechen» zu können.[350] Einmal notiert sie, sie würde gern sein Stundenglas mit der kleinen Menge Sand als Zeichen der verbleibenden Lebenszeit umdrehen oder ihm das ihre schenken.

H. D.s mutiger, extravaganter und eigenwilliger Lebensweg, ihre Vertrautheit mit den Dichtern der Moderne, ihr eigenes literarisches Werk und nicht zuletzt ihre Liebe zur klassischen griechischen Kunst und Kultur machen den Analytiker neugierig. Die 47-jährige H. D. ist Freud als neue Schülerin hochwillkommen. Doch auch der betagte Meister der Analyse wird eine Behandlung erfahren. Die Gespräche mit H. D. werden für den 77-jährigen Sigmund Freud zu einem Lehrstück in Sachen «Lyrisch-Werden».

Auf dem dunklen Kontinent der Dichterin H. D. findet der alte Professor die rechten Bedingungen für die Entfaltung seiner eigenen warmen und zärtlichen Seite.

Gelegentlich hebt er sogar das klassische «Setting» auf – die Analysandin auf der Couch, der Analytiker ihrem Blick entrückt im Sessel dahinter – und geht mit H. D. in den halb verborgenen privaten Teil seines Arbeitszimmers, um seine Freude an den Antiquitätenschätzen mit ihr zu teilen. Seine «Lieblingspuppe», eine kleine Bronze-Athene, die er ihr in die Hand legt, darf sie befingern.

«Pallas Athene, die ohne eine menschliche und sogar göttliche Mutter geboren worden und in voller Rüstung dem Kopf ihres Vaters entsprungen war, Unseres Vaters im Himmel, Zeus, Theos oder Gott; er meinte auch: Dieses kleine Stück Metall, das Sie in ihrer Hand halten (sehen Sie es an) ist wirklich kostbar, es ist ‹vollkommen›, ein Siegespreis, ein Fund aus der besten Periode, wo sie sich am konkretesten ausdrückte und noch nicht kopflastig geworden war durch äußerlichen Putz und schmückende Details. [...] ‹Sie ist vollkommen›, sagte er, [...] er meinte, daß es keinen Kratzer oder Sprung hatte, keine Beule in der Oberfläche, keinen Fleck auf dem Metall [...]. Er sprach als ein feuriger Liebhaber der Kunst und als ein Kunstsammler.»[351] Später sagt Freud einmal, «daß wir zwei uns in unserer Liebe zum Altertum träfen»[352].

Für H. D. ist das eine aufregende Situation. Aber ist das denn in Ordnung so? Als analytische Einlage weiß sie das Geschehen nicht recht zu deuten. Und doch. In ihrer Kindheit stand das Berühren der Dinge im Arbeitszimmer des Professor Doolittle unter Strafe. Freud meint, ihr Vater müsse «ein kalter Mann» gewesen sein. In H. D.s Aufzeichnungen figuriert Freud unter der Wendung «der Professor», dem sozusagen kleinsten gemeinsamen Nenner zwischen dem Analytiker und dem eigenen Vater, der in einer vorbewussten Unterströmung stets mitgemeint ist.

Jedenfalls, das wird bald an H. D.s Beschreibungen ablesbar, betrachtet sie ihn sehr genau und gewinnt ihn lieb – «den

Professor». «Sein schöner Mund schien immer leise zu lächeln, obwohl seine Augen, tief und leicht asymmetrisch eingesetzt unter der gewölbten Stirn (mit jenen Furchen, die der Meißel eines Meisters schnitt), nichts zu erkennen gaben. Seine Augen waren für mich nicht sprechend. Ich kann nicht einmal sagen, daß es traurige Augen waren. Wenn in einem Augenblick der Niedergeschlagenheit – wie als ich zu ihm ging an jenem Tag, an dem alle Türen in Wien geschlossen und die Straßen leer waren – jene Pause aufkam, die sich manchmal zwischen uns legte, und er eine fast unerträgliche Angst und Spannung in mir spürte, pflegte er diesen Bann zu brechen, indem er mir mit der liebenswürdigen Verbindlichkeit der Alten Welt eine Frage stellte.»[353] Es sind Fragen, die sich im Aktuellen bewegen: ob sie sich einsam fühle in Wien oder wie es Perdita gehe oder ob sie von Bryher etwas gehört habe. Sie ist ihm dankbar für diese Knoten lösenden Fragen.

Manchmal schwärmt die Dichterin geradezu vom Professor: «Seine wunderbar klangvolle Stimme hatte eine Art, eine englische Wendung oder einen Satz aus dem Kontext herauszunehmen (aus dem Assoziationskontext, der ganzen Sprache, könnte man

Sigmund Freud in seinem Arbeitszimmer mit dem Chow-Chow Jofi

sagen), daß er, obwohl er Englisch ohne jede wahrnehmbare Spur eines Akzentes sprach, doch eine fremde Sprache sprach. Der Klang seiner Stimme, die Gesangsqualität, die das Gewebe des gesprochenen Wortes so subtil durchdrang, ließ das gesprochene

Wort in einer anderen Dimension leben oder eine andere Farbe annehmen, als habe er das graue Geflecht des konventionell gewirkten Gedankens, und damit des konventionell ‹gesprochenen› Gedankens, in einen Bottich eigenen Gebräus eingetaucht – oder einen Streifen jenes Gedankens von dem eintönigen, verblichenen und abgetragenen Gewebe der Sprache selbst abgerissen und in den brodelnden Kessel seines eigenen Denkens gehalten, um ihn blau oder scharlachrot gefärbt wieder hervorzuziehen, so daß das alte, graue Netzwerk in neuem Glanz erstrahlte und ein Gedankenfetzen, sogar ein weggeworfener Lumpen, nach dieser Behandlung zum Banner, zum Feldzeichen [...] wurde, das eine Richtung wies oder im Wind an einer Stange flatternd eine Armee anführte.»[354]

H. D. sieht etwas an Freud, das andere so nicht bemerken. Oder anders: Ihre Nähe erlaubt es Freud, aus seiner eigenen Verkapselung herauszukommen. Ausgerechnet Freud, der seine musische Seite verdeckt und besonders betont, er habe keine Beziehung zur Musik, entlockt die Dichterin «Klang» und «Gesangsqualität» der Stimme. Über alles im engeren Sinn Analytische hinaus sind hier zwei Menschen miteinander am Werk, die auch in ihrer Liebe zur Sprache verbunden sind.

Es ist ein Glücksfall für die Geschichte der Psychoanalyse, dass die sensible und wortgewandte Dichterin H. D. nach den Analysestunden den für sie bedeutsamen Kern der Gespräche in ihr Tagebuch einträgt. Ihre Veröffentlichung «Huldigung an Freud» basiert darauf.

Freud hat oftmals beklagt, dass man die Psychoanalyse so richtig erst begreifen könne, wenn man sie selbst erlebt – am Material der eigenen erinnerten Geschichten und in der aktuellen Situation mit dem Analytiker. H. D.s lyrische Beschreibungen und Kommentare lassen den Leser an Freuds Analyse anders teilhaben als etwa die Charakterisierungen Lou Andreas-Salomés, die das Geschehen meist philosophisch überhöht. Es gelingt H. D.

das besondere Kunststück, den Leser ihrer «Huldigung», soweit er nicht vor Vagheit zurückschreckt, in den verwickelten analytischen Prozess mit hineinzunehmen. Und man versteht etwas von der Erfahrung der Analysandin, dass sie die entscheidenden Fragen selber finden muss.

Manchmal geschieht es, dass man als Leser eigene Interpretationen wagt – um bald darauf von Freuds Kommentar überrascht zu werden. Ein Beispiel: Der englische Arzt Henry Havelock Ellis hatte in seinem Werk «Studies in the Psychology of Sex»[355] die Vielfalt sexueller Praktiken mit Fragebögen erhoben. H. D. wollte ihn um jeden Preis persönlich kennen lernen, was ihr mit einigem Aufwand auch gelang. In der Analyse beschreibt sie Ellis als künstlerische Erscheinung und erzählt, wie er ihr, mit braunsamtenem Hausrock angetan, einen Buddha zeigte ... Selbst auf die psychoanalytische Spur geraten, fragt sich der Leser, ob sie Freud damit wohl sagen will, dass es mehrere von seiner Art gibt, oder ob sie gestehen möchte, dass sie Berühmtheiten sammelt; jedenfalls fragt man sich, warum sie so ausführlich über Ellis berichtet. H. D.s Aufzeichnungen zufolge lautet Freuds Kommentar: «Ah, Sie erzählen das alles so schön.» Der Leser ist verblüfft.

An anderer Stelle äußert sich Freud dann auch über Ellis, und wieder hätte man anderes erwartet: «Der Professor sagte, er habe sich immer gewundert, wie ein Mann in einer solchen Lage und unabhängig von der Kritik der Außenwelt seine gewaltige Energie auf eine oberflächliche Dokumentierung der Sexualität verwenden konnte. [...] Er sagt, es sei ihm ein Rätsel gewesen: ‹Er verzeichnet so viele komische Dinge, die Menschen tun, scheint aber nie neugierig zu sein, *warum* sie sie tun. Sehen Sie, ich kann ihm nicht ganz folgen, doch dachte ich immer, daß seine ‹Sexualpsychologie› etwas Unreifes habe.›»[356] Dass Ellis Freud einmal «einen Künstler» genannt hatte, war für Freud nur ein ärgerliches Zeichen dafür, dass Ellis die Wissenschaftlichkeit der Psychoanalyse in Zweifel zog. Er scheint sich zu verteidigen.

Ein drittes Beispiel: In der Analyse wird auch das Verhältnis zwischen H. D. und ihrem Bruder Gilbert thematisiert. In diesem Kontext erhält ein Analysand Bedeutung, dem H. D. manchmal auf der Treppe begegnet und mit dem sie einmal ihre Analysestunde tauscht, der «Fliegende Holländer» (P. J. van der Leeuw). Zurück in London liest H. D. in der Zeitung, er sei auf dem Rückweg von Südafrika mit dem Flugzeug, das er selbst flog, abgestürzt. Das Ereignis wühlt sie dergestalt auf, dass sie Freud Ende 1934 um eine Fortsetzung ihrer Gespräche bittet. Voller Mitleid, traurig und betroffen beginnt sie zu sprechen. Sigmund Freud interpretiert, sie sei gekommen, um seinen Platz bei ihm einzunehmen. Das wirkt schroff.

Das Verhältnis zwischen Sigmund Freud und H. D. bleibt nach vielen Seiten nicht in den Grenzen des distanzierten Umgangs, wie es der klassischen Analyse entspräche. «Ich fragte ihn, wie es ihm gehe, und er lächelte ein bezauberndes, faltiges Lächeln, das mich an D. H. Lawrence erinnerte.» Während ihres Wiener Aufenthaltes steht, trotz der abrupten Trennung, ein Foto von D. H. Lawrence auf ihrem Nachttisch, zu welchem sich bald auch ein Porträtstich von Sigmund Freud hinzugesellt. Freud erscheint ihr als ein alt gewordener D. H. Lawrence.

Eine Episode zeigt, wie weit Freud sich vom Analytikerschema entfernt: «Ich sprach vom letzten Kriegsjahr. Er sagte, er habe allen Grund, sich an die Epidemie zu erinnern, da er seine Lieblingstochter damals verlor. ‹Hier ist sie›, sagte er, und er zeigte mir ein winziges Medaillon, das er an seiner Uhrkette trug. Sie war in Hamburg an der Epidemie gestorben; das Baby freilich, das sie gerade geboren hatte, überlebte. [...] Die schöne Sophie starb also, sie, die ungefähr um dieselbe Zeit wie ich ihr Kind bekam, im Vorfrühling 1919. Ich hatte dieselbe spanische Grippe, und obwohl es für ausgemacht galt, daß niemals beide, Mutter und Kind, die Erschöpfung nach einer Lungenentzündung überleben könnten, war ich doch die wunderbare Ausnahme.»[357]

Es scheint, dass H. D. für Sigmund Freud – nach dem Vorbild von Jensens «Gradiva» – die Bedeutung einer Sophie «rediviva» erhält.[358] Der brisante Komplex des Ödipalen blitzt auch auf, wenn H. D. auf eine Szene zu sprechen kommt, die trotz mehrfacher Erwähnung geheimnisvoll bleibt. «*Bewußt* war ich mir keiner Äußerung, die den Ausbruch des Professors erklären konnte. Und noch als ich herumschnellte und ihn ansah, besaß ich Distanz genug, um mich verwundert zu fragen, ob er sich vorstellte, er könnte *so* die Produktion von analytischem Material beschleunigen oder den Fluß assoziativer Bilder umlenken. Der Professor sagte: ‹Das Schlimme ist – ich bin ein alter Mann –, Sie halten es nicht für der Mühe wert, mich zu lieben›.

Die Wirkung seiner Worte war verheerend – ich fühlte einfach gar nichts. Ich sagte nichts. Was für eine Antwort erwartete er von mir? Es war genauso, als hätte das Höchste Wesen mit der Faust auf die Lehne der Couch gehämmert, auf der ich lag. Wie auch immer – warum tat er das? [...] Ich diskutierte nicht mit dem Professor. Tatsächlich wußte ich ja, wie gesagt, die Antwort nicht. Wenn er erwartete, ich ließe mich nun zu einer Beteuerung meiner Zuneigung hinreißen, so hatte er sich für diesmal getäuscht – die Wurzel oder die Strömung lag zu tief.»[359]

Eine dramatische Zuspitzung von Übertragung und Gegenübertragung. Durch Irritation bringt Freud einen Ruck in den verhaltenen Behandlungsverlauf. Die Szene wirkt nicht so, als hätte Freud aus methodischen Gründen simuliert. Er scheint einer real erfahrenen Enttäuschung Ausdruck zu verleihen. Indem er das tut, rückt etwas unterschwellig Gebliebenes in den Blick. Ihre Bücher seien «vom distanzierten Intellekt geboren», hat H. D. einmal angemerkt. Ähnliches gilt für ihr Verhalten in den Gesprächen mit Freud. Doch nicht das Reden über Vergangenes, sondern dessen gleichzeitige Belebung in der Übertragung kann dazu führen, dass das Vergangene seine die Gegenwart überwältigende Kraft einbüßt. Freud ging offenbar in der Behandlung von

H. D. von der Hypothese aus, sie hätte in frühester Kindheit den Schritt nicht gemacht von der präödipalen Bindung an die Mutter zur ödipalen Liebe zum Vater. Über seine eigene Verwicklung hinaus lässt sich in seiner ‹Explosion› auch der Versuch vermuten, die Entstehung der ödipalen Atmosphäre zu forcieren.

Von der Übertragungsliebe schrieb Freud: «[...] es ist wahr, daß diese Verliebtheit aus Neuauflagen alter Züge entsteht und infantile Reaktionen wiederholt. Aber dies ist der wesentliche Charakter jeder Verliebtheit. [...] Man hat kein Anrecht, der in der analytischen Behandlung zutage tretenden Verliebtheit den Charakter der ‹echten› Liebe abzusprechen.»[360]

Im Übrigen gestalten sich die Gespräche, wie H. D. sie schildert, nach klassisch-analytischem Muster. Auf die Erörterung transzendentaler Probleme lässt sich Freud auch bei dieser Analysandin nicht ein. Ihre Ansätze zum Halluzinieren und Mystifizieren lenkt er um zu den banalen Erfahrungen der Biographie. «Wohl wahr, wir rührten an einige der dunkleren transzendentalen Probleme, doch wir bezogen sie auf den vertrauten Familienkomplex. Verästelungen des Denkens und der Phantasie wurden jedoch nicht abgeschnitten, wurden nicht einmal zurechtgestutzt. Meine Phantasie wanderte nach Belieben umher; meine Träume waren aufschlußreich, und viele von ihnen zogen klassische oder biblische Symbole heran. Gedanken waren Dinge, zu sammeln, zu sichten, zu analysieren, aufzuheben oder aufzulösen. Bruchstückhafte Einfälle, ohne sichtbaren Zusammenhang, erwiesen sich oft als Teile einer besonderen Schicht oder Lagerung des Denkens und der Erinnerung und daher als zusammengehörig; sie wurden manchmal kunstreich zusammengesetzt, wie die erlesenen griechischen Tränenkrüge und irisierenden Glasschalen und Vasen, die mir aus dem Halbdunkel der Vitrinenfächer entgegenschimmerten [...].»[361]

Die jeweils aufkommenden Themen bindet der Analytiker an die lebensgeschichtliche, sinnlich erfahrene Beschaffenheit früher, familiärer Beziehungsmuster. Freud stellt immer wieder den Bezug zum Allzumenschlichen her. Dabei geht es nicht eigentlich um einzelne Personen, sondern, wie H. D. häufig betont, um die Erfahrung einer «Atmosphäre»[362], die den Umgang mit der jeweiligen Person auszeichnete. Freud hatte zu Beginn der Analyse vermutet, H. D. sei nach Wien gekommen in der Hoffnung, ihre Mutter zu finden; die hatte dort einst ihre Flitterwochen verlebt. «Er hatte gesagt: ‹*Und* – ich muß Ihnen sagen (Sie waren offen mit mir, und ich will offen mit Ihnen sein), ich bin *nicht* gern die Mutter in der Übertragung – es überrascht und schockiert mich immer ein wenig. Ich fühle mich so sehr als Mann.›»[363]

Im Umgang mit der dreißig Jahre jüngeren Analysandin H. D. – ähnlich mit Ruth Mack Brunswick und Marie Bonaparte – erfährt der 77-jährige Analytiker Sigmund Freud eine Art Transfusion. Doch zugleich fügt er sich – mit Wehmut – in das Schicksal der Entsagung:

> «Ein alter Mann ist stets ein König Lear! –
> Was Hand in Hand mitwirkte, stritt,
> Ist längst vorbei gegangen,
> Was mit und an dir liebte, litt,
> Hat sich woanders angehangen;
> Die Jugend ist um ihretwillen hier,
> Es wäre thöricht zu verlangen:
> Komm ältele du mit mir.»[364]

Nach dem Ende ihrer analytischen Arbeit lässt Freud, H. D.s Briefe beantwortend, keinen Zweifel daran, dass er sich über eine Fortsetzung ihrer Gespräche freuen würde. Jederzeit könne sie wiederkommen und bleiben, solang sie wolle. Dennoch legt er ihr nahe, sich für eine Analyse ohne Unterbrechungen in London bei dem Analytiker Walter Schmideberg zu entscheiden.

Im Mai 1936, kurz nach seinem achtzigsten Geburtstag, antwortet Freud: «Ich hatte mir eingebildet, ich sei unempfindlich geworden für Lob und Kritik. Als ich Ihre freundlichen Zeilen las und merkte, wie sehr ich mich über sie freute, dachte ich zunächst, ich hätte mich über meine Standhaftigkeit getäuscht. Doch bei nochmaligem Überlegen kam ich zu dem Schluß, daß es nicht so war. Was Sie mir gaben, war nicht Lob, sondern Zuneigung und ich brauche mich meiner Zufriedenheit nicht zu schämen. Das Leben in meinem Alter ist nicht leicht, aber der Frühling ist schön und ebenso die Liebe.»[365] Einmal mehr hat H. D. den Analytiker aus der Reserve seiner offiziellen Rolle gelockt.

H. D.s Zuneigung zeigt sich in der Art und Weise, wie sie 1944, zu Ende des Zweiten Weltkriegs, den sie in London erlebt hat, auf ihre Zeit mit Freud zurückblickt. Sie findet eine Formel für ihr Verhältnis zu Freud in Goethes Gedicht «Mignon», das nach ihrer Einschätzung «in seiner Symbolik dem Typus der Wanderschaft der Seele» folgt.[366]

Als sie Ende Oktober 1934 noch einmal zu Gesprächen nach Wien gekommen war, hatte Freud ihr einen Zweig mit leuchtenden Orangen geschenkt. Ein weiteres Moment ihrer Gemeinsamkeit war ihre Liebe zum Süden.

«Kennst du das Land, wo die Zitronen blühn,
Im dunklen Laub die Goldorangen glühn,
Ein sanfter Wind vom blauen Himmel weht,
Die Myrte still und hoch der Lorbeer steht,
Kennst du es wohl?
Dahin! Dahin
Möcht' ich mit dir, o mein Geliebter, ziehn!»

So wurde aus «H. D. Imagiste» durch die Übertragungsliebe zu Sigmund Freud die Gestalt einer «H. D. Mignon». Doch trotz der Analyse hält sie fest an ihrer Grunderfahrung des Lebens als unfassbarem Geheimnis. Etwas in ihr weigert sich gegen die Reduktion des Leidens auf das von Freud so genannte banale Leid und beharrt auf Mystifikation und Spiritismus – die sie als Quelle ihrer künstlerischen Arbeit braucht. H. D. wird weiter schreiben, sie wird erneut zusammenbrechen und sie wird wieder Hilfe suchen müssen. Oftmals zieht sie sich aus ihrer verwirrenden Welt zurück, um in einem Sanatorium in Küsnacht ihr Leben zu klären. Dort stirbt H. D. am 28. September 1961.

Pyramidales
Die alles vermögende Prinzessin Marie Bonaparte

> «[...] und von einer edlen Frau, die sich zu ihrer Leidenschaft bekennt, geht trotz Neurose und Widerstand ein unvergleichbarer Zauber aus.»
>
> Sigmund Freud

In seinen letzten zehn Lebensjahren hatte Freud die Angewohnheit, die Ereignisse des Tages unter einem Stichwort festzuhalten[367]. Häufig findet sich der Eintrag: «Prinzessin». Vierzig Jahre zuvor war das Freuds Kosename für seine Braut, Martha Bernays, gewesen.

Jetzt ist eine professionelle Prinzessin gemeint, Marie Bonaparte (1882–1962), eine direkte Nachfahrin Lucien Bonapartes, zweiter Bruder des großen Napoleon. Die Prinzessin wird zu den «Auserwählten» gehören, die von Sigmund Freud einen Gemmenring erhalten.

Es ist eine bizarre Welt, in der die kleine Marie aufwächst. Das Regiment führt ihre Großmutter – Tochter eines Kupfergießers, die sich nach dem Tod ihres Mannes Prinz Pierre-Napoléon Bonaparte selbst als «Prinzessin Pierre» betitelt. Auf die Enkelin wirkt sie wie eine böse Stiefmutter. Später wird Marie sie eine «typisch phallische Frau» nennen. Prinzessin Pierre war «eine legendäre Jägerin und Reiterin. Sie konnte ‹im Stehen pissen wie ein Mann, indem sie mitten unter den Leuten einfach die Beine und Röcke spreizte›».[368] Auch wenn «Mimi», wie das kleine Mädchen genannt wurde, diese Frau nicht liebt – das Drastische wird auch in ihrem Leben zu beobachten sein.

Die Großmutter bestimmte das Schicksal ihres Sohnes Roland, Maries Vater. Sie schickt ihn auf die Militärakademie Saint-Cyr. Als einer der Besten schließt er ab und widmet sich fürderhin seinen gelehrten Studien der Geographie, Botanik und Zoologie. Prinzessin Pierre sucht nach der besten Partie für ihn und findet Mademoiselle Marie-Félix Blanc, die jüngste Tochter des Besitzers der Gesellschaft der «Bains-de-Mer» und des Spielkasinos von Monte Carlo – mit fünfzehn Millionen Francs eine der reichsten Erbinnen in Europa. Die Blancs hatten zum Hochzeitsfest in ihrem Hause geladen, aber die Bonapartes verkehren nicht mit Emporkömmlingen. Die Familie von Maries Mutter ist zwar vermögend, aber nicht standesgemäß. So wird die zarte junge Frau direkt nach der Trauung vom Bräutigam in das Haus der Bonapartes verbracht. Das klingt nach Entführung. Nach der Hochzeit kontrollieren die Bonapartes die Schritte der jungen Frau und schotten sie von der Welt ab. Dünkel und Macht. Unter Tuberkulose leidend, wird Marie-Félix schwanger und stirbt drei Wochen nach der Geburt ihres einzigen Kindes, Prinzessin Marie Bonaparte.

Marie erbt das Vermögen ihrer Mutter und leidet unter dem Gefühl, allein deswegen von Vater und Großmutter geschätzt zu werden. Als Marie zu Ende der Kindheit an Lungenentzündung erkrankt, bringt man sie zur Erholung in den Süden. Sie muss gesund bleiben, damit den Bonapartes das Vermögen nicht verloren geht. Die kleine Marie wird gesichert wie ein Tresor.

Sie erhält eine Amme, die sie zärtlich liebt, was jedoch nicht hindert, dass diese bald von Maries Großmutter entlassen und durch immer neue Kinderfrauen ersetzt wird, an welche sich das kleine Mädchen wieder liebevoll bindet, um bald schon wieder getrennt zu werden, so wie es «Bonne-Maman» beliebt. Großmutter und Vater wirken auf das Kind wie ein falsches Elternpaar.

Voller Eifersucht meint Marie, die einzige Frau, die ihr Vater geliebt hätte, wäre seine Mutter gewesen. Jedenfalls kann sich Marie Bonaparte nicht erinnern, dass sie je zärtlich mit ihr umgingen. In der Einsamkeit ihrer frühen Jahre waren allein die Kindermädchen, Gouvernanten, Lehrerinnen und sonstigen Dienstboten für sie seelisch erreichbar. Manchmal darf sie mit der Cousine Jeanne spielen.

Wie Lou Andreas-Salomé, H. D. oder Anna Freud beschreibt die Prinzessin die Herausforderungen ihres Lebens mit schriftstellerischer Ambition. In der Kinder- und Jugendzeit sind es Selbsterkundungen im Tagebuch, Momentaufnahmen von Träumen und Albträumen, aber auch märchenhaft Ausgesponnenes, Erzählungen und altkluge Betrachtungen. Fünf Hefte mit dem Titel «Bêtises» (Torheiten) füllt das Kind mit Geschichten.

Noch vor ihrer Analyse bei Freud gesteht sich die Erwachsene ein: «Der Wahn, in der Vergangenheit zu wühlen, um sie anders zu sehen als sie war, ist mein schmerzhafter, zwanghafter Wahn. Ich wühle in der Vergangenheit und sage mir: Wenn du an jenem Tag zu jener Stunde hier und nicht dort einen bestimmten Stein hingelegt hättest, dann wäre das Gebäude deiner Gegenwart prachtvoller, glänzender.»[369] Sie hadert mit ihrem Leben. Freuds Formulierung in der «Laienanalyse», Ziel einer jeden Analyse sei die Anpassung an die Realität, wird sie sich zu Eigen machen.

Zur Psychoanalytikerin avanciert, schreibt sie: «[...] von meinem achten Lebensjahr an war meine psychologische Einstellung bereits klar erkennbar, so wie sie mein ganzes Leben lang geblieben ist. Jedesmal wenn der Elan meiner Instinkte, welcher Art sie auch immer waren, an der Mauer der Realität zerbrach, stieg ich auf den Sternenbaum, das heißt, ich flüchtete in intellektuelle Sublimierungen, die mir Frieden und Glück zurückgaben.»[370]

Vergeblich sehnt sich Marie nach Nähe zu ihrem Vater. Meist geht er auf Reisen seinen Studien nach, weilt er zu Hause, schreibt er gelehrte Bücher. Die Bewohner von Surinam, von Insulinde und Mauritius oder Lappland, die er auf seinen Forschungsreisen aufgesucht hat, stehen ihm näher als sein Kind. «Liegt es an dem Kummer, in den mich seine Abfahrten und Abwesenheiten immer stürzten, daß ich oft so traurig war und daß ich nach all den Jahren, die inzwischen vergangen sind, auf den Portraits von damals jetzt noch tief berührt bin von der Melancholie meines Gesichtsausdrucks?»[371]

Bereits im Alter von vier Jahren wird Marie auf Anweisung des Vaters von einer deutschen Erzieherin in der englischen und deutschen Sprache unterrichtet. Die seltenen Situationen, in denen der Vater sich dem Töchterchen widmet, sind Sternstunden für Marie. Einmal zeigt er ihr tatsächlich mit dem Fernrohr den Mond und die Planeten. Auch weist er sie an, wie man den Federhalter führen muss, um zeichnen zu können. Marie möchte so gern in seine Fußstapfen treten: «Oh, Papa, grausamer Papa! Ich bin keine gewöhnliche Frau [...]. Ich bin die echte Tochter deines Geistes, ich interessiere mich für die Wissenschaft, wie du dich für sie interessierst.»[372] Aber das interessiert den Vater nicht. Marie entwickelt die Idee, er meine, sie sei seiner Liebe nicht würdig.

Durch einen ganzen Trupp von Lehrerinnen wird Marie zur heiratsfähigen Prinzessin ausgebildet. Dazu gehört auch, dass man ihr wegen ihrer gebeugten Haltung ein Stahlkorsett anmisst. All das gefällt ihr gar nicht. Marie möchte wenigstens das Examen als Volksschullehrerin ablegen. Aber das kann sie sich genauso aus dem Kopf schlagen wie den immer wieder aufkommenden Wunsch, Medizin zu studieren.

Jahrelang bleibt ihr nur die innere Emigration. Anzeichen von Rebellion gegen das Bild einer femininen und attraktiven Prinzessin finden sich in der eigenwilligen Kleiderwahl des jungen Mädchens. «Sie staffierte sich mit einem Paar überflüssiger Hosenträger aus, um ihren beigen Rock vom vorhergehenden Jahr daran zu befestigen; sie weigerte sich einen Gürtel zu tragen, der ihre Taille, die immer noch in einem Stahlkorsett steckte, schlanker gemacht hätte. In ihren Nagelstiefeln und mit ihren dicken karierten Strümpfen hatte sie den Gang eines Bergführers. Auf ihrer schlecht gewaschenen Haarmähne, die sie im Nacken zu einem kurzen Zopf zusammengefaßt hatte, saß ein weicher Männerhut.»[373]

Dank einer neuen Erzieherin öffnet sich der Vierzehnjährigen die Welt von Theater und Oper. 1896 darf sie die Aufführung des «König Ödipus» in der Comédie Française besuchen. Sie schwärmt für Ödipus in der Gestalt des Schauspielers Mounet-Sully, dessen Konterfei sie auf ihren Nachttisch stellt. Das künstlerische und intellektuelle Leben interessiert sie ganz anders als der Salon-Klatsch über den Hochadel. Wie der Vater, der über eine großartige Bibliothek verfügt, liest das Mädchen viel und folgt seinen schriftstellerischen Ambitionen. 1897 gründet die kleine Prinzessin sogar eine Monatszeitschrift, «Le Sphinx», und schreibt Artikel über Aktuelles, wie einen Brand auf einem Wohltätigkeitsbasar in Paris oder die technische Neuheit des Telefons oder über die politische Situation von Kreta und Griechenland.

Als junges Mädchen wird Marie durch den Sekretär ihres Vaters, Antoine Leandri, in eine hässliche Affäre verwickelt. Bei einem Urlaub der Familie in den Schweizer Bergen lässt er keine Gelegenheit aus, Marie nahe zu treten. «Der korsische Sekretär mit seinen schwarzen Haaren, seinen blauen Augen und dem Spitzbart – ich war 16 Jahre alt, er 38. Ich war häßlich. Er war schön.»[374] Ob sie ihn wirklich liebe, fragt er; ein briefliches Unterpfand würde ihn freuen. Leandri diktiert ihr die Briefe, in denen Marie ihre Leidenschaft zu ihm bekennt. Bei einer Unbotmäßigkeit ertappt, trennt sich Prinz Roland von seinem Sekretär. Leandri besitzt die Unverfrorenheit, Marie mit der Veröffentlichung ihrer intimen Liebesgeständnisse zu drohen, wenn sie ihn nicht mit großen Geldsummen befriedigte. Über vier Jahre lang hält Marie die Geschichte geheim vor ihrer Familie. Als sie im Alter von 21 Jahren über ihr Vermögen allein verfügen kann, taucht Leandri erneut mit Geldforderungen auf. Er verlangt von Marie Satisfaktion für seine Entlassung. In ihrer Not erklärt sich Marie endlich dem Vater. Der strengt ein Verfahren gegen seinen ehemaligen Sekretär an und findet ihn ab.

Fortan misstraut Marie dem Interesse werbender Männer. Die wollen nur ihr Geld. Auch das Gerücht, das ihr die Dienstboten zutragen – die Bonapartes hätten ihre zarte Mutter damals vergiftet, um an ihr Geld zu kommen –, belastet Maries Umgang mit Heiratsanwärtern. In den vier Jahren, in denen sie erpresst wird, schämt sie sich ihres halbkindlichen ‹Vergehens› und ist wütend über ihre Leichtgläubigkeit. Eine Fülle hysterischer Symptome stellt sich ein, allem voran die fixe Idee, sie werde wie ihre Mutter jung sterben. Der Onkel Christian Bonaparte beschreibt die 21-Jährige: «Mimi führt das seltsamste Leben, das man sich vorstellen kann. Sie lebt in panischer Angst vor Bazillen, geht aus Angst vor der schlechten Luft nicht in den Salon, wenn mehrere Menschen sich dort aufhalten. Sie fürchtet um ihr Leben, wenn sie nach vier Uhr noch im Freien ist.»[375]

Später werden geheimnisvolle Mordfälle ihr Interesse fesseln. In ihrer ersten psychoanalytischen Arbeit (1927) setzt sich Marie Bonaparte mit dem Fall einer Madame Lefebvre auseinander, die 1925 ihre schwangere Schwiegertochter umgebracht haben soll. Auch die Beschäftigung mit Edgar Allan Poe, über den sie 1933 eine dreibändige Biographie veröffentlicht, beruht zum Teil auf der Faszination, die von seinen phantastischen Mordgeschichten ausgeht. Gewiss wusste sie auch, dass ihr Großvater Prinz Pierre-Napoléon Bonaparte einen Journalisten getötet hatte.

Als Maries wenig geliebte Großmutter 1906 stirbt, sorgt der Vater dafür, dass seine 24-jährige Tochter sich mit dem Gedanken an eine Heirat vertraut macht. Die Wahl von Vater und Tochter fällt auf den dreizehn Jahre älteren Prinzen Georg von Griechenland, Sohn einer russischen Mutter und eines dänischen Vaters. Georg ist der zweite Sohn des griechischen Königs Georg I.

Im Tagebuch des Onkels Christian heißt es: «Am Freitag, den 30. August 1907, ist Georg um 10.30 Uhr erschienen, um Roland offiziell um ihre Hand zu bitten.» Um 11 Uhr erscheint auch der griechische König. «Mimi sagte ihm, daß sie glücklich sei, ein Mitglied seiner Familie zu werden und daß sie seinen Sohn sehr liebe. Der König hat sie mehrmals umarmt und aufgefordert, ihn ‹Vater› zu nennen.»[376]

In einer Zeit, da Kaiser und Könige, durch verwandtschaftliche Bande verknüpft, das Geschick der europäischen Völker lenken, wird Marie als Königliche Hoheit Mitglied dieses erlauchten Kreises. Wie stolz sie ist, geht aus ihrem Kommentar zu den Fotos hervor, die in den Pariser Zeitungen erscheinen: «Ich betrachtete sie mit kindlicher Eitelkeit und dachte an all die Augen, die zur selben Stunde uns anschauten und beneideten. Denn wir waren beide sehr schön auf den Portraits in den Zeitungen und Hunderte und Tausende junger Mädchen beneideten mich sicher um den edlen, den guten, den schönen, den blonden Prinzen, der mich gewählt hatte.»[377]

Aber ihr Glück wird getrübt: Der Verlobte umarmt sie nicht. Stattdessen erzählt Prinz Georg von seinem zehn Jahre älteren Onkel Waldemar, dem er in herzlicher Liebe verbunden sei. Als Marie Bonaparte ihm in Athen, wo die Hochzeit am 12. Dezember nach orthodoxem Ritus gefeiert werden soll, das erste Mal begegnet, findet sie den Onkel liebenswürdig. Schockiert erfährt sie schließlich, dass er der Liebhaber ihres Mannes ist. Als Prinz Georg in der Hochzeitsnacht in Athen endlich zu ihr kam, war er vorher bei seinem Onkel Waldemar gewesen. Dreißig Jahre später notiert Marie, weil «Du die Wärme seiner Stimme und seiner Hand und seine Genehmigung brauchtest, um den Mut aufzubringen, zu der Jungfrau zu gehen. Du nahmst mich an jenem Abend, kurz und brutal, als ob Du Dich selbst dazu zwingen müßtest, und dann hast Du Dich entschuldigt: ‹Ich hasse das so sehr wie Du. Aber es muß eben sein, wenn man Kinder haben will …›»[378]

Während der ersten drei Tage ihrer Hochzeitsreise nach Italien begleitet Waldemar das Paar. Prinz Georg weint, als sie sich in Bologna von seinem Onkel verabschieden. Am liebsten möchte Marie Bonaparte zurück nach Paris, nach Hause, weg von dem falschen Glück. Doch sie bewahrt Haltung, lernt Dänisch und Griechisch und spielt ihre offizielle Rolle wie eine versierte Schauspielerin. Scherzhaft bezeichnet sie in ihren Aufzeichnungen Waldemar und Georg als ihre «beiden Ehemänner»[379]. Die Sommermonate verbringen sie meist im dänischen Bernstorff, auf dem Schloss, das Waldemar mit seiner Familie bewohnt. «Wenn sie mit ihnen spazierengeht, umarmt sie bald den einen, bald den anderen.»[380] Was ihr Liebesverlangen betrifft, geht die Prinzessin leer aus. Sexualität dient der Pflichterfüllung. Marie sehnt sich genauso vergeblich nach Georgs Umarmungen, wie sie sich nach der Zärtlichkeit ihres Vaters verzehrt hatte.

Doch zwei Kinder wird die Prinzessin, wie man es von ihr erwartet, zur Welt bringen. In ihrer Liebe zu Pierre und Eugénie sind die Eltern miteinander verbunden. Im Übrigen teilen sie nur wenig Interessen. Prinz Georg liebt weder Literatur noch Kunst, und Prinzessin Marie begeistert sich zu Beginn ihrer Ehe nur mit Maßen für Politik. Wie in der Kinderzeit fühlt sich Marie Bonaparte in ihrer neuen Welt nicht ausgefüllt und irgendwie überflüssig. Man braucht sie nur bei offiziellen Anlässen. Wieder interessiert sich niemand für ihre Liebe zu Büchern, Kunst und Kultur. Natürlich liebt sie ihre Kinder, aber die Beschäftigung mit ihnen erfüllt nicht ihren Traum vom Leben.

Eine erste Rettung erfährt sie durch die Freundschaft mit dem französischen Arzt und Soziologen Gustave Le Bon, dem Autor der bekannten «Psychologie der Massen» (1908). Bei ihm treffen sich Künstler, Wissenschaftler, Politiker und Schriftsteller mit Rang und Namen. Durch Le Bons Zuspruch gewinnt die Prinzessin «Selbstvertrauen und Mut» und die Einsicht, «daß der Geist wichtiger ist als alles andere», was sie als «tröstliche Tatsache» ein-

Marie Bonaparte mit ihren Kindern
Eugénie und Peter, um 1913

schätzt.[381] Sogar für Politik beginnt sie sich zu erwärmen. Le Bon erhält die Rolle eines Mentors. «Für ihn schreibe ich heute, und ich zwinge mich jeden Morgen, regelmäßig an einem kleinen Buch zu arbeiten, weil er sagt, daß ich das kann ...»[382] Ergebnis ist ein Buch mit dem Titel «Les Murs» (Die Mauern), ein verschlüsseltes Zeugnis ihrer eigenen Geschichte des Eingeschlossenseins im Haus ihres Vaters. Le Bon sorgt auch dafür, dass sie in ihrem Haus in Paris die geistige Elite, «die bedeutendsten und erlesensten Intellektuellen Frankreichs», empfangen kann. Außerdem beginnt sie, sich auf sporadische Affären einzulassen – die sie beleben.

Während der Balkankriege, 1912 und 1913, kämpft Griechenland zunächst an der Seite Serbiens und Bulgariens gegen die Türkei, dann mit Serbien, der Türkei und Rumänien gegen Bulgarien. Prinz Georg «wird dem Hauptquartier im Marineministerium zugeteilt»[383]. Endlich sieht auch die Prinzessin eine Aufgabe, die über ihr königliches Statistendasein hinausgeht. In Briefen an den Vater erwähnt sie «ihr Lazarett in der Militärakademie, ihr Lazarettschiff und das Lazarett von Epireos»[384]. Ihre Königliche Hoheit Marie Bonaparte widmet sich der Betreuung der Verwundeten. Sie ist bereit zu Abenteuern jeder Art – wenn sie nur spüren kann, dass sie lebt.

Ihren privaten Aufzeichnungen lässt sich entnehmen, dass sie ihre Liebhaber zählt. Albert Reverdin, ein Schweizer Arzt, Delegierter des Roten Kreuzes, ist Nummer sechs. Sie begegnet ihm bei der Betreuung verwundeter Soldaten. «Seine Arme waren jung und frisch. [...] Die einzigen Ereignisse im Leben einer Frau, die wirklich zählen, sind die des Herzens: eine Träne, ein Kuß. [...] Was macht mir das schon aus, wenn Kaiserreiche zerfallen? Er hat heute Abend meine Lippen geküßt.»[385] Diderots «Jacques le Fataliste» wird zu ihrem Lieblingsbuch.

Marie Bonapartes Leben ist ein einziges Dilemma. «Mein Gemahl, er langweilt mich, er legt mir Fesseln an, aber er ist der einzige, der mich bis zum Tode lieben wird. So braucht mein Herz, wenn es leidet, die starke, treue Brust des Gatten. [...] Wir werden eines Tages alt sein, allein und dann werden wir füreinander das sein, was bleibt, wenn das Leben vorbei ist.»[386] Wenig später fällt ihr auf, dass das, was sie da über ihren Mann geschrieben hat, «viele Männer über ihre Frauen schreiben» könnten. Marie Bonaparte arbeitet an einem Buch über «Die Unterdrückung in der Ehe». Darin heißt es: «Die freie Entfaltung der eigenen Persönlichkeit welkt dahin zwischen den Wänden des gemeinsamen Heims, und die Seele und das Gesicht nehmen jenen bedrückten Ausdruck an, den man bei so vielen Ehefrauen feststellen kann.»[387]

Bisher lebte Marie Bonaparte mit den Kindern mal in Griechenland, mal in Frankreich. Manchmal war der Vater der Kinder bei ihnen. Nach der Krönung ihres Schwagers Konstantin I. – der griechische König Georg I. war am 18. Mai 1913 ermordet worden – macht sie ihr Haus in Saint-Cloud bei Paris zum Mittelpunkt ihres Lebens. Dort führt sie ihren eigenen literarischen Salon. Zu den illustren Gästen gehört bald der 51-jährige «Monsieur le Président», Aristide Briand, ein ganz und gar unkonventionell und unprätentiös lebender Mann. «Er war in einem ganz zerknitterten Anzug gekommen, hatte eine struppige Mähne, einen großen Schnurrbart», eine kleine Statur und rauchte eine Zigarette nach der anderen.[388] Briand lebte in einer kleinen Dreizimmerwohnung mit seiner Geliebten, einer Schauspielerin der Comédie Française.

Als Minister für Unterricht und Kultus hatte Briand die Trennung von Staat und Kirche durchgeführt. Mehrfach war er Minister – für Justiz, für Äußeres – und mehrfach Ministerpräsident. 1926 erhielt er zusammen mit dem deutschen Außenminister Gustav Stresemann den Friedensnobelpreis für die «Locarno-Verträge», die zum Abbau der Spannungen zwischen Frankreich und Deutschland nach dem Ersten Weltkrieg beitragen sollten. Briand hatte als Rechtsanwalt, Journalist und Generalsekretär der Sozialistischen Partei begonnen, man schätzte seine Kunst der politischen Improvisation. Elfmal war er französischer Ministerpräsident, doch die Dichter, Intellektuellen und Künstler standen ihm näher als die Berufspolitiker. «Wahren Adel», notiert Marie, «findet man weder auf Adelsbriefen noch auf Thronsesseln. Adel liegt im Herzen, in Gedanken und in der Kraft, die Erhabenheit des Lebens zu würdigen.»[389] Gemeint ist Briand.

Nach dem ersten Kuss beginnt Marie Bonaparte mit einem neuen Buch: «Das Glück, geliebt zu werden». Darin heißt es: «Ich liebe Dein Schweigen, aus dem Deine Liebe spricht. Aber ich habe Angst vor Deinem Begehren.»[390] In Briand findet die Prinzessin endlich den Mann, der sie nicht nur wegen ihres gesellschaftlichen Status, nicht nur aus sexuellen Gründen, sondern auch wegen ihrer künstlerischen und kulturellen Ambitionen liebt. Endlich hat sie ihre «große Liebe» gefunden – oder doch nicht? Wenn sie das nur wüsste. Sie zögert. Briand ist klarer, schreibt ständig von seiner Liebe und Sehnsucht. Der Ausbruch des Ersten Weltkriegs, Ende Juli 1914, überrascht Marie während eines Aufenthalts mit der Familie im neutralen Dänemark. Trotz aller Schwierigkeiten will sie nach Paris zurückkehren. Unbedingt muss sie im Brennpunkt sein. Briand bietet seinen Schutz an.

Er wird noch zwei Jahre lang intensiv werben müssen, bis sich die Prinzessin ihm hingibt. Kriegsekstase und Liebeswahn führen zu einer merkwürdigen Aktion: «Wir haben zwei schlanke Pappeln in Erinnerung an die große Schlacht, die Frankreich gerade gewonnen hat, in meinem Garten gepflanzt. Und zwischen den Wurzeln eines der beiden Bäume, in einer versiegelten Flasche, unsere Portraits und unsere Visitenkarten vergraben. Dein Portrait, mein Portrait und das meines Mannes und meiner Kinder.»[391]

Die Konflikte in ihrer Beziehung sind gleichsam vorprogrammiert. Das Verhältnis lässt sich nicht geheim halten. Als 1916 die Franzosen auf Weisung von Briand Saloniki beschießen, kommt den Liebenden auch noch die Politik in die Quere. «Mein Name, der Name des Feindeslandes, neben deinem Namen beschmutzt deinen Namen als Staatsoberhaupt, der leuchten sollte ... Und die ungerechte Menge hat Recht, wenn sie mich wegen deiner Irrtümer anklagt.» Die Prinzessin meint, Briand hätte als verliebter Dichter und Bauer leben müssen, seinem «tiefsten inneren Rhythmus entsprechend, um glücklich sein zu können».[392] Vier Jahre Krieg, vier Jahre Liebe. Dann trennen sich ihre Wege.

Marie Bonaparte beginnt mit einem neuen Buch: «Militärische Kriege und soziale Kriege». Briand nennt sie nun in seinen Briefen «meine Freundin». In der Analyse bei Freud wird Marie rückblickend konstatieren: «Für seine Leidenschaften war ich zu frigide, in jeder Hinsicht.» – «Und er hatte nicht Unrecht», sagte Freud.[393]

Auf Briand folgt Nummer acht. Ein geheimnisvoll bleibender Doktor «X», Ehemann einer Freundin, erhält künftig die Hauptrolle im Tagebuch ihres Lebens. Ihn hätte sie «am meisten und am längsten geliebt», wird sie später schreiben.[394] Die Affäre beginnt 1922, in dem Jahr, als Marie Bonapartes Vater an Krebs erkrankt. Die Tochter besinnt sich auf die Liebe zu ihrem Vater, nachzulesen in dem Buch «Monologe angesichts des Lebens und des Todes» (1951 veröffentlicht). Marie notiert: «Er wird mein bleiben wegen dieser Krankheit, noch lange, immer; ohne wieder weggehen zu können, ohne zu fliehen und mich zum Weinen zu bringen – wie damals als ich klein war und er zum Dîner ausging oder verreiste ...»[395] Ein melodramatisches Glück.

Eine über die Maßen aktive Frau, die Bücher schreibt, sich sozial engagiert, Erziehung und Unterrichtung ihrer Kinder überwacht, am kulturellen Leben teilnimmt, sich für Theater und Musik interessiert, mit ihrem Ehemann auf der internationalen Bühne auftritt und auf dem Rasen unter dem Fenster ihres todkranken Vaters ihren Liebhaber umarmt – diese Frau leidet unter der Angst, verlassen zu werden, unter dem Gefühl, dass ihr das Leben etwas vorenthält, und unter der fixen Idee, sie werde bald sterben. Es ist zum Verrücktwerden. Sie versteht selbst nicht, was sie umtreibt.

Ihr Leben soll anders werden, aber wie lässt sich das bewerkstelligen? Wenn der Körper anders wäre ..., denkt sie oftmals. Mehrfach versucht sie, durch rigoros eingreifende Operationen eine Wendung herbeizuführen. Eine Narbe an der Nasenwurzel, von einer Verletzung aus der Jungmädchenzeit stammend, lässt sie zweimal operieren. Auch die Brüste, meint sie, bedürften der ‹Korrektur›, also begibt sie sich unter das Messer.

Auf der Jagd nach Liebe bleibt immer noch, trotz aller Begeisterung, die vaginale Lust aus. Die Prinzessin leidet unter Frigidität. Was tun? Sie stellt Forschungen an, führt Gespräche mit etwa zweihundert Frauen, die dieses Problem mit ihr teilen, und misst höchstselbst bei ihnen den exakten Abstand zwischen Klitoris und Vagina. Unter dem Pseudonym A. E. Narjani veröffentlicht sie 1924 den Artikel «Considérations sur les causes anatomiques de la frigidité chez la femme» (Ansichten über die anatomischen Ursachen der Frigidität bei der Frau). Sie findet heraus, dass ein Professor Halban in Wien diesem Leiden abzuhelfen verspricht durch die operative Verlegung der Klitoris.

In dieser seelischen Verfassung liest die Prinzessin am Sterbebett ihres Vaters Sigmund Freuds gerade ins Französische übersetzte «Vorlesungen zur Einführung in die Psychoanalyse». Nach dem Tod des Vaters im April 1924 erkrankt sie selbst. Die Gesundung zieht sich über Monate hin. Wieder greift sie zum Mittel des Schreibens – über sich selbst, im Gewand einer Erzählung: «Die meergrünen Abenteuer von Flyda der Meere». In Briefen berichtet sie dem befreundeten Arzt und Analytiker René Laforgue von ihrem Kummer. Ihr Leben erscheint ihr «entsetzlich überfüllt. Fühle mich nicht in der Lage, damit fertigzuwerden [...]. Ich habe Mitleid mit der ganzen Welt und lasse mich von ihr verschlingen. Ich wäre so gerne etwas barbarischer. Aber ich kann es nur im Innern sein! Es will nicht aus mir heraus.» In einem nächsten

Brief heißt es: «Ich fürchte, daß die Mauern um meine Seele, trotz ihrer Hilfe, trotz Freud, den ich so sehr hoffe in diesem Herbst zu treffen, zu spät zusammenstürzen!»[396] Wie Dornröschen fühlt diese Prinzessin, dass etwas in ihr brachliegt und von einer dornigen Hecke umschlossen wird.

Laforgue ebnet ihr den Weg nach Wien. Er unterrichtet Freud vom Wunsch der Prinzessin. Doch Freud ist skeptisch, wehrt zunächst ab. Zwei Monate lang täglich zwei Sitzungen freimachen für eine vermutlich überspannte Prinzessin – nein. Laforgue betont die Seriosität der Dame und weist auf ihre intellektuellen Ambitionen hin. Doch erst, als sich Marie Bonaparte selbst an Freud wendet, lenkt er ein. Am 30. September 1925 erwarte er sie. Die 43-jährige Marie Bonaparte trifft pünktlich in Begleitung ihrer Zofe in Wien ein.

Anlässlich einer Ehrung durch die «Loge B'nai B'rith» zu seinem siebzigsten Geburtstag vergegenwärtigt sich Freud noch einmal seine Anfänge. Als er 1895 Mitglied der Loge geworden war, hatte er den größten Teil seiner damaligen menschlichen Beziehungen eingebüßt und kam sich «vor wie geächtet, von allen gemieden» – wegen seiner «unliebsamen Funde». Die Loge aber hatte ihn freundlich aufgenommen. «Daß Sie Juden sind, konnte mir nur erwünscht sein, denn ich war selbst Jude, und es war mir immer nicht nur unwürdig, sondern direkt unsinnig erschienen, es zu verleugnen. [...] Weil ich Jude war, fand ich mich frei von vielen Vorurteilen, die andere im Gebrauch ihres Intellekts beschränkten, als Jude war ich darauf vorbereitet, in die Opposition zu gehen und auf das Einvernehmen mit der ‹kompakten Majorität› zu verzichten. [...] zu einer Zeit, da in Europa niemand auf mich hörte, und ich auch in Wien noch keine Schüler hatte, schenkten Sie mir eine wohlwollende Aufmerksamkeit.»[397]

Ihre königliche Hoheit kommt in einer Zeit zu Freud, da sich die Psychoanalyse bereits gefestigt hat. 1924 erschien der erste Band von Freuds «Gesammelten Schriften». Sein Wirkungskreis hatte sich enorm erweitert. Allerdings begrenzt nun die Krebserkrankung seinen Bewegungsspielraum. «Ich habe meine Abhängigkeit vom Atelier meines Arztes doch zu deutlich erkannt, um mich so weit von ihm zu entfernen, und habe Villa Schüler, nächst dem Südbahnhof Semmering, gemietet, von wo aus ich an einem Tag bequem in Wien und zurück sein kann.»[398] Umso stärker genießt es der Analytiker, wenn interessante Menschen keine Unbequemlichkeiten scheuen, um zu ihm zu kommen. In seiner nachhaltigen Wirkung auf sie steigert sich sein Gefühl der Lebendigkeit.

«Der Eindruck, den er auf mich machte, übertraf alle meine Erwartungen. Vor allem hat mich die warme, liebevolle Stärke seiner Persönlichkeit berührt. Man spürt, wie er mit der ganzen Menschheit mitschwingt, die er zu verstehen weiß und der man selbst als winziges Teilchen angehört. [...] Ich habe jeden Tag um elf Uhr eine Sitzung bei ihm. Er hat mir gesagt, daß ich selbst beurteilen könnte, wann die Analyse beendet sei.»[399] Bald wird sie zwei Termine pro Tag erhalten.

Der Analytiker weist ausdrücklich auf sein hohes Alter und seine gefährdete Gesundheit hin, er warnt die Prinzessin, sich zu stark an ihn zu binden. Aber sie liebe ihn, gesteht die Prinzessin schon bald, worauf Freud geantwortet haben soll: «Das noch mit 70 Jahren hören zu dürfen!» Weiter notiert sie: «Ich streckte meine Hand über die Kissen nach hinten, und er nahm sie.»[400] Sie werde ihn niemals enttäuschen, verspricht die Prinzessin ihrem neuen «Vater» Sigmund Freud. All das hält sie schriftlich fest in ihrem «Journal d'analyse» und den «Cahiers noirs», die sich über den Zeitraum von 1925 bis 1939 erstrecken.

Freud scheint gar keine Wahl zu haben zwischen Freundschaft oder distanzierter Analyse. Ob er will oder nicht – aber er will auch –, die Prinzessin wird im Nu zum Mitglied der Großfamilie Freud. Sie nimmt ihn gleichsam im Sturm. Freud bezeichnet sie kurzum als «Energieteufel». Natürlich wird auch eine Psychoanalytikerin aus ihr – mit eigenem Wirkungskreis in Frankreich.

Freud analysiert nicht nur, er spricht auch über die Grenzen und Möglichkeiten der Analyse. «Die Psychoanalyse kann den Charakter mit Sicherheit nicht verändern. Sie werden z. B. immer den wesentlichen Konflikt ihres Lebens behalten. Das Nebeneinander von weiblichen und männlichen Komponenten in ihnen. Doch die Analyse wird die krankhaften Auswirkungen dieses Konflikts beseitigen und die psychischen Kräfte für eine produktive Arbeit freisetzen.»[401] Nichts wäre der Prinzessin lieber als das.

Währenddessen erhält sie Briefe aus Paris. Ihre Kinder vermissen sie, Prinz Georg vermisst sie, und auch «X» begreift nicht, warum sie sich so lange von ihm trennt, und findet es zudem lächerlich, wenn sie, eine «femme du monde», sich ausgerechnet mit der Psychoanalyse beschäftigen will. Doch Marie Bonaparte folgt unbeirrbar ihrem neuen Traum. An Laforgue schreibt sie: «Die Psychoanalyse ist das Ergreifendste, was ich je erlebt habe. Ich bin, wie man auf deutsch sagt, gepackt!»[402] Mitte Dezember reist sie denn doch nach Hause, um jedoch bereits am 5. Januar 1926 für fünf Monate zu Freud zurückzukehren. In den folgenden Jahren wird sie noch manches Mal zur Fortsetzung der Behandlung nach Wien kommen.

Sigmund Freud findet in der Prinzessin seine effektivste und engagierteste Mitstreiterin und Marie Bonaparte endlich einen liebevollen «Vater», der jederzeit für sie erreichbar ist, der sie mit ihrem Interesse an wissenschaftlicher Arbeit ernst nimmt, der sie versteht, der sich um sie sorgt, der ihre Nähe ungemein genießt – und der sie auch kritisiert.

Je länger die Analyse währt, desto genauer tritt ihr aktuelles Leben in Freuds Blick. Es behagt ihm nicht, dass sie ihr Verhältnis zu «X» mit einer weiteren Affäre flankiert. Der Neurologe und Psychoanalytiker Rudolph Löwenstein vom Psychoanalytischen Institut in Berlin war nach Paris gegangen, um dort Lehranalysen durchzuführen und die Verbreitung der Psychoanalyse in Frankreich zu fördern. Während die Prinzessin in ihrer Analyse Inzestphantasien mit ihrem Sohn Pierre ausmalte, verliebt sie sich nun in Löwenstein und beginnt bald darauf eine Affäre mit dem sechzehn Jahre Jüngeren – was Freud nicht gutheißt. Sie solle sich auf den Liebhaber «X» beschränken. Ebenso unpassend findet Freud, dass sich die Prinzessin partout bei Professor Halban in Wien einer Klitorisoperation unterziehen will. Für Freud ist das eine schlecht verhüllte Kritik an der Wirksamkeit seiner Seelenbehandlung. Er muss erfahren, dass die Prinzessin sich über alle Grenzen hinwegsetzt. Bei einem ihrer Aufenthalte in Wien belagert sie ihn über fünf Stunden lang mit ihren familiären Schwierigkeiten – blind für seine körperliche Schwäche. Sie geht ihm durch wie ein Wildpferd.

Aber Marie Bonaparte beginnt auch zu kritisieren: «Die Analyse», schreibt sie 1928, «hat mir den Frieden, den Geist des Herzens gegeben und die Fähigkeit zu arbeiten, aber nichts in körperlicher Hinsicht. Ich denke an eine zweite Operation. Muß ich auf Sexualität verzichten? Nur arbeiten, schreiben, analysieren?»[403] Dazu ist sie nicht bereit.

Tatsächlich lässt sie sich ein zweites Mal von Professor Halban operieren, den sie dieses Mal nach Paris bestellt. Dr. Schur, ihren Wiener Arzt, der später Freud behandeln wird, lässt sie kommen und ebenso ihre Psychoanalytiker-Freundin und Ärztin Ruth Mack Brunswick. Marie Bonaparte unterzieht sich einer Hysterektomie und einer erneuten Operation im Genitalbereich. 1931 wird eine dritte Operation folgen. Sie kann sich mit ihrem mangelhaft funktionierenden weiblichen Körper nicht einverstanden erklären. Freud hatte akzentuiert, dass ihre weiblichen Neigungen mit ihren männlichen Bestrebungen kämpften. Vielleicht sind ja die Aktionen, ihren Körper umschneidern zu lassen, als verkappte Versuche einer Geschlechtsumwandlung zu verstehen.

Jahre später wird sie am 4. September 1933 auf dem Internationalen Kongress der Psychoanalytiker in Wiesbaden folgendermaßen über «Die erotische Funktion der Frau» sprechen: «Frauen, die nicht auf ihre Männlichkeit verzichtet haben, [...] behalten meistens eine phallische Organisation der erogenen Zonen bei, das heißt, sie werden Heterosexuelle, bei denen die Klitoris-Zone hartnäckig die dominierende Zone bleibt.»[404]

Als Erbin des riesigen Vermögens der Familie Blanc greift diese ganz und gar unkonventionelle Prinzessin, großzügig wie kein anderer, den verschiedenen psychoanalytischen Organisationen finanziell unter die Arme, dem notorisch unter Geldmangel leidenden «Internationalen Psychoanalytischen Verlag» in Wien, aber auch einzelnen Analytikern wie dem Kulturethnologen Sandor Radó.

Die psychoanalytisch Ausgebildeten gehören zu einer Gruppe von Menschen, die bei aller individuellen Verschiedenheit durch das Interesse am Wachsen und Wohlergehen des gemeinsamen Werkes «Psychoanalyse» geeint sind. Dieses Werk soll sich ausbreiten und weiterleben. Wenn das glückt, würden sie selbst weiterleben. Nicht nur für den alten Freud hat dieses Versprechen große Bedeutung. Im Lauf der Jahrzehnte entstand ein einzigartiges internationales und sogar interkontinentales Netzwerk der Verbundenheit. Bei allen allzu menschlichen Spannungen, Eifersüchteleien und Konkurrenzkämpfen war doch klar, dass man einander förderte und half – ganz so, wie es die amerikanische Schriftstellerin Gertrude Stein einmal vom Zusammenhalt ihrer weit verstreuten jüdischen Familie gesagt hat.

Marie Bonaparte spürt, wie sich ihre fixe Idee, dass ihr das Leben vorenthalten werde, nach und nach verliert. Vergeblich hat sie sich bislang danach gesehnt, ihre eigenen Kräfte, geschätzt von einer gleichsam familiären Gemeinschaft, einsetzen zu können. Zu Anna Freud entwickelt sich ein freundschaftliches Verhältnis, nachdem Freud sie wissen ließ, dass Anna ihr eine psychoanalytische Karriere zutraute. Der intensive Wunsch der Prinzessin, im Leben etwas zu bewirken, erhält durch die Psychoanalyse Richtung und Ziel.

In Frankreich betreibt Marie Bonaparte gemeinsam mit René Laforgue, Löwenstein und neun weiteren Gründungsmitgliedern den Aufbau der «Société psychoanalytique de Paris», gegründet am 4. November 1926. Auch kümmert sie sich um die Schaffung einer Zeitschrift für Psychoanalyse, der späteren «Revue française de Psychanalyse». Der königliche Gemahl, den sie zur Beerdigung seiner Mutter nach Rom begleitet, bittet sie, von ihrer beruflichen Tätigkeit zu lassen, um sich stattdessen ihren Mutterpflichten zu widmen. Doch das allein füllt sie nicht aus. Die Tochter Eugénie reagiert mit Krankheit und zwingt auf diese Weise ihre Mutter, Wien zu verlassen, um mit ihr nach Pallanza am Lago Maggiore zu reisen. Später muss Eugénie sich über ein Jahr lang in einem Sanatorium pflegen lassen. Bis 1929 pendelt die Prinzessin zwischen Wien und Paris.

Durch Freuds Veröffentlichung der «Laienanalyse» bessern sich auch für sie die Aussichten, sich als Psychoanalytikerin etablieren zu können. In Paris kauft sie in der rue Adolphe-Yvon ein Haus, in dem sie ungestört ihrem privaten und beruflichen Leben wird nachgehen können. Prinz Georg und sein Onkel Waldemar, die viel Zeit gemeinsam verbringen, bleiben im Haus der Marie Bonaparte in Saint-Cloud. Dort können sie nun ebenfalls ungestört den Tag mit Zeitungslesen verbringen.

Das Engagement der Prinzessin für die Psychoanalyse beschränkt sich nicht nur auf die finanzielle Förderung des Unternehmens. Ab 1927 erscheinen ihre eigenen psychoanalytischen Beiträge in der «Revue française de Psychanalyse»; manche werden von Freuds Tochter Mathilde Hollitscher ins Deutsche übertragen. Darunter ist ein Artikel über «Das magische Denken bei den Primitiven»[405] wie auch «Der Fall Lefebvre. Zur Psychoanalyse einer Mörderin»[406]. Außerdem übersetzt sie selbst Artikel und Bücher von Freud ins Französische, beginnend mit «Eine Kindheitserinnerung des Leonardo da Vinci». Und, für die Geschichte der Psychoanalyse besonders wichtig, sie erwirbt von einem Händler den Briefwechsel zwischen Freud und Fließ, den Freud der Öffentlichkeit lieber vorenthalten hätte.

Ihre umfangreiche Biographie über Edgar Allan Poe (1934) findet Freuds Lob und wird mit seinem Vorwort gedruckt. «Meine Freundin und Schülerin Marie Bonaparte hat in diesem Buch das Licht der Psychoanalyse auf das Leben und das Werk eines großen krankhaft gearteten Dichters fallen lassen. Dank ihrer Deutungsarbeit versteht man jetzt, wieviel von den Charakteren seines Werkes durch die Eigenart des Mannes bedingt ist, erfährt aber auch, daß diese selbst der Niederschlag starker Gefühlsbindungen und schmerzlicher Erlebnisse seiner frühen Jugend war. Solche Untersuchungen sollen nicht das Genie des Dichters erklären, aber sie zeigen, welche Motive es geweckt haben und welcher Stoff ihm vom Schicksal aufgetragen wurde. Es hat einen besonderen Reiz, die Gesetze des menschlichen Seelenlebens an hervorragenden Individuen zu studieren.»[407] Freud hält das Buch für Bonapartes beste Arbeit. «Es handelt sich nicht nur um Anwendungen, sondern wirklich um eine Bereicherung der Psychoanalyse», lässt er sie in einem Brief vom 7. November 1931 wissen.

Ob er ihren Stil der therapeutischen Arbeit mit Patienten ebenso als «Bereicherung» einschätzte, kann man bezweifeln. Die Prinzessin gestaltet ihn, wie nicht anders zu erwarten, durchaus unorthodox. «Ihren Patienten schickte sie einen Chauffeur in einem ihrer Luxusautos [...]. Wenn das Wetter es erlaubte, fand die Sitzung im Garten statt. Sie legte sich auf eine Chaiselongue hinter die Couch und häkelte die ganze Zeit [...]! Später nahm sie so viele Patienten, wie sie unterbringen konnte, nach Saint-Tropez oder Athen mit und war gleichzeitig Gastgeberin und Analytikerin.»[408] Heutige Analytiker werden das für unprofessionell halten. Doch den Äußerungen mancher Patientinnen kann man entnehmen, dass die Prinzessin die Kunst der Wiederbelebung beherrschte. Sie wurde Spezialistin für das Öffnen von Mauern oder Dornenhecken. Es müssen ja nicht immer Prinzen sein ...

Marie Bonaparte bleibt Freud nicht allein durch ihre analytische Tätigkeit verbunden. Mehr und mehr hat sich eine enge und solide Freundschaft zwischen ihnen entwickelt. Die Prinzessin ist besorgt um Freuds Wohlergehen. Als sich Freud im Oktober 1928 wegen der Krebsbehandlung einige Zeit in Berlin-Tegel aufhalten muss, kommt nicht allein Lou Andreas-Salomé, sondern auch die Prinzessin, um ihm sein Los zu erleichtern.

Außerdem hat die Prinzessin erheblichen Anteil am Wachsen der Freud'schen Antikensammlung. In Griechenland, an der Quelle sozusagen, ist es ihr ein Leichtes, erlesene Objekte aufzutreiben. So erhält Freud von ihr manch kostbares Stück, darunter Tanagrafiguren, Bronzeskulpturen und antike Amphoren mit Malerei von höchster Qualität – Museumsstücke. Das tut ihm wohl, besonders in einem Alter, da sein Leben ärmer wird an Genüssen. Von Berlin aus schreibt er am 8. Mai 1930 an Lou Andreas-Salomé: «Im Sanatorium erfuhr ich, daß die Gesundheit für ein gewisses Opfer wieder zu haben ist, und da es mit der Gesundheit ähnlich ist, wie mit den sibyllinischen Büchern, zahlte ich den Preis. D. h. ich habe das Rauchen völlig aufgegeben, nachdem es mir genau 50 Jahre lang als Schutz und Waffe im Kampf mit dem Leben gedient hat. Ich bin also jetzt wohler als vorhin, nicht glücklicher.»[409] Aber einen lang gehegten Wunsch hat er sich doch erfüllt: Erstmals ist er mit dem Flugzeug nach Berlin gereist.

Am 12. September 1930 vermerkt Freud in seinem Tagebuch: «Mutter gestorben 8h früh», im Alter von 95 Jahren. Am 24. August, als ihm der Goethe-Preis in seinem Sommerdomizil am Grundlsee überreicht wurde, hatte er seine Mutter zum letzten Mal gesehen. Sie litt bereits unter Schmerzen. Für sie war der Tod eine Befreiung. Und ihm, so hatte Freud einmal gesagt, würde der Tod der Mutter die Erlaubnis geben, seinerseits sterben zu dürfen.

1932 fällt die Prinzessin die Entscheidung, ihre Analyse bei Löwenstein fortzusetzen. Freud stimmt dem zu, aber sie selbst wird von Schuldgefühlen geplagt, den «Vater» verraten zu haben. Freud wird in dieser Zeit stärker berührt von der aktuellen politischen Situation. Die Aktionen der Nationalsozialisten werden immer bedrohlicher. An der Universität kommt es zu Ausschreitungen nationalsozialistischer Studenten gegen jüdische Dozenten. Am 16. März 1933 schreibt Freud an Marie Bonaparte: «Glücklich, wer wie Sie jetzt so versunken in seine Arbeit ist, daß er von allen Abscheulichkeiten ringsherum keine Notiz zu nehmen braucht. In unseren Kreisen ist die Zaghaftigkeit ziemlich groß. Man befürchtet, daß die nationalistischen Ausschreitungen in Deutschland auf unser kleines Land übergreifen. Man hat mir sogar schon zur Flucht nach der Schweiz oder Frankreich geraten. Das ist Unsinn. Ich glaube nicht an die Gefahr hier.»[410] Am 10. Mai 1933 werden in einer gigantischen Inszenierung mit patriotischer Musik und Fackelumzügen auf Goebbels' Anordnung in Berlin 20000 Bücher verbrannt. Freud wird namentlich erwähnt: «Gegen die seelenzerfasernde Überschätzung des Trieblebens, für den Adel des menschlichen Geistes! Ich überantworte den Flammen die Schriften von Sigmund Freud!»[411] Nun ist auch Freud alarmiert; allerdings reagiert er noch mit Galgenhumor: «Welch Fortschritt! Im Mittelalter hätten sie mich verbrannt, heutzutage begnügen sie sich damit, meine Bücher zu verbrennen.»[412] Dass man seine Schwestern tatsächlich verbrennen wird, hätte er gewiss nicht für möglich gehalten.

Aber er ist nicht blind für die Ereignisse. In einem Brief an Marie Bonaparte vom 10. Juli 1933 schreibt er: «Die Welt wird ein großes Zuchthaus, die ärgste Zelle ist Deutschland. Was in der österreichischen Zelle geschehen wird, ist ganz ungewiß. In Deutschland sehe ich eine paradoxe Überraschung voraus. Sie haben dort mit der Todfeindschaft gegen den Bolschewismus begonnen und werden mit etwas enden, was von ihm nicht zu unterscheiden ist. Außer vielleicht darin, daß der Bolschewismus doch revolutionäre Ideen aufgenommen hat, der Hitlerismus nur mittelalterlich-reaktionäre. Selbst nicht mehr recht lebenskräftig, erscheint mir diese Welt als zum nahen Untergang bestimmt. Ich denke gerne daran, daß Sie noch wie auf einer Insel der Seligen wohnen.»[413]

Seit längerem hadert Freud mit dem Schreiben – ist nicht alles gesagt? Er zögert. Er fühlt sich krank und alt. Der Schwung fehlt. Dennoch wird er ein neues Projekt in Angriff nehmen, gleichsam als Gegenwehr. Zuletzt hatte er eine «Neue Folge der Vorlesungen zur Einführung in die Psychoanalyse» (1933) geschrieben. Der «Internationale Psychoanalytische Verlag» braucht dringend Geld, um überleben zu können. Das Buch sollte ein wenig herbeischaffen – so weit die rationale Erklärung.

Im Stil seiner «Vorlesungen zur Einführung in die Psychoanalyse», gehalten an der Universität Wien im Wintersemester 1915/16 und 1916/17, nahm Freud das didaktische Verfahren des Gesprächs wieder auf, um die gedankliche Mitarbeit seiner Leser zu gewinnen. Er wendet sich «an jene große Menge Gebildeter, denen man ein wohlwollendes, wenn auch zurückgehaltenes Interesse für die Eigenart und Erwerbungen der jungen Wissenschaft zuschreiben» könne. «Auch diesmal ist es meine leitende Absicht gewesen, dem Schein der Einfachheit, Vollständigkeit und Abgeschlossenheit keine Opfer zu bringen, Probleme nicht zu verhüllen, Lücken und Unsicherheiten nicht zu verleugnen.» Während sie das anderen Wissenschaften konzedierten, meint Freud, würden die Menschen von der Psychologie anderes erwarten. In der Psychologie, schreibt er, «kommt die konstitutionelle Untauglichkeit des Menschen zu wissenschaftlicher Forschung in vollem Ausmaß zum Vorschein». Man mache ihr einen Vorwurf «aus jedem ungelösten Problem, aus jeder eingestandenen Unsicherheit». Doch wer «die Wissenschaft vom Seelenleben liebt, wird auch diese Unbilde hinnehmen müssen»[414].

Einmal mehr verlangt der alte Psychologe von seinen Lesern, zu akzeptieren, dass die psychologische Wissenschaft dem Menschen keine souveräne Sicherheit bieten kann. Sie kann nur versuchen, mit Hilfe bestimmter Denkfiguren dem komplexen seelischen Geschehen eine gewisse Ordnung zu entlocken.

Im Einzelnen geht es in dem Text um eine «Revision der Traumlehre», um «Traum und Okkultismus», um «Die Zerlegung der psychischen Persönlichkeit», um «Angst und Triebleben», um «Die Weiblichkeit», um «Aufklärungen, Anwendungen, Orientierungen». Im Schlusskapitel macht der Autor deutlich, dass die Psychoanalyse keine eigene «Weltanschauung» bietet. Allenfalls bekennt sie sich zur wissenschaftlichen Weltanschauung, womit Freud «die Bescheidung zur Wahrheit» meint. Einmal mehr schmettert er den Hang der Menschen zur Illusion ab.

Aber mit dieser Einstellung steht Freud auf verlorenem Posten. Jedenfalls kann seine Verurteilung nichts dagegen ausrichten. Das «Utopische» gehört wohl, wie Ernst Bloch herausarbeitet, zum Seelenleben. Die Gefahr liegt in seiner Verführbarkeit oder Verkehrbarkeit, wie es die Attraktivität der nationalsozialistischen Weltanschauung deutlich zeigt. Freud findet in diesem historischen Augenblick seine eigene Art, sich mit der Frage der Juden zu beschäftigen.

«Der Mann Moses und die monotheistische Religion» wird für ihn in den letzten Lebensjahren zum faszinierenden Thema. Gegen die fratzenhafte Entstellung des Judentums durch die Nazis setzt Freud das Verstehen der Genese des Judentums. 1935 lässt er Lou Andreas-Salomé wissen, die Arbeit geht «von der Frage aus, was eigentlich den besonderen Charakter des Juden geschaffen hat, und kam zum Schluß, der Jude ist eine Schöpfung des Mannes Moses. Wer war dieser Moses und was hat er gewirkt? Das wurde in einer Art von historischem Roman beantwortet.»[415]

Freud nimmt den Juden den Nimbus des von Gott auserwählten Volkes, das sich, dergestalt ausgezeichnet, den anderen Völkern überlegen wähnt und sich von ihnen abgrenzt. Seine Recherche führt zu dem Ergebnis, dass nicht Gott, sondern der «Mann»

Moses das jüdische Volk gemacht hat – ein vornehmer Ägypter, «Anhänger des monotheistischen Glaubens, den der Pharao Amanhotep IV. so um 1350 v. Chr. zur herrschenden Religion gemacht hatte. Als nach dem Tode des Pharao die neue Religion zusammenbrach und die 18.e Dynastie erlosch, hatte der hochstrebende Ehrgeizige all seine Hoffnung verloren, beschloß das Vaterland zu verlassen, sich ein neues Volk zu schaffen, das er in der großartigen Religion seines Meisters erziehen wollte. Er ließ sich zu dem semitischen Stamm herab, der seit den Hyksoszeiten noch in dem Lande weilte, stellte sich an ihre Spitze, führte sie aus dem Frondienst in die Freiheit, gab ihnen die vergeistigte Atonreligion und führte als Ausdruck der Heiligung wie als Mittel zur Absonderung die Beschneidung bei ihnen ein, die bei den Ägyptern und nur bei ihnen Sitte war.»[416] Doch der semitische Stamm «vertrug» den anspruchsvollen Glauben der vergeistigten Atonreligion nicht. Er lehnte sich auf, erschlug Moses, vermischte sich mit anderen Stämmen und huldigte einem auf dem Berg Sinai hausenden Vulkangott. Der Sublimierung nicht fähig, fiel er zurück auf eine primitive Lebensform.

Jahrhunderte später kehrt jedoch «das Verdrängte», in diesem Fall die sublime, geistig höhere Form, im Gesetzeszwang und der Priestermacht der Pharisäer wieder.[417] Freud meint, dass dieser Vorgang für die Religionsbildung überhaupt gelte. «Die Religionen verdanken ihre zwingende Macht der ‹Wiederkehr des Verdrängten›, es sind Wiedererinnerungen von uralten, verschollenen, höchst effektvollen Vorgängen der Menschengeschichte.» Wie in seinem Buch «Totem und Tabu» betont Freud abermals: «Was die Religion stark macht, ist nicht ihre ‹reale›, sondern ihre ‹historische› Wahrheit.»[418]

Es gibt also neben Illusion und wissenschaftlicher Wahrheit noch eine dritte Größe. «Was fruchtbar ist, allein ist wahr», hatte Goethe formuliert. Es scheint, dass Freud darauf zurückkommt. Interessant ist auch die Erweiterung des Verdrängungsbegriffs. Verdrängung ist also nicht nur ein Abwehrmechanismus gegen die Gewalt primitiver Triebe. Ebenso können differenziertere Lebensbilder der Verdrängung anheim fallen, aber auch erneut wiederkehren.

Mehrfach, zuletzt angestoßen durch die Prinzessin, war Freud für den Nobelpreis vorgeschlagen worden – aber in welcher Disziplin? Sein Werk fällt zwischen die Stühle herkömmlicher Wissenschaft auf der einen Seite und Literatur auf der anderen. Am 6. November 1930 notiert Freud: «Im Nobelpreis endgiltig ubergangen.»[419]

Die Verleihung des Goethe-Preises war ein Trost. Mit diesem Preis wird auch der literarische Aspekt seines Werkes gewürdigt. Vielleicht gab ihm das den Mut zur literarischen Form des Romanhaften im «Mann Moses».

Die Dichter bekennen sich jedenfalls zu Freud. Viele suchen ihn persönlich auf. Romain Rolland ist darunter, ebenso Thomas Mann und Franz Werfel, auch der Dichter und Dramatiker Richard Beer-Hofmann. Freud schrieb ihm, es wäre gewiss schön gewesen, wenn sie ihre Gedanken schon früher ausgetauscht hätten. «Aber das Leben ist so vorbeigerauscht in den atemlosen Spannungen anspruchsvoller Arbeit und jetzt, wo ich mehr Muße genieße, ist nicht mehr viel von mir übrig.»[420]

Freud ist mit seinem Krebsleiden heroisch umgegangen, mit den immer wieder notwendigen Operationen, mit dem Anpassen neuer Prothesen, selbst mit der Hilflosigkeit und der immer größeren Abhängigkeit von Annas Pflege. Doch offenbar erlebt Freud seine körperliche Hinfälligkeit als Minderung seines Wertes. Als würde er nichts mehr taugen, als wäre er der Bewunderung und Liebe nicht mehr würdig. Er weiß zwar sehr wohl um die Qualität seiner bahnbrechenden Theorie, trotz aller Anzeichen sympathischer Bescheidenheit, die sich in seinen Werken finden. Das Werk ist schön, ist schön und lebendig – aber er kann sich selbst, den

Schöpfer dieses Werkes, nicht mehr leiden. Man hat den Eindruck, dass Freud sich die Krankheit verübelt, als wäre er nicht brillant genug, um gesund bleiben zu können.

Zu seinem achtzigsten Geburtstag am 6. Mai 1936 wird Freud überschüttet mit Würdigungen und Briefen. Das genießt er mit ebendiesen gemischten Gefühlen. Marie Bonaparte hält ihm zu Ehren an der Sorbonne einen öffentlichen Vortrag. Thomas Mann und Stefan Zweig formulieren eine Glückwunschadresse an den «großen Unermüdlichen», die von beinahe zweihundert prominenten Schriftstellern, Künstlern und Wissenschaftlern unterzeichnet wird. Darunter sind Hermann Broch, Salvador Dalí, Alfred Döblin, André Gide, Knut Hamsun, Hermann Hesse, Aldous Huxley, James Joyce, Paul Klee, Else Lasker-Schüler, Robert Musil, Pablo Picasso, Romain Rolland, Bruno Walter, H. G. Wells, Virginia Woolf. Sie würdigen ihn als bedeutenden Arzt und Psychologen, als Philosophen und Künstler und bekennen, wie stark er ihr eigenes Bild vom Menschen geprägt hat. «Die Begriffe, die er gestaltet, die Worte, die er für sie wählt, sind schon als selbstverständlich eingegangen in die lebendige Sprache; auf allen Gebieten der Geisteswissenschaft, in Literatur- und Kunstforschung, Religionsgeschichte und Prähistorie, Mythologie, Volkskunde und Pädagogik und nicht zuletzt in der Dichtung selbst ist die tiefe Spur seines Wirkens zu sehen, und wenn eine Tat unseres Geschlechtes, so wird, wir sind dessen gewiß, seine Erkenntnistat der Seelenkunde unvergeßlich bleiben.»[421]

Die «Britische Psychoanalytische Gesellschaft» plant unter Leitung von Ernest Jones eine Festlichkeit, worauf Freud lapidar meint, es gebe keinen Grund, das Überleben eines Invaliden zu feiern. Als Jones auf seine Bitte hin davon absieht, ein großes Ereignis zu inszenieren und auf Freuds Vorschlag eingeht, stattdessen ein Album mit Fotos der Mitglieder für ihn zusammenzustellen, wendet er dann doch ein: «[...] ich nehme jetzt Anstoß an einer ästhetischen Ungeheuerlichkeit, etwa 400 Bilder von meist häßlichen Leuten und von denen ich gut die Hälfte überhaupt nicht kenne, während eine beträchtliche Anzahl von mir nichts wissen will.»[422] Mit achtzig Jahren nimmt sich der Meister die Freiheit, auf diplomatisches Höflichkeitsgeplänkel zu verzichten. Unverblümt äußert er, was er wirklich empfindet. Man kann sich vorstellen, wie schwer ihm der Verzicht zugunsten des Zusammenhalts der Analytikergruppe in früheren Jahren gewesen sein muss.

Am 11. März 1938 marschieren die Nationalsozialisten in Österreich ein. Sechs Tage später ist Marie Bonaparte bereits in Wien, um mit der Macht ihres königlichen Ranges sowie ihrer internationalen Verbindungen das Schlimmste zu verhindern. Sie bleibt fast einen Monat, wohnt in der griechischen Botschaft und verbringt die Tage mit der besorgten Familie Freud. Mit Anna sichtet sie Schränke und Schreibtische, sichert Dokumente, die Freud schon dem Papierkorb übergeben hat, erkundet Möglichkeiten, wenigstens Bibliothek und Antikensammlung zu retten. Im Ergebnis war der Kauf des ganzen Bestands der einzige Weg. So kommt es, dass die Prinzessin manches kostbare Geschenk noch einmal bezahlen muss. Sie verhandelt auch mit öffentlichen Stellen, informiert den französischen Botschafter über die gefährliche Lage von Freud.

Der Eingang des Hauses Berggasse 19 trug ein Hakenkreuz. Am 13. März fordert das Komitee der Wiener Psychoanalytischen Vereinigung ihre Mitglieder auf, das Land zu verlassen. Einen Tag später kommt Ernest Jones aus London, um Freud von der Notwendigkeit seiner Emigration nach England zu überzeugen. Freud meint, er könne Wien nicht verlassen, denn er käme sich dann vor wie ein Soldat, der seinen Posten verließe. Jones hilft sich mit einer Anekdote. «Er erzählte die Geschichte von Lightoller, dem ersten Offizier der Titanic. Lightoller war, als ein Kessel der sinkenden Titanic explodierte, an die Wasseroberfläche geschleudert worden. Als er während der offiziellen Untersuchung gefragt wurde, wann er das Schiff verlassen habe, antwortete er: ‹Ich habe das Schiff nie verlassen, Sir. Es hat mich verlassen.›»[423]

Wieder in London, erwirkt Jones vom Innenminister Sir Samuel Hoare die Genehmigung, «daß Freud, seine Familie, die Angestellten und persönlichen Ärzte sowie auch eine bestimmte Anzahl von Schülern mit ihren Familien die Möglichkeit bekommen, sich in Großbritannien niederzulassen und dort zu arbeiten»[424]. Auch William Bullitt, der amerikanische Botschafter in Frankreich, setzt sich für Freud ein, indem er den amerikanischen Generalkonsul in Wien, John Cooper Wiley, auffordert, Freud unter seinen Schutz zu stellen. Sobald sich eine gefährliche Situation einstellte, riefen die Freuds per Haustelefon Dorothy Burlingham an, die die amerikanische Botschaft informierte, «und innerhalb weniger Minuten kam dann ‹zufällig› ein Botschaftsbeamter vorbei»[425]. Doch alle Verhandlungen hätten nichts genützt, wenn nicht die Prinzessin Familie Freud regelrecht freigekauft hätte.

Freuds persönlicher Arzt, Dr. Schur, beschreibt die Situation in Wien. «Die Gestapo war inzwischen da und hatte ihr Hauptquartier eingerichtet und die ersten Nachrichten über Folterungen begannen zu zirkulieren. Freuds Wohnung wurde mehrfach von SA-Banden heimgesucht, die hauptsächlich auf Beute aus waren.»[426] Martin Freud beschreibt an einem Beispiel, dass Freud selbst oder gerade in dieser Lage sein Humor nicht verließ. Als Martha Freud ihren Mann nach einem solchen Besuch «darüber aufklärte, wieviel Geld aus dem Tresor genommen worden war, sagte er trocken: ‹Meine Güte, ich habe niemals soviel für einen einzelnen Besuch genommen›»[427].

Am 22. März wird Anna Freud von der Gestapo vorgeladen. Man wusste, dass viele Juden direkt in ein Konzentrationslager weitertransportiert wurden. Anna wirkte gefasst – um ihren Vater nicht zu belasten, hatte sich aber für den Fall, dass sie gefoltert würde, von Dr. Schur Veronal geben lassen. Schur war währenddessen bei Freud in der Berggasse. «Das war der schlimmste

Tag. [...] Die Stunden zogen sich endlos hin. Es war das einzige Mal, daß ich Freud tiefbekümmert sah. Er ging im Zimmer auf und ab und rauchte ununterbrochen. Endlich spät abends kam Anna Freud zurück. Freud, der selten seine Zuneigung offen zur Schau trug, zeigte an diesem Abend seine Gefühle ziemlich unverhüllt.»[428]

Freud begreift nun, dass es hohe Zeit ist, das Land zu verlassen – Annas wegen, wie er sagt, für ihn lohne es eigentlich nicht mehr. Jetzt fehlt nur noch die Ausreisegenehmigung. Am 12. Mai 1938 schreibt Freud an seinen Sohn Ernst, in England, «[...] ohne äußeren Anlaß, weil ich hier ohnmächtig und untätig sitze, während Anna alle Wege macht, mit allen Ämtern verkehrt, alle Geschäfte erledigt. Man kann die ‹Reise schon sehen› (die Wendung stammt von der kleinen Sophie). Wir warten nur noch auf die ‹Unbedenklichkeitserklärung› der Steuer, die innerhalb einer Woche kommen soll [...]. Zwei Aussichten erhalten sich in diesen trüben Zeiten, Euch alle beisammen zu sehen und – ‹to die in freedom›. Ich vergleiche mich manchmal mit dem alten Jakob, den seine Kinder auch im hohen Alter nach Ägypten mitgenommen haben [...]. Hoffentlich folgt nicht darauf wie dereinst ein Auszug aus Ägypten. Es ist Zeit, daß Ahasver irgendwo zur Ruhe kommt.»[429]

In der langen Weile des Wartens kommt Freud auf die Idee, zusammen mit Anna das Buch «Topsy» der Autorin Marie Bonaparte ins Deutsche zu übertragen. Es geht um die Liebe der Autorin zu ihrer Chowhündin. Sie bangt um Topsy, da sie an Krebs erkrankt ist. Schon zu Annas Schäferhund «Wolf» hatte Freud eine gute Beziehung. Als er dann Mitte der 1920er Jahre von Dorothy Burlingham seinen ersten Chow bekam und später ein weiterer folgte, öffnete sich sein Herz. Die Chows durften alles, was Martha Freud nicht gefiel: auf die Couch springen, während der Analyse zuhören und sich streicheln lassen, von des Meisters Tellerlein essen, sich vermehren – und in die Emigration mitgehen.

«Es sind wirklich die Gründe, weshalb man ein Tier wie Topsy mit so merkwürdiger Tiefe lieben kann, die Zuneigung ohne Ambivalenz, die Vereinfachung des Lebens, von dem schwer erträglichen Konflikt mit der Kultur befreit, die Schönheit einer in sich vollendeten Existenz. Und bei aller Fremdartigkeit der organischen Entwicklung doch das Gefühl einer innigen Verwandtschaft, einer unbestrittenen Zugehörigkeit. Oft, wenn ich Jofi gestreichelt, habe ich mich dabei ertappt, eine Melodie zu summen, die ich ganz unmusikalischer Mensch als die Arie aus dem ‹Don Juan› erkennen mußte: Ein Band der Freundschaft / Bindet uns beide [...].»[430] Dass Topsy an Krebs litt und beinahe noch stärker geliebt wurde, weil die Prinzessin ihren Tod kommen sah, wird Freud merkwürdig berührt haben – das Menschenschicksal eines Tieres.

Dorothy Burlingham, die im Besitz eines amerikanischen Passes war und deshalb ungehindert ausreisen konnte, geht als Erste nach London, um eine geeignete Unterkunft zu suchen. Sie findet sie im schönen Stadtteil Hampstead, Elsworthy Road. Minna Bernays folgt am 5. Mai, Martin, der älteste Sohn, neun Tage später, die Tochter Mathilde mit ihrem Mann am 24. Mai. Am Samstag vor Pfingsten, dem 3. Juni, können endlich auch Freud, seine Frau, Anna und der Chow Lun-Yu in den Zug steigen, begleitet von Paula und «der netten Kinderärztin Dr. Stroß», die für Freuds behandelnden Arzt Dr. Schur einspringen konnte, der, wie Freud schreibt, «so ungeschickt [war], in elfter Stunde einer Blinddarmoperation bedürftig zu werden»[431].

Jean Martin Freud berichtet, dass Freud, bevor man ihn hatte ausreisen lassen, bescheinigen sollte, er sei von den Behörden gut behandelt worden. «Ohne Zögern schrieb Vater: ‹Ich kann die Gestapo jedermann auf das beste empfehlen.› Er benutzte den Stil einer Geschäftsanzeige. Diese Ironie entging den Nazis [...].»[432] Freud hat nicht nur über den «Witz» geschrieben – er konnte ihn auch als Lösungshilfe schwer zu ertragender Situationen einsetzen.

Marie Bonaparte, Sigmund Freud und der amerikanische Botschafter in Frankreich, William C. Bullitt, in Paris, 1938

«Nach der Rheinbrücke [zwischen Kehl und Straßburg] waren wir frei! Der Empfang in Paris – Gare de l'Est – war herzlich, etwas lärmend mit Journalisten und Photographen.» Marie Bonaparte, William C. Bullitt und der Sohn Ernst warten am Bahnsteig. Die Prinzessin steckt Freud die kleine Athene-Statue zu, die sie in Wien hinter dem Rücken der Nazis hat mitgehen lassen. Die Göttin begleitet Freud wie ein Talisman. «Von zehn a.m. bis zehn p.m. waren wir bei Marie im Hause. [...] Den Kanal überquerten wir im Ferryboat, das Meer sahen wir erst im Hafen von Dover. Nun waren wir bald in Victoria Station und wurden von den Immigration-Officers mit Auszeichnung durchgelassen. Unsere Aufnahme in London ist eine sehr liebenswürdige. Die ernsthaften Zeitungen bringen kurze freundliche Begrüßungen.»[433] Ernest Jones erwartet die Immigranten am Bahnhof, um sie zum Haus 39, Elsworthy Road zu bringen. Freud hat ein Zimmer mit Aussicht, «als ob wir in Grinzing lebten»[434].

Aber das Herz tut ihm weh. «Das Triumphgefühl der Befreiung vermengt sich zu stark mit der Trauer, denn man hat das Gefängnis, aus dem man entlassen wurde, immer noch sehr geliebt, in das Entzücken über die neue Umgebung, das einen zum Ausruf: Heil Hitler drängen möchte, mengt sich störend das Unbehagen [...] ein, die frohen Erwartungen eines neuen Lebens werden durch die Unsicherheit gehemmt, wie lange ein müdes Herz noch Arbeit wird leisten wollen [...].»[435] Lange genug, um sich im Kreis seiner Familie feiern zu lassen, um alte Freunde und neue Bewunderer zu empfangen, um das schöne Haus in 20, Maresfield Gardens zu beziehen und das Spiel von Licht und Schatten auf dem englischen Rasen zu genießen, um seine Antiquitäten und Bücher wiederzusehen, wenn er auch äußert, eine Sammlung sei eigentlich tot, wenn nichts mehr hinzukäme. Das Herz schlägt lange genug, um die Chow-Hündin «Lun» wieder streicheln zu können, die sechs Monate in Quarantäne hatte verbringen müssen, lang genug auch, um den «Mann Moses» zu beenden und noch ein letztes Buch, den

Sigmund Freud am Schreibtisch in London

«Abriß der Psychoanalyse», zu skizzieren und sich in einer Hollywoodschaukel wie in Grinzing zu entspannen. Allerdings auch lang genug, um noch den Beginn des Zweiten Weltkriegs zu erleben und eine letzte Operation mit kaum zu bändigenden Schmerzen zu erleiden.

Am 21. September 1939 erinnert Freud seinen Arzt Dr. Schur, dass er ihm helfen wollte, wenn es so weit wäre. Das sei jetzt nur noch Quälerei und habe keinen Sinn mehr. Der Arzt solle sich mit Anna besprechen. Sie stimmt einer «Injektion von zwei Zentigramm Morphium» zu, die am Tag darauf noch zweimal wiederholt wird. Freud erwacht nicht mehr. Er stirbt am 23. September 1939 um drei Uhr früh. Anna Freud, die nicht von seiner Seite wich, hüllt sich in den Mantel ihres Vaters ein.

Ganz unwirklich kommt ihr das Sterben vor. «[...] soweit es mein Gefühl angeht, stellt es sich mir so dar, als wäre diese ganze Trennung etwas Vorläufiges, etwas Vorübergehendes, währenddessen man alles in Ordnung halten muß. Eher so wie in früheren Jahren, wenn mein Vater auf Reisen war.»[436]

1946 notiert Anna Freud: «Ich träume wie schon oft, daß er wieder da ist. Alle diese Träume haben in der letzten Zeit den gleichen Charakter: die Hauptrolle darin spielt nicht meine Sehnsucht nach ihm, sondern seine Sehnsucht nach mir. Eine Hauptszene im Traum ist immer seine Zärtlichkeit zu mir, die immer ganz die Form meiner eigenen früheren Zärtlichkeit annimmt. In Wirklichkeit hat er beides nie gezeigt mit Ausnahme von ein oder zwei Gelegenheiten, die mir in Erinnerung geblieben sind. Die Umkehrung kann einfach Wunscherfüllung sein, ist aber wahrscheinlich noch etwas anderes. In dem ersten Traum dieser Art sagt er ganz offen: ‹Ich habe mich so nach dir gesehnt.›

Am 26. September 1939 wird Sigmund Freud im Krematorium Golder's Green eingeäschert. Seinem Wunsch entsprechend, liegt die Asche in einer antiken griechischen Amphore, die ihm die Prinzessin in glücklicheren Tagen geschenkt hatte.

Im gestrigen Traum ist das Hauptgefühl, daß er herumwandert (auf den Bergen und Hügeln) während ich andere Dinge tue. Ich habe dabei eine innere Unruhe, ein Gefühl, daß ich das lassen sollte, was ich tue und mit ihm herumgehen. Er ruft mich schließlich zu sich und verlangt es selbst. Ich bin sehr erleichtert und lehne mich an ihn und fange zu weinen an in der Art, die wir beide kennen. Zärtlichkeit. Ich denke dunkel, er hätte mich nicht rufen sollen, so als wäre damit ein Verzicht oder Fortschritt rückgängig gemacht. Wundere mich. Im Traum ist das Gefühl sehr stark, daß er allein und ‹verloren› herumgeht. Mitleid und schlechtes Gewissen.»[437]

In den letzten Tagen vor ihrem eigenen Tod, am 8. Oktober 1982, wird sich Anna Freud wieder in seinen Mantel hüllen.

Martha Freud schreibt nach dem Tod ihres Mannes: «Ich darf ja nicht einmal klagen, war es mir vergönnt, mehr als ein Menschenleben ihn betreuen zu dürfen, ihm die Misere des Alltags fernzuhalten. Daß nun mein Leben Sinn u Inhalt verloren hat, ist nur selbstverständlich.»[438]

In den letzten Monaten vor Freuds Tod war die Prinzessin häufig bei ihm in London. Doch von seinem Tod erfährt sie durch das Radio. «Ich werde niemals die bewegte Stimme des Sprechers der BBC vergessen, als er vor den Kriegsnachrichten bekanntgab, daß Freud nicht mehr lebt.»[439]

Marie Bonaparte wird weiter schreiben, weiter lieben und Freuds geistiges Erbe nach dem Krieg hüten und verteidigen, etwa gegen Jacques Marie Lacan. Mit Anna Freud bleibt sie ihr Leben lang eng verbunden. Manche Ferientage verbringt Anna bei der Prinzessin in Saint-Tropez. Dort stirbt Marie Bonaparte am 21. September 1962. «Für mich bitte keinen Vers aus dem Evangelium und keine Psalmen!», hatte sie schriftlich niedergelegt. «Doch die schönen Verse von Leconte de Lisle in seinem ‹Dies Irae›:

‹Und du, göttlicher Tod, zu dem alles zurückkehrt und
erlöscht,
Nimm deine Kinder auf in deinen bestirnten Schoß,
Befreie uns von Zeit, Zahl und Raum.
Und gib uns den Frieden wieder, den das Leben störte.›»[440]

Anmerkungen

Mit Abkürzungen zitierte Werke

AF: LAS = «... als käm ich heim zu Vater und Schwester». Lou Andreas-Salomé. Anna Freud. Briefwechsel 1919–1937. Hg. von Daria A. Rothe und Inge Weber. München 2001

Be: Bona = Célia Bertin: Die letzte Bonaparte. Freuds Prinzessin. Ein Leben. Freiburg i. Br. 1989

Chronik = Sigmund Freud: Tagebuch 1929–1939: Kürzeste Chronik. Hg. von Michael Molnar. Basel, Frankfurt a. M. 1996

Clark: SF = Ronald W. Clark: Sigmund Freud. Frankfurt a. M. 1985

Gay: Bio = Peter Gay: Freud. Eine Biographie für unsere Zeit. Frankfurt a. M. 1989

GW = Sigmund Freud: Gesammelte Werke. Bd. I–XVIII. Unter Mitwirkung von Marie Bonaparte hg. von Anna Freud, Edward Bibring, Willi Hoffer, Ernst Kris und Otto Isakower. London, Frankfurt a. M. 1944 ff.

HD: Huld = H.D.: Huldigung an Freud. Rückblick auf eine Analyse. Mit einer Einleitung von Michael Schröter. Frankfurt a. M., Berlin, Wien 1976

HDe: Selbst = Helene Deutsch: Selbstkonfrontation. Eine Autobiographie. Frankfurt a. M. 1994

Jones: Leben = Ernest Jones: Das Leben und Werk von Sigmund Freud. Bd. I–III. Bern, Stuttgart, Wien 1960–1962

LA: Frauen = Lisa Appignanesi und John Forrester: Die Frauen Sigmund Freuds. München, Leipzig 1994

LAS: LRB = Lou Andreas-Salomé Lebensrückblick. Grundriß einiger Lebenserinnerungen. Hg. von Ernst Pfeiffer. Frankfurt a. M. 1968

LAS: Schule = Lou Andreas-Salomé: In der Schule bei Freud. Tagebuch eines Jahres, 1912/1913. Hg. von Ernst Pfeiffer. Frankfurt a. M. 1983

MB: Tiff = Michael John Burlingham: The Last Tiffany. A Biography of Dorothy Tiffany Burlingham. New York 1989

MF: Vater = Martin Freud: Mein Vater Sigmund Freud. Heidelberg 1999

SF: B = Sigmund Freud: Briefe 1873–1939. Hg. von Ernst und Lucie Freud. Frankfurt a. M. 1980

SF: BB = Sigmund Freud: Brautbriefe. Frankfurt a. M. 1968

SF: Bild = Sigmund Freud. Sein Leben in Bildern und Texten. Hg. von Ernst Freud, Lucie Freud und Ilse Grubrich-Simitis. Mit einer biographischen Skizze von K. R. Eissler. Frankfurt a. M. 1976

SF: Geschichte = Sigmund Freud: Zur Geschichte der psychoanalytischen Bewegung. Wien 1924

SF: LAS = Sigmund Freud. Lou Andreas-Salomé. Briefwechsel. Hg. von Ernst Pfeiffer. Frankfurt a. M. 1966

SF: Moses = Sigmund Freud: Der Mann Moses und die monotheistische Religion. GW XVI

SF: RB = Unser Herz zeigt nach dem Süden. Reisebriefe 1895–1932. Berlin 2003

SF: SaFe = Sigmund Freud. Sándor Ferenczi: Briefwechsel. Wien, Köln, Weimar 1993

SF: WF = Sigmund Freud: Aus den Anfängen der Psychoanalyse. Briefe an Wilhelm Fließ. Abhandlungen und Notizen aus den Jahren 1887–1902. Frankfurt a. M. 1962

Spiel: Schriften = Sabina Spielrein: Sämtliche Schriften. Freiburg i. Br. 1987

Spiel: Tabu = Sabina Spielrein: Tagebuch und Briefe. Die Frau zwischen Jung Freud. Hg. von Traute Hensch. Gießen 2003

YB: Anna = Elisabeth Young-Bruehl: Anna Freud. Eine Biographie. 2 Bde. Wien 1995

1 Maryse Choisy: Sigmund Freud. A New Appraisal. London 1963, S. 47
2 SF: Briefe, S. 357 f.
3 MF: Vater, S. 24
4 Zit. nach Clark: SF, S. 62
5 Zit. nach Detlef Berthelsen: Alltag bei Familie Freud. Hamburg 1987, S. 67
6 Zit. nach SF: Bild, S. 316
7 SF: Bild, S. 261
8 SF: Briefe, S. 516
9 LA: Frauen, S. 235 ff. Der Titel eines ordentlichen Professors für Neurologie wird Freud erst 1920 verliehen.
10 Sigmund Freud: Das Unbehagen in der Kultur. Wien 1930, S. 33
11 Die Traumdeutung. GW II/III, S. 211
12 MF: Vater, S. 12 f.
13 GW II/III, S. 198

14 GW II/III, S. 198
15 Zit. nach SF: Bild, S. 43
16 Die Weiblichkeit. GW XV, S. 143
17 Ebenda
18 Ebenda, S. 427 f.
19 SF: WF, S. 289
20 GW XII, S. 26
21 Die Traumdeutung. GW II/III, S. 203
22 K. R. Eisler: Eine biographische Skizze. Zit. nach SF: Bild, S. 11
23 Über Deckerinnerungen. Zit. nach SF: Bild, S. 53
24 SF: WF, 21.9.1899
25 SF: WF, S. 189
26 Gay: Bio, S. 22
27 SF: Zur Psychologie des Gymnasiasten. Zit. nach SF: Bild, S. 61
28 Ebenda, S. 65
29 SF: SaFe, Brief vom 9.4.1919
30 SF: Briefe, Brief vom 16. Juni 1873 an Emil Fluß
31 Selbstdarstellung. GW XIV, S. 34
32 Anna Freud-Bernays: My Brother, Sigmund Freud. 1940. Zit. nach Clark: SF, S. 22
33 Zit. nach LA: Frauen, S. 44
34 Gay: Bio, S. 45
35 Zit. nach Jones: Leben, I, S. 63
36 SF: SaFe, 16. September 1930, in: SF: Briefe, S. 418
37 Chronik, S. 82 f.
38 Jones: Leben, I, S. 130
39 Jones: Leben, I, S. 130
40 Jones: Leben, I, S. 131
41 Jones: Leben, I, S. 134
42 SF: BB, S. 8, Vorwort von Ernst L. Freud
43 SF: Briefe, Brief vom 21. Februar 1883 an Minna Bernays
44 SF: Briefe, S. 44 f.
45 Zit. nach Jones: Leben, I, S. 128 f.
46 SF: BB, 19. Juni 1882
47 SF: BB, 18. August 1882, nachts
48 SF: BB, 18. August, nachts
49 SF: BB, 18. August, nachts
50 SF: BB, 29. August 1883
51 SF: BB, 25. September 1882
52 SF: BB, 23. August 1883
53 SF: BB, 28. August 1883
54 SF: BB, 28. August 1883, Dienstag nachts
55 SF: BB, 9. Oktober 1883, nachts
56 SF: BB, 26. Juli 1883
57 Dr. Josef Breuer entdeckte die Funktion des Labyrinths im Ohr und den Mechanismus, der das normale Atmen steuert – bekannt als das «Breuer-Hering'sche-Gesetz».
58 SF: BB, 2. Februar 1886
59 Siehe S. 102
60 Einzelne Titel s. Jones: Leben, I, S. 96
61 Jones: Leben, I, S. 95
62 Zit. nach Jones: Leben, I, S. 96
63 SF: BB, 20. Juni 1885
64 SF: Briefe, Brief vom 18. Oktober 1885 an Minna Bernays
65 SF: BB, 3. Dezember 1885
66 SF: BB, 19. Oktober 1885
67 SF: BB, 8. November 1885
68 SF: BB, 29. Oktober 1885
69 Sigmund Freud: Charcot 1893. In: Sammlung kleiner Schriften zur Neurosenlehre aus den Jahren 1893–1906. Leipzig und Wien 1911, S. 6
70 SF: BB, 24. November 1885
71 SF: BB, 24. November 1885

72 SF: BB, 18. Dezember 1885
73 Jones: Leben, 1, S. 175
74 SF: BB, 16. Juni 1886
75 Zit. nach Jones: Leben, I, S. 181, Brief von Emmeline Bernays an SF vom 27. August 1886
76 Günter Düriegl: Traum und Wirklichkeit. Wien, 1870–1930. Katalog der Ausst. v. 28. März bis 6. Oktober 1985, S. 212
77 SF Brief an Martha Bernays vom Juli 1882. Zit. nach Jones: Leben, I, S. 140
78 SF: Briefe, Brief an Carl Koller vom 13. Oktober 1886
79 Jones: Leben, I, S. 184
80 SF: Briefe, Brief an Carl Koller vom 1. Januar 1887
81 SF: Briefe, Brief an Emmeline und Minna Bernays vom 16. Oktober 1887
82 SF: Briefe, S. 231 f.
83 SF: WF, Brief an Wilhelm Fließ vom 28.5.1888
84 SF: Bild, S. 124
85 Jones: Leben, I, S. 147 f.
86 Selbstdarstellung. GW XIV, S. 41
87 SF: Briefe, Brief an Minna Bernays vom 13. Juli 1891
88 MF: Vater, S. 39
89 SF: LAS, S. 269 f.
90 Zit. nach Jones: Leben, I, S. 210
91 Jones: Leben, I, S. 186
92 MF: Vater, S. 39
93 MF: Vater, S. 61
94 MF: Vater, S. 64
95 MF: Vater, S. 65
96 MF: Vater, S. 65
97 SF: Briefe, Brief an Mathilde Freud vom 26. März 1908
98 LA: Frauen, S. 80 f.
99 LA: Frauen, S. 81
100 SF: Briefe, Brief an Kata und Lajos Levy vom 11. Juni 1923
101 SF: Briefe, Brief an Max Halberstadt vom 7. Juli 1912
102 SF: SaFe Ferénczi, S. 291
103 SF: SaFe, S. 344
104 SF: SaFe, S. 343
105 SF: SaFe, S. 345
106 SF: SaFe, Brief vom 22.1.1883. Zit. nach SF: Bild, S. 99
107 SF: SaFe, S. 210 ff.
108 SF: SaFe, S. 195
109 LA: Frauen, S. 71
110 SF Brief an Martha Bernays vom 2. April 1884. Zit. nach Jones: Leben, I, S. 200
111 SF: RB, S. 46 f.
112 SF: RB, S. 47
113 SF: RB, S. 34
114 SF: RB, S. 100
115 SF: RB, S. 106 f.
116 SF: RB, S. 36
117 SF: RB, S. 129 f.
118 Detlef Berthelsen: Alltag bei Familie Freud. Die Erinnerungen der Paula Fichtl. Hamburg 1987, S. 27 f.
119 Marie Bonaparte zu Ernest Jones 1956
120 SF: WF, S. 107
121 SF: WF, S. 203
122 SF: Geschichte, S. 11
123 Wilhelm Salber: Entwicklungen der Psychologie Sigmund Freuds. 3 Bde. Bonn 1973
124 SF: Geschichte, S. 6
125 Sigmund Freud: Selbstdarstellung. Zit. nach SF: Bild, S. 123
126 Ebenda, S. 6

127 Zit. nach LA: Frauen, S. 116 f.
128 LA: Frauen, S. 111 ff.
129 Zit. nach LA: Frauen, S. 113
130 SF: Geschichte, S. 22 f.
131 Egon Friedell: Kulturgeschichte der Neuzeit. III. München 1931, S. 512
132 Ebenda, S. 513 f.
133 SF: Geschichte, S. 13
134 Zit. nach SF: Bild, S. 139
135 Johann Jakob Bachofen: Mutterrecht und Urreligion (1861). Stuttgart 1984, S. 86
136 Ebenda, S. 88
137 Bruchstück einer Hysterie-Analyse. GW V, S. 190
138 1896 präsentiert in der zweiten Ausstellung der Secession in Wien mit dem Aufsehen erregenden Gemälde «Liebkosungen»
139 Philippe Robert-Jones: Fernand Khnopff et les regards de Vienne. Zit. nach Ausstellungskatalog. Brüssel 2004, S. 39
140 Studien über Hysterie. GW I, S. 185
141 GW I, S. 189
142 GW I, S. 192
143 GW V, S. 272
144 GW V, S. 281
145 GW V, S. 281
146 GW V, S. 282
147 GW V, S. 272 f.
148 Spiel: Tabu. Nachwort von Zvi Lothane, S. 249
149 Der Kampf der Geschlechter. Köln 1995. Katalog der gleichnamigen Ausstellung im Lenbachhaus, München, 8. März – 7. Mai 1995
150 Wilhelm Salber: Sigmund und Anna Freud. Hamburg 1999, S. 55
151 Übersetzung von Johann J. C. Donner, V. 109. Zit. nach GW II/III, S. 268
152 GW II/III, S. 267 f.
153 GW II/III, S. 269 f.
154 Sigmund Freud. C. G. Jung: Briefwechsel. Frankfurt a. M. 1974, S. 7
155 Spiel: Tabu, S. 248
156 Spiel: Tabu, S. 226
157 Spiel: Tabu, S. 227 f.
158 Spiel: Tabu, S. 229
159 Spiel: Tabu, S. 230
160 Spiel: Tabu, S. 13
161 Spiel: Tabu, S. 187
162 Spiel: Tabu, S. 190
163 SF: Briefe, Brief vom 9. Januar 1908 an Karl Abraham
164 Spiel: Tabu, S. 231 f.
165 Spiel: Tabu, S. 232 f.
166 Spiel: Tabu, S. 110
167 Spiel: Tabu, S. 233
168 Spiel: Tabu, S. 85
169 Spiel: Tabu, S. 92
170 Spiel: Tabu, S. 97
171 Spiel: Tabu, S. 234 f.
172 Spiel: Tabu, S. 111
173 Wilhelm Salber: Sigmund und Anna Freud. Hamburg 1999, S. 63
174 Spiel: Schriften, S. 90
175 Spiel: Schriften, S. 91
176 Spiel: Schriften, S. 141
177 SF: Geschichte, S. 24
178 SF: SaFe, S. 292
179 Zit. nach: SF: RB, S. 276
180 Spiel: Tabu, S. 237
181 Spiel: Tabu, S. 238
182 Spiel: Tabu, S. 239

183 Spiel: Tabu, S. 76 f.
184 Spiel: Tabu, S. 114
185 Spiel: Tabu, S. 116
186 Spiel: Tabu, S. 117
187 Spiel: Tabu, S. 299
188 Spiel: Tabu, S. 299
189 Spiel: Tabu, S. 118
190 SF: LAS, S. 7
191 SF: LAS, S. 7
192 Lou Andreas-Salomé: Von frühem Gottesdienst. In: Imago, II, 5. Oktober 1913, S. 458
193 Brief von Malvida von Meysenbug an Friedrich Nietzsche vom 27. März 1882. In: Friedrich Nietzsche, Paul Rée, Lou von Salomé. Die Dokumente ihrer Begegnung. Hg. von Ernst Pfeiffer. Frankfurt a. M. 1970, S. 100
194 LAS: LRB, S. 80
195 Lou Andreas-Salomé: Tagebuch für Paul Rée, Tautenburg 14. Aug. 1882. In: Friedrich Nietzsche, Paul Rée, Lou von Salomé. Die Dokumente ihrer Begegnung. Hg. von Ernst Pfeiffer, Frankfurt a. M., S. 159
196 LAS: Schule, S. 12
197 LAS: Schule
198 LAS: Schule, S. 178
199 Vgl. C. G. Jung: Wandlungen und Symbole der Libido. Teil I. In: Jahrbuch der Psychoanalyse 3, I (1911), Teil II in: Jahrbuch der Psychoanalyse 4, I (1912)
200 Sigmund Freud. C. G. Jung: Briefwechsel. Frankfurt a. M. 1974, S. 532
201 LAS: LRB, S. 153
202 SF: LAS, S. 237
203 SF: LAS, S. 8
204 Lou Andreas-Salomé: Der Mensch als Weib. Ein Bild im Umriß. In: Lou Andreas-Salomé: Die Erotik. München 1979, S. 10
205 Ebenda, S. 9 f.
206 Lou Andreas-Salomé: Zum Typus Weib. In: Imago, 3, Bd. 1, 1914
207 LAS: Schule, S. 89 f.
208 LAS: Mein Dank an Freud. Offener Brief an Professor Freud zu seinem 75. Geburtstag. Wien 1931
209 Zit. nach Linde Salber: Lou Andreas-Salomé. Reinbek 1990, S. 144
210 LAS: Schule, S. 167
211 GW II/III, S. VIII
212 LAS: Schule, S. 183
213 LAS: LRB, S. 162
214 Zit. nach Linde Salber: Lou Andreas-Salomé. Reinbek 1990, S. 142
215 SF: LAS, S. 12
216 SF: LAS, S. 14 f.
217 SF: LAS, S. 15
218 SF: LAS, S. 17
219 SF: LAS, S. 22 f.
220 LAS: LRB, S. 182 f.
221 LAS: LRB, S. 182 f.
222 SF: LAS, S. 134
223 SF: LAS, S. 29
224 SF: LAS, S. 35 f.
225 SF: LAS, S. 68
226 LAS: Schule, S. 88 f.
227 Wilhelm Salber: Sigmund und Anna Freud. Hamburg 1999, S. 79
228 LAS: LRB, S. 168
229 SF: LAS, S. 225

230 SF: WF, Brief an Wilhelm Fließ vom 13. Februar 1896
231 Wilhelm Salber: Anna Freud. Reinbek 1985, S. 9
232 YB: Anna, I, S. 48
233 SF: WF, Brief an Wilhelm Fließ vom 20. August 1898
234 Zit. nach YB: Anna, I, S. 49 f.
235 YB: Anna, I, S. 81
236 Anna Freud an Max Eitingon, Brief vom 19. November 1925. Zit. nach YB: Anna, I, S. 255
237 YB: Anna, I, S. 53
238 Uwe Henrik Peters: Anna Freud. Ein Leben für das Kind. München 1979, S. 23
239 Zit. nach YB: Anna, I, S. 89
240 YB: Anna, I, S. 89
241 Wilhelm Salber: Anna Freud. Reinbek 1985, S. 19
242 Zit. nach YB: Anna, I, S. 91 f.
243 Zit. nach YB: Anna, I, S. 88
244 YB: Anna, I, S. 94
245 Zit. nach LA: Frauen, S. 378
246 Die Schriften der Anna Freud. 10 Bde. München 1980, Bd. X, S. 2926
247 YB: Anna, I, S. 97
248 SF: Bild, S. 209
249 YB: Anna, I, S. 99 f.
250 Zit. nach YB: Anna, I, S. 99
251 GW X, S. 331
252 GW X, S. 333
253 GW X, S. 336
254 GW X, S. 336
255 GW X, S. 339
256 GW X, S. 351
257 GW X, S. 354
258 GW X, S. 355
259 Wilhelm Salber: Sigmund und Anna Freud. Hamburg 1999, S. 83
260 YB: Anna, I, S. 102
261 Zit. nach LA: Frauen, S. 379
262 YB: Anna, I, S. 103
263 YB: Anna, I, S. 111
264 Zit. nach YB: Anna, I, S. 155
265 Zit. nach YB: Anna, I, S. 150 ff.
266 Helene Deutsch: Selbstkonfrontation. Eine Autobiographie. Frankfurt a. M. 1994, S. 126
267 Wilhelm Salber: Sigmund und Anna Freud. Hamburg 1999, S. 87
268 YB: Anna, I, S. 172 f.
269 Zit. nach Wilhelm Salber: Sigmund und Anna Freud. Hamburg 1999, S. 87 f.
270 GW X, S. 36 f.
271 Wilhelm Salber: Sigmund und Anna Freud. Hamburg 1999, S. 85
272 SF: Briefe, S. 367
273 Zit. nach Chronik, S. 83
274 YB: Anna, I, S. 191
275 MB: Tiff
276 Hugh F. McKean: Louis Comfort Tiffany. Weingarten 1981, S. 272
277 Ebenda, S. 276
278 MB: Tiff, S. 96 f. und S. 99
279 YB: Anna, I, S. 194
280 MB: Tiff, S. 107
281 YB: Anna, I, S. 191 f.
282 YB: Anna, I, S. 193 f.
282 Wilhelm Salber: Anna Freud. Reinbek 1985, S. 41
284 YB: Anna, I, S. 196
285 MB: Tiff, S. 185
286 YB: Anna, I, S. 196
287 AF: LAS, S. 551
288 AF: LAS, Brief an Lou Andreas-Salomé, 16. Februar 1928, S. 555

289 AF: LAS, S. 805
290 GW XIV, S. 519
291 GW XIV, S. 518
292 Dorothy Burlingham: Kinderanalyse und Mutter. In: Zeitschrift für psychoanalytische Pädagogik, VI: Jg. Juli–August 1932, Heft Nr. 7/8, S. 272
293 MB: Tiff, S. 192
294 YB: Anna, II, S. 25
295 Brief von Dorothy Burlingham an Anna Freud, 8. Dezember 1939. Zit. nach YB: Anna, II, S. 25
296 YB: Anna, II, S. 27
297 YB: Anna, II, S. 28 f.
298 Die Schriften der Anna Freud. 10 Bde. München 1980, Bd. I, S. 5 f.
299 AF: LAS, S. 458
300 Paul Roazen: Sigmund Freud und sein Kreis. Bergisch Gladbach 1976, S. 442
301 Brief von Lou Andreas-Salomé an R. M. Rilke vom 19. März 1924. In: Rainer Maria Rilke – Lou Andreas-Salomé: Briefwechsel. Zürich und Wiesbaden 1952, S. 487
302 LA: Frauen, S. 423
303 Helene Deutsch: Psychologie der Frau. Bern 1959, 2 Bde., Bd. 1, S. 226 f.
304 HDe: Selbst, S. 71
305 LA: Frauen, S. 425 f.
306 Zit. nach Paul Roazen: Freuds Liebling Helene Deutsch. Das Leben einer Psychoanalytikerin. München, Wien 1989, S. 107
307 HDe: Selbst, S. 115
308 Paul Roazen: Freuds Liebling Helene Deutsch. Das Leben einer Psychoanalytikerin. München, Wien 1989, S. 111
309 Zit. nach ebenda, S. 113
310 HDe: Selbst, S. 116
311 Vgl. Protokolle der Wiener Psychoanalytischen Vereinigung. Bd. IV, 1912–1918. Hg. von Herman Nunberg und Ernst Federn. Frankfurt a. M. 1981, S. 310
312 Lou Andreas-Salomé: «Anal» und «Sexual». In: Imago, 4, 5, 1916
313 HDe: Selbst, S. 125
314 HDe: Selbst, S. 117
315 HDe: Selbst, S. 117
316 HDe: Selbst, S. 117
317 HDe: Selbst, S. 139
318 Zit. nach SF: Bild, S. 240
319 HDe: Selbst, S. 146
320 HDe: Selbst, S. 148
321 Paul Roazen: Sigmund Freud und sein Kreis. Eine biographische Geschichte der Psychoanalyse. Bergisch Gladbach 1976, S. 443
322 HDe: Selbst, S. 155
323 Zit. nach Paul Roazen: Freuds Liebling Helene Deutsch. München, Wien 1989, S. 305
324 HDe: Selbst, S. 161
325 Helene Deutsch: Psychologie der Frau. Bern 1948, Bd. I, S. 255
326 Helene Deutsch: Zur Psychoanalyse der weiblichen Sexualfunktionen. Wien 1925, S. 13
327 Sigmund Freud: Das Unbehagen in der Kultur. Wien 1930, S. 72 f.

328 LA: Frauen, S. 449 f.
329 HD: Huld, S. 35
330 HD: Huld, S. 119 f.; Übersetzung von der Autorin leicht verändert.
331 HD: Huld, S. 120
332 HD: Huld, S. 55
333 Eva Hesse: Ezra Loomis Pound. Kontakte und Leben. In: Ezra Pound Lesebuch. Frankfurt a. M. 1997, S. 200
334 Ebenda, S. 104
335 William Carlos Williams: Autobiography. New York 1967, S. 67 f.
336 Eva Hesse: Ezra Loomis Pound. Kontakte und Leben. In: Ezra Pound Lesebuch. Frankfurt a. M. 1997, S. 220
337 Ebenda, S. 209
338 Ebenda, S. 113
339 HD: Huld, S. 51 f.
340 Richard Aldington: Life for Life's Sake. London 1966, S. 124
341 H.D.: Palimpsest. Boston, New York 1926, S. 135
342 HD: Huld, S. 60
343 Janice S. Robinson: H.D. The Life and Work of an American Poet. Boston 1982, S. 253
344 HD: Huld, Einleitung, S. 9
345 Kay Boyle, Robert McAlmon: Being Geniuses Together. New York 1968, S. 62
346 Perdita Schaffner: Die Büchse der Pandora. In: H.D.: Hermione. München, Wien 1987, S. 6
347 HD: Huld, S. 114
348 HD: Huld, S. 165
349 H.D.: Tribute to Freud. Writing on the Wall. Advent. New York 1984
350 HD: Huld, S. 158
351 HD: Huld, S. 95
352 HD: Huld, S. 190
353 HD: Huld, S. 98
354 HD: Huld, S. 94 f.
355 Havelock Ellis: Studies in the Psychology of Sex. 7 Bde., erschienen zwischen 1896 und 1928
356 HD: Huld, S. 164
357 HD: Huld, S. 145 f.
358 Sigmund Freud: Der Wahn und die Träume in Wilhelm Jensens Gradiva. GW VII
359 HD: Huld, S. 47
360 GW X, S. 317
361 HD: Huld, S. 44 f.
362 HD: Huld, S. 164
363 HD: Huld, S. 163
364 Goethe's Werke. Stuttgart und Tübingen 1828, S. 244
365 HD: Huld, S. 220
366 HD: Huld, S. 131
367 Chronik
368 Zit. nach LA: Frauen, S. 454
369 «Tristesse féminine». Zit. nach Be: Bona. Die Biographie präsentiert Quellenmaterial aus meist unveröffentlichten Aufzeichnungen der Marie Bonaparte.
370 Marie Bonaparte: Cinq Cahiers, I, S. 271. Zit. nach Be: Bona, S. 78
371 Be: Bona, S. 74
372 Be: Bona, S. 75
373 Be: Bona, S. 116
374 Be: Bona, S. 116
375 Zit. nach Ulli Olvedi: Frauen um Freud. Freiburg, Basel, Wien 1992, S. 70

376 Zit. nach Be: Bona, S. 168
377 Be: Bona, S. 168
378 Be: Bona, S. 179
379 Be: Bona, S. 183
380 Be: Bona, S. 183
381 Be: Bona, S. 197
382 Be: Bona, S. 197
383 Be: Bona, S. 205
384 Be: Bona, S. 206
385 Zit. nach Be: Bona, S. 208
386 Be: Bona, S. 211
387 Be: Bona, S. 211
388 Be: Bona, S. 214
389 Be: Bona, S. 217
390 Be: Bona, S. 218
391 Be: Bona, S. 237
392 Be: Bona, S. 241
393 Be: Bona, S. 251
394 Be: Bona, S. 256
395 Be: Bona, S. 260
396 Be: Bona, S. 276
397 Brief vom 6. Mai 1926 an die Mitglieder des Vereins B'nai B'rith. In: SF: Briefe, S. 157 f.
398 Brief an Karl Abraham vom 4.7.1924. Zit. nach SF: Bilder, S. 237
399 Be: Bona, S. 284
400 Be: Bona, S. 285
401 Be: Bona, S. 287
402 Be: Bona, S. 288
403 Be: Bona, S. 314
404 Be: Bona, S. 328
405 Marie Bonaparte: Das magische Denken bei Primitiven. In: Almanach der Psychoanalyse, Wien 1935
406 Marie Bonaparte: Der Fall Lefebvre. Zur Psychoanalyse einer Mörderin. In: Imago, 15, Wien 1929
407 Marie Bonaparte: Edgar Poe. Eine psychoanalytische Studie. Wien 1934
408 Be: Bona, S. 311
409 SF: Bild, S. 252
410 Be: Bona, S. 329
411 Neuköllner Tageblatt, 12.5.1933. Zit. nach Chronik, S. 264
412 Ebenda
413 Be: Bona, S. 330
414 SF: Neue Folge der Vorlesungen zur Einführung in die Psychoanalyse. GW XV, S. 4 f.
415 SF: LAS, S. 222 f., Brief an Lou Andreas-Salomé vom 6. Januar 1935
416 SF: LAS, S. 223
417 Wilhelm Salber: Entwicklungen der Psychologie Sigmund Freuds. 3 Bde. Bonn 1974, Bd. III, S. 182
418 SF: LAS, S. 224
419 Chronik, S. 37
420 Chronik, S. 368
421 Chronik, S. 269
422 Chronik, S. 355
423 Gay: Bio, S. 704
424 Be: Bona, S. 345
425 Max Schur: Sigmund Freud. Leben und Sterben. Frankfurt a. M. 1982, S. 584
426 Ebenda, S. 582 f.
427 MF: Vater, S. 230
428 Max Schur: Sigmund Freud. Leben und Sterben. Frankfurt a. M. 1982, S. 585
429 SF: Bild, S. 286
430 SF an Marie Bonaparte, Brief vom 6. Dezember 1936. Zit. nach SF: Bild, S. 271

431 Chronik, S. 289
432 MF: Vater, S. 236
433 SF: Briefe, S. 461 f., Brief an Max Eitingon vom 6. Juni 1938
434 SF: Briefe, S. 461 f.
435 SF: Briefe, S. 461 f.
436 Anna Freud an Arnold Zweig vom 28. Oktober 1939. Zit. nach Chronik, S. 473
437 YB: Anna, II, S. 91
438 Zit. nach Chronik, S. 473
439 Be: Bona, S. 357
440 Be: Bona, S. 437 und S. 452

Bildnachweis

Sigmund Freud Copyrights, London: Seite 88, 149
akg-images: Seite 155
Freud Museum, London: Seite 94
GIDAL-Bildarchiv im Steinheim-Institut, Duisburg: Seite 105
IMAGNO/Sigmund Freud Privatstiftung: Seite 10, 41, 75, 302
Sigmund Freud Copyrights/Mark Paterson Ltd.: Seite 34, 49, 259, 300
Siegfried Andorf: Seite 61
Aus: Sigmund Freud. Sein Leben in Bildern und Texten, Suhrkamp, Frankfurt/Main 1976: Seite 83, 138
Aus: Ausstellungskatalog Fernand Khnopf, Ostfildern 2004, Hatje-Canz: Seite 116
Aus: Sabina Spielrein: Sämtliche Schriften, Psychosozial-Verlag, Gießen 2002: Seite 124
Sammlung W. Ernest Freud: Seite 178, 196, 209
Mobil Oil, Wien: Seite 191
Aus: Michael John Burlingham: Last Tiffany: A Biography of Dorothy Tiffany Burlingham: Seite 201, 222
Beinicke Rare Book and Manuscript Library, Yale University: Seite 247
Aus: Lisa Appignanesi/Tom Forrester: Die Frauen Sigmund Freuds, Econ, 2003: Seite 276
Internationale Bild-Agentur, Zürich: Seite 238